名师名校名校长

凝聚名师共识
回应名师关怀
打造名师品牌
培育名师群体

顾明远题

知行合一，诗意育人

张吉松　王真　张兰／主编

中国文联出版社

图书在版编目（CIP）数据

知行合一，诗意育人 / 张吉松, 王真, 张兰主编. 北京: 中国文联出版社, 2024. 6. -- ISBN 978-7-5190-5528-8

Ⅰ. G632.0

中国国家版本馆CIP数据核字第2024UA4355号

主　　编　张吉松　王　真　张　兰
责任编辑　刘　旭
责任校对　秀点校对
装帧设计　刘贝贝　李　娜

出版发行　中国文联出版社有限公司
社　　址　北京市朝阳区农展馆南里10号　　邮编　100125
电　　话　010-85923025（发行部）　010-85923091（总编室）
经　　销　全国新华书店等
印　　刷　三河市龙大印装有限公司

开　　本　710毫米×1000毫米　　1/16
印　　张　17.75
字　　数　287千字
版　　次　2024年6月第1版第1次印刷
定　　价　58.00元

编 委 会

主　编： 张吉松　王　真　张　兰

副主编： 张洪叶　唐树銮　何增杰　张维亮

宋　芳　范存磊　庞宏伟

序言

行走于教育之路上，本着让教育初心如诗般雅致、让育人使命铭刻于行的理念，我们来自七个县区七个不同学校的市级骨干教师聚在一起，坚持知行合一，坚守诗意育人。共同的追求和目标，让我们肩负起一样的历史使命，让自己努力成为塑造学生品格、品行、品位的新时代“大先生”，做学生为学、为事、为人的示范，以实际行动践行立德树人、铸魂育人的时代使命。

作为一线教师，只有不断地学习，才能提升自己。掌握本学科最前沿的研究成果，增强科研意识和改革意识，积极参与各种教育教学实践活动，做到理论与实践相结合。在教学实践中要不断进取、刻苦钻研、勇于创新、精益求精，不断提高自己的教育教学能力，真正做到有活到老、教到老、学到老的进取精神，孜孜不倦地吸收新鲜知识来充实自己。个人素养的提高不是一朝一夕的，需要长时间的学习和积累。学习是辛苦的、寂寞的。只要我们用心地去发掘，勇敢地去尝试，一定会有收获和启发。也许只有这样才能为自己以后的工作和生活积累更多丰富的知识和宝贵的经验，才会慢慢成长、成熟，相信不远的未来定会有一片属于自己的美好天空。

作为一名教师，在如诗如歌的教育之旅中，只有把对学生深深的爱与对教学孜孜不倦的执着融入每一个教学环节，才会收获学生的成长与感恩、同行的赞扬与尊重；只有尊重、喜欢自己的专业，具有扎实的学科知识储备和灵活运用学科知识的能力，才会对自己从事的英语教学有深厚的感情，自愿在自己的教学岗位上传递知识，深情投入，享受教学工作带来的成果和乐趣。我们要做用心教学的老师、做自信的老师、做有魅力的老师，做一个会教书、勤思考、懂生活、能发展的老师，不仅关注学生的学习，还要注重个人的专业发展，快乐工作，享受生活。

众所周知，好的英语老师是学生英语学习的良师益友。优秀教师必然能够从学生学习的需求出发，研究教学阶段性发展目标，与学生一起建构健康、和谐、有效的课堂，突破英语学习难点；优秀教师必然能够抓住各种机会，创造有意义、形式新颖、内涵丰富的英语学习和实践活动，帮助学生尝试应用英语并享受英语学习的意义和快乐，使学生的语言学习过程成为其学校生活和人生经历中愉快、积极的正能量；优秀教师必然有专业成长的感悟力，不断反思自己的工作，然后归纳和总结，并实践和提升，从一个热爱学生、热爱工作的实践者逐步走向成熟，成为深受学生喜爱的老师，成为名师，进而引领学生学好英语、用好英语。

一路走来，我们深刻地意识到：成长的路上，没有捷径可走。只有在实践中不断反思，才能学会成长；只有不断积累，才会沉淀。付出就有回报，相信天道酬勤，厚积薄发。一切有益的教育理论都源自教学实践，也只有源自教学实践的理论才会有更长久的生命力。正如教育部“国培计划”专家邵淑红老师所说：“用一生的时间去打造自己，锤炼教育教学语言，立志成为一个讲究审美与教育艺术的教学专家。把文化、思想和对学生的爱与责任的理想、信念都内化为自己的东西，形成自己的独特的教育教学语言，为学生的发展努力，为自己的事业全力以赴。让课堂不再功利，让生命在课堂拔节，让教育回归本源！‘The heart of education is the education of heart.’。”

叶澜教授：“教师在学生面前呈现的不只是‘专业’，而是其全部的人格。”因此，一名优秀的教师不能仅仅是专业优秀，还要在各个方面都优秀。按照习近平总书记提出的“四有”标准，争做具有教育情怀的大国良师。努力提升自己的教育理论水平，立足自身教学实际，用心打造属于自己的高效英语课堂，让自己的英语课堂也能够灵动起来，让学生享受英语学习。同时，学会处理工作和生活的关系，在工作中不仅要付出，也要获取：获取自身的成长，获取成功的愉悦。快乐源于幸福生活，源于不断成长。因此，我们要把工作、把课堂看成自己的舞台，去学校不是去工作，而是去快快乐乐地度过生命中的每一天，追求自己的专业化成长。成功的路上并不拥挤，因为坚持的人不多，所以“剩”者为王。让我们全“命”以赴，在成就学生的同时成就自己的美好人生吧！

教育部教师工作司任友群司长在新时代中小学学科领军教师示范性培训

（2023—2024年）联合开班活动上提出："要坚定理想信念，做情怀深厚的'国之大者'，坚守为党育人、为国育才的初心使命；对照'四有'好老师标准，陶冶高尚情操，做社会的楷模；扎根教育实践，做教育改革的先行者；提升数字素养，做数字化转型的先锋。"只有不断提高自身素质，才能更好地实现自身价值，才能更好地服务社会。作为学生生命中的摆渡人，不忘教育初心，牢记育人使命！所有的成长性，都需要花时间来完成；所有的专业性，都需要费时间来淬炼。待来年忆起时，眼里全是光芒，笑里全是坦荡。淬炼重生，迎战未来，期待遇见更好的自己！

新时代是奋斗者的时代，追梦人的舞台更加宽广。我们要向奋斗者学习，踏踏实实干好工作，用奋斗书写幸福人生，用奋斗敲开幸福之门。努力进取，以不忘教育初心的情怀，追寻我们的教育梦想，争做时代的追梦人！

张吉松

2023年10月26日

目录

第一篇 怀阳光心态，做幸福的教师

第二篇 怀深钻心态，做专业化教师

第三篇
怀童真心态，做快乐的教师

第四篇
怀奉献心态，做有情怀教师

第一篇

怀阳光心态，做幸福的教师

希望你像星辰　善良而明亮

这是我在同事朋友圈看到的一个故事。

记得有一次去广饶看小六妹，她正在用胶带缠一些碎玻璃，然后放到垃圾桶内，说："这样就不会扎到处理垃圾的人的手了。"当时对我震动挺大，细腻善良的小六妹总是为别人着想，当时给大大咧咧的我上了生动的一课。从那时起，我也开始关注我扔的垃圾会不会对别人有伤害，不以善小而不为，做一个有心人，温柔待人，我们最终也会被温柔以待。

上厕所时，要想到下一个需要用厕所的人。

扔垃圾时，要想到将垃圾送到垃圾场的人、回收运输的人、处理垃圾的人。

在宿舍内吃了苹果扔果核时，要想到下一个打扫卫生的舍友。

你在教室内想大声闲聊时，要想到你的同桌可能因正在思考数学题而需要安静。

无论做什么事，都不要忘记别人的存在，都要想到下一个人。

生命的声音

二十年前的正月十五，月明星稀，空气清冷。午夜时分，父亲带着我给返青的麦苗浇水。天地空寂，冷冷的月光把大地照得很明亮。沿着土渠把水顺好后，我裹着军大衣，仰面躺在麦子地上，望着天空发呆。突然，“噼噼啪啪”，耳边传来一阵阵的声响，我疑惑地坐起身，四周什么也没有，只有父亲蹲在远处地头上，吸着烟，一明一灭。那声音也好像消失了。我又躺下，依然听到身边传来“噼噼啪啪”清脆的声响。我明白了：那是麦子拔节的声音！那是万物生长的声音！

爷爷·露天电影

读复旦大学张力奋老师的《牛津笔记》时，读到了这样一段文字，描写的是2017年牛津的露天电影：

晚餐后，在学院散步。时近7点，天色半暗，传来人声。走近，才知今天学生会在放映露天电影。草坪上，五六排椅子，白色银幕支在了假山跟前，学生们正等电影开场……

这些描写唤起了我儿时的记忆。

在我的记忆里，每次有露天电影时，村里像是过节一样，孩子们都顾不得吃饭，太阳还老高时就跑去摆砖头抢占好位置，要不然就直接坐在那里，说着笑着打着闹着等着。每次在我们村里放完后，我们看不过瘾，还会跟着去邻村看。记得每次都是爷爷领着我们兄弟三人到邻村去“追影”。印象中那时的爷爷身强力壮，即使干了一天农活，晚上依然兴致勃勃地带着我们去看电影，一个村也不落。看完电影已是深夜，就往回赶。那时，我年龄最小，走累了，爷爷就把我驮在脖子上，右手扶着我，左手牵着二哥，大哥就紧紧跟在爷爷身后。夜有云，风声过耳，浅浅私语；夜很黑，一弯淡月，烁烁星光；夜很厚，无边无沿，默默行人。乡村土路，高低不平，爷爷走得又快又稳，骑在爷爷脖子上的我左右摇摆，似醒非睡，看电影时的兴奋劲儿早就没了。每次梦到爷爷驮着我赶路的样子都泪水涟涟。爷爷已经去世多年，他的话语、他的笑容、他看到我把馍馍掉到地上生气的样子，都清清楚楚地印在我的脑海里。

经历即为财富。生活不是一种味道，经历不是一种模式。正是有了爷爷的带领，才有了我现在的体验。

一生铭记爷爷！

幸福琐忆

（一）

林清玄在《幸福的开关》一文中有如下的描述：“当我重复地说：‘这个世界上再也没有比喝汽水喝到怄气更幸福的事了吧！’心里百感交集，眼泪忍不住就要落下来。有时这种幸福不是来自食物，而是来自自由自在地在田园中徜徉的一个下午。有时幸福来自看到萝卜田里留下来作种的萝卜开出一片宝蓝色的花。有时幸福来自家里的大狗突然生出一窝颜色不同的、毛茸茸的小狗。生命的幸福原来不在于人的环境、人的地位、人所能享受的物质，而在于人的心灵如何与生活对应。”

掩书而思，我的思绪在空中飘荡着，飘荡着……

那时，吃两个白面馒头，喝一碗萝卜汤就是幸福。那时我还在上初二。那时我的家乡是比较贫困的，能有学上就很了不起了，什么好吃好喝的就不敢奢想了。我家经常吃的馒头就是一层白面一层玉米面混合着蒸出来的。我家离学校有三里多地，但是住不起校，只能来回走着上下学。有时候冬天下了大雪，路上不好走，就只好买上两块钱的饭票在学校的食堂里打饭吃。食堂里有纯白面馒头，于是买上两个纯白面的馒头加一点咸菜，再买上一碗萝卜汤。虽然汤里面只漂着几根细细的萝卜丝和几个残缺不全的虾皮，可在我看来，白面馒头加萝卜汤那就是天下最美味的美食了。

那萝卜汤可真香啊！微微的热气在汤碗的四周慢慢地散开，热气中夹杂着萝卜和虾皮的香味，很淡，似乎没有，但又很浓，我的鼻翼不由自主地翕动着……慢慢地喝一口，嘴里嚼着，香香的滋味在舌尖游荡，一会儿，游进了心里，真是香啊，这香沁人心脾，这香爽爽滑滑，呦，这个香劲儿呦。

直到现在，我还常常想起那萝卜汤的香味儿。

（二）

爷俩一坐一躺，静静地，静静地听着麦子幸福地拔节。

那年，我上高中。一天学校放假回家，晚上轮到我家给麦子浇水了。于是，我和爹一起扛着铁锹到了地里。

月明星稀，整个田野一片朦胧；月光似水，空气中流动着清凉。整理好土渠，我躺在地里休息。仰望着圆月和似有似无的星星，我的耳畔响起了春水汩汩流淌的声音，再细听，似乎夹杂着“啪啪，啪啪”的声音，那声音入里入微，几乎细小到无，像是从地下发出，又像是从遥远的地方传来。我闭上眼睛，调整了呼吸，慢，慢，再慢……听到了，听到了，声音就在我的耳边，是什么呢？原来是麦子拔节的声音。我的脑海里出现了一个影子，是父亲，他在朝我微笑。我一下子睁开眼睛，哦，父亲正坐在我身边，抽着烟，笑眯眯地看着我，月光细细碎碎地洒在他身上，烟飘起来，混在月光中，罩在父亲的脸上，像一层雾——我的眼睛也被雾气蒙了。

（三）

那晚，娘的华发绽放成我幸福的泪花。

那年我参加高考。考前学校放假一天，我回家收拾考试用品，第二天返校。

我在睡梦中隐隐约约地感到屋中的煤油灯亮了，然后有一些轻轻的响动，很轻很轻的，好像怕惊动什么人似的。我睁开蒙眬的双眼，看到了让我一生都没法忘记的一幕：昏黄的煤油灯下，娘弓着腰，披着夹袄，哆嗦着手，在给我包饺子，娘那花白的头发杂乱地贴在头上……我泪流满面。

我们常常发现，人总是仰望别人的幸福，一回头，却发现自己正被别人仰望和羡慕着。其实每个人都是幸福的，可是你的幸福常常在别人的眼里。让我用于丹的话来结束我的思绪吧：人人都希望过上幸福快乐的生活，而幸福快乐只是一种感觉，与贫富无关，同内心相连。

纵流年暗中偷换，吾梦仍至

读了《草房子》，我如痴如醉。于是，我记起了我的童年，我的那些快乐的、无忧无虑的日子。

荷 塘

我们村中有一大一小两个池塘，中间有一条细细的小水沟连着，西北东南走向，宛如一个大葫芦。大池塘养鱼，小池塘栽藕。夏天来了，于是乎，翠绿翠绿的荷叶挤满了小池塘，“青荷盖绿水”，微风过处，“碧叶喜翻风”；于是乎，蜻蜓来了，时而落于青荷上，时而飞于碧空中；于是乎，鱼群来了，时而“佁然不动”，时而“俶尔远逝”。悄悄地，荷塘里几枝荷花也赶来凑热闹，红的、白的。于是，我们这些小孩子就悄悄地拿了竹竿，绑上镰刀，到荷塘去弄荷花。弄来后，插到有水的瓶子里，不一会儿就给忘到脑后去了。

入夜了，大人们都喜欢饭后带着马扎到荷塘边上去纳凉。我们小孩子自然闲不住，先是六七个在一起捉迷藏，快乐的笑声荡漾在荷塘周围。累了，就坐到爷爷身边，求着爷爷讲那古老而神秘的故事。夜风习习，星河脉脉，带给我们笑声的荷塘似乎也睡着了。

河 堤

我们村的后面是一条河，叫作沟张河，河的两岸是又高又宽的河堤，上面是高大茂密的树林。放学后，我们几个小伙伴就牵上羊，挎上草筐，放上镰刀，去河堤上放羊割草。河堤上以槐树居多，羊喜欢吃那嫩嫩的枝叶，我们就以割槐树枝叶为主，但，枝叶上有刺，偶尔被刺到了手，我们也不在乎，只是用嘴吸吮一下。夏日午后的阳光虽不再刺眼，却能撕破密密麻麻的树叶，在草地上做成一个又一个铜钱般大小的光点，这些光点随着微风在不住地跳动。

最喜欢的是下雨之后，树林里的空气特别清新，泥土混着青草那种特殊的味道，让我经常在树林里流连忘返，当然，还有一个主要的任务：采蘑菇。想象着蘑菇汤的鲜美，呼吸着雨后空气的清香，真真是一幅《雨后·孩童·树》呢！

果 园

我的小学在我们村的南面，紧挨着校园有一片果园，果园里有苹果树、梨树、桃树。每到春末夏初时节，那梨花、桃花还有苹果花的香味混在一起，弥漫在整个村庄里，吸口气都是甜甜的。我们最向往的当然是那苹果、梨还有桃子。记得我们小学毕业的时候，果子还没有熟，可是明天就要开“毕业典礼”（也就是在我们毕业班的教室里，把桌子围成一个圈，摆上一点水果、瓜子、糖之类的东西，校长出席，给我们讲几句，但以吃为主。即使这样简单，于我们而言，那就是最隆重的仪式了，因为毕业典礼结束之后，我们就都毕业了。）了。我们几个男生一商量：“今晚咱们集体去‘摘’（实际上是‘偷’，不过哪个调皮捣蛋的男生没有偷偷地摘过邻居的枣子果子呢！）些苹果来，明天开毕业典礼后吃。”我们就留下一个在外面“望风”，其余的男生都进果园“摘苹果”了。不知是我们的“技术”好，还是主人家给我们留了面子，反正我们是“全身而退”。我们把“摘”来的青苹果都放在了我们课桌的抽屉洞里，本来计划着典礼结束校长老师走了之后我们再吃，没想到，当摆桌子时，一位同学拉桌子用力过猛，把青苹果给震出来了。我们都面面相觑，不知如何是好。校长老师们都笑着无奈地摇了摇头。呵呵，现在想起那场面来，我不禁为老师们的宽容而感叹。他们那无奈的笑、无奈的摇头，都定格在我们的心中。

感谢我的童年！

做一个快乐的“书虫”教师

读书“可以给我比一个人的生命更多的生命，因为它从生命的深处增加了生命，尽管它并不能在时间上延长它”。［阿布·阿拉·麦阿里（973—1057），阿拉伯阿拔斯王朝著名哲理诗人］

——题记

记得小时候受父亲的影响，我也喜欢有事没事翻书玩，于是就逐渐喜欢上了读书。那是一个各种书刊相对贫乏的时代，没有什么东西可读。我就把父亲的高中语文课本翻出来，也不管一些字是否认识，拿起来就读，里面有一些讲革命时期故事的文章，我有时候能一连看上好几遍。我还曾经翻出《毛泽东文集》和《毛泽东诗词》，当时只是觉得《毛泽东文集》里面讲的东西太深奥，看不懂，就给丢到了一边，而对《毛泽东诗词》里的一些诗歌更感兴趣，就一直保留了下来。现在还能记得其中的“鹰击长空，鱼翔浅底，万类霜天竞自由”的诗句，当时只是觉得它们充斥着一种动态的轻快和自由，而现在我是彻底地被诗人那种博大苍茫的胸怀感动。

到了大学里，虽然我的专业是英语语言教育，可在课余时间我就一头扎入学校的图书馆里，中文的、外文的、专业的、文学的、散文、小说……我每天至少有三分之二的时间是泡在图书馆里的。

如果说我小时候的读书纯粹是为了模仿我父亲和好玩，而大学里的读书是为了消遣和装潢谈资的话，那么我真正能静下心来，有目的、有准备地读书就是在到了二中之后。在2006年新教师培训中，我认识了我们二中的“校宝”——柳景桂老师，他给我们做了一场报告，一场没有任何华丽词汇、情感真挚的报告。他告诉我们，你如果只把教师当作一个职业的话，那你是“危险”的，而如果你把教师看成一种事业，那你就是幸福的。这个事业中不可或缺的就是苏霍姆林斯基所强调的：读书，读书，再读书。在教学的过程中，我更有幸遇到了“读书研究型”的教师——曹新庆主任，在课余时间，他同我交流读书的心得，他毫不吝啬地把自己的“宝贝书”借给我……

于是，我就像一条小鱼，畅游在书的海洋里。

我在长着芦苇的河边散步，遇到了李镇西老师，他指着在微风中摇曳的芦苇告诉我：“瞧，芦苇也会思索噢。要做有思想的教师。思想的原野既需要参天的巨树，也需要无边的小草。思想家有思想的使命，普通人有思考的权利。马克思的女婿保尔·拉法格曾这样回忆马克思：‘他的头脑就像停在军港里升火待发的一艘军舰，准备一接到通知就开向任何思想的海洋。’我不是伟人，因而我的头脑不可能是‘思想海洋’里的‘军舰’；那么，就让我做一根芦苇吧，在心灵的湖畔迎风而立，吟唱着思想的歌谣……”李镇西老师边走边沉思，我紧跟在李老师的身后，听他的谆谆教诲：“教育是心灵的艺术。这个‘心灵’既是指教师的心灵，也是指学生的心灵。从某种意义上讲，教育是师生心灵和谐共振、互相感染、互相影响、互相欣赏的精神创造过程。它是心灵对心灵的感受，心灵对心灵的理解，心灵对心灵的耕耘，心灵对心灵的创造。”

向李老师道别后，我信步向前。日落西山，倦鸟归巢，在阵阵的蛙声中，我似乎闻到了缕缕茶香，哦，这是周国平先生在乘凉品茶。周先生也看到了我，向我招手，“可否请来饮一杯茶？”我正想与先生一谈，便欣然落座。周先生手摇芭蕉扇，缓缓而道：“卢梭和杜威都曾经说过‘教育即生长，生长就是目的，在生长之外别无目的’。卢梭还说过‘最重要的教育原则是不要爱惜时间，要浪费时间’，在我们看来这简直就是谬论，可是这话也有值得深思的地方。我个人认为‘儿童不是尚未长成的大人，儿童期有其自身的内在价值’。西塞罗就说过嘛，‘教育的目的是让学生摆脱现实的奴役，而非适应现实’，孔子也主张，学习是‘为己’而非‘为人’的事情。爱因斯坦曾经‘戏言’：‘忘记了课堂上所学的一切，剩下的才是教育。’简直令人拍手叫绝！更要记住罗素为我们确定的师生关系——教师应该把学生看作目的而不是手段……”周先生侃侃而谈，使我有一种如沐春风之感。

特级教师窦桂梅说：“阅读虽不能改变人生的物象，但可以改变人生的气象。”气象改变了，人就有了气场，有了敏锐的感受。我们要摒弃假的、浮夸的、虚设的东西，追求真的、有效的、直接的、简单的东西。因此，我们应该趁着王校长提出的“读书，修炼教师形象，精练教师生活，锤炼教师专业”的东风，“读书，读书，再读书”。

挣扎是一种成长

大家都熟悉的故事：一个人在观察一只正在艰难地蜕皮的蛹，当茧中的幼虫钻出头，软软的翅膀无力地被茧束缚，那是一种苦苦的挣扎啊。这个人实在看不下去，伸出了援助之手，帮助其将翅膀拉了出来。可是这只蝴蝶再也不能够飞翔，可悲地成为一只只会爬行的昆虫。好心的帮助，无疑是这个悲剧的根源。让蝴蝶避免了挣扎的过程，也使蝴蝶失去了锻炼的机会。其实，挣扎也是一种成长。

有一种在海边岩石上生存的鸟，当孵化出的小鸟刚会活动时，鸟妈妈就将它们一个接一个地叼下岩去，小鸟在海水里苦苦挣扎，一次次爬上岸，又一次次被赶下去。经过这个锻炼，小鸟就会像妈妈一样能够上天飞翔，下海捕鱼了。

许多动物都是这样的，生存环境越残酷，生存能力越强。

植物的生长也是这样的。在非洲草原上的尖毛草，有“草地之王”的美称，但它的生长过程却十分怪异。最初的半年是非洲的旱季，它几乎是草原上最矮的草，只有一寸高，人们甚至看不出它在生长。在那段时间里，草原上的任何一种野草，长得都要比它旺盛，没有人能看出尖毛草会是今后的“草地之王”！但半年过后，在雨水到来之际，尖毛草就像被施了魔法一样，以每天一尺半的速度向上疯长，三五天的时间，它便会长到一米六至两米的高度。大片的尖毛草，就像一堵突然竖起的墙，让人感到无比的震撼。

这一自然现象，曾引起许多人的好奇。科学家来到非洲草地，专门研究尖毛草。科学家们发现，尖毛草其实一直在生长，旱季时悄悄地在长根部。在长达六个月的时间里，尖毛草的根部长得超过了28米，无声地为自己的将来做着准备。也许，没有干旱，就没有尖毛草最后的“疯长”，尖毛草就不可能成为“草地之王”。

任何一种植物，如果不经过风雨的历练，就很难生长健壮。我们经常说：“温室里长不出参天大树。”原因就在这里。现在人们搞大棚种植，使植物少受了风雨之苦，但在种植过程中都有“炼苗”这一环节，那就是给植物人为地制造一种逆境，让植物在挣扎中成长。

小时候，我见过叔叔枷树。在我们枣乡，每当枣花盛开的时节，要对枣树进行环剥。叔叔拿着一把像镰刀一样的工具，将枣树的老皮剥掉，再在里面的嫩皮上划出两条平行的痕，又用刀顶端的小钩将一周树皮剥去，露出白森森的“骨头”。当时还不懂叔叔为什么这样做，还为枣树叫屈，不知树有何错，受此虐待？我问叔叔，他也讲不出道理，只是说这样才能结枣子。为了说服我，叔叔还做了一个实验让我看，在同一棵枣树上，叔叔没有在树的主干上开枷，只将一个树枝环剥，留下另一个做对比。秋后我们去看，果然环剥的树枝硕果累累，而没有环剥的树枝，尽管枝叶茂盛，但结的枣子稀稀疏疏，个头又小，最终也只是我们称作“天花”的青皮。后来才知道，环剥是枣树管理的一个重要环节。枣树盛花期，正是枣树坐果的关键时期，环剥之后，能够抑制枣树的长势，使树液回流受阻，有利于坐果。

我养过盆橘，其中一个重要环节，叫扣盆。每年6月，要故意不给橘树浇水，当橘树旱得不行，甚至树叶都有点下垂时，才少浇一点水。如此反复十几日，经历这些锻炼以后，橘子才能顺利开花结果。

人物一理。人的成长更是如此。婴儿呱呱落地的第一声哭声，就是其对由母体到新环境变化不适应的第一次挣扎。医生讲，婴儿的啼哭，就是成长，在哭声里，婴儿渐渐地适应了环境，渐渐地增加了肺活量……

人生存的环境，有自然的，还有社会的，并且后者更重要，因为人的成长不是像动植物那样只是机体的成长。人处于逆境还是顺境，往往就是指社会环境。人的一生，有几人能够一帆风顺？多数要经受岁月的磨难，在生活的旋涡中挣扎。

古人说：“故天将降大任于是人也，必先苦其心志，劳其筋骨，饿其体肤，空乏其身，行拂乱其所为，所以动心忍性，曾益其所不能。”无论是社会还是自然，都会为人或者是动植物的成长创造一种环境，当然包括逆境，让其在逆境中挣扎、锻炼。我们知道很多这样的语言：

“不经风雨怎能见彩虹。”

“宝剑锋从磨砺出，梅花香自苦寒来。”

“愤怒出诗人。”

正如现在很流行的这句“欲戴王冠，必承其重”，英文为“One who wants to wear a crown bears the crown.”。感谢曾经经历过的艰难困苦，曾经的挫折、曾经内心的挣扎，让我们成为更好的自己。

第二篇

怀深钻心态，做专业化教师

创新教学模式，多维化落实学科育人

“农村普通高中英语‘目标导学，当堂达标’教学模式构建研究”实践探索成果

“农村普通高中英语‘目标导学，当堂达标’教学模式构建研究”于2015年12月被批准为山东省教育科学“十二五”规划课题，批准号为YJ15208。本课题的研究人员为：张吉松、庞宏伟、马振芹、王立波、范存磊、王岩，均来自沾化二中，其中张吉松为课题负责人。本课题原定研究时间为2015年12月—2016年12月。因课题组对本课题的研究不全面和充分，没有通过专家鉴定，没有结题，所以课题组珍惜最后一次研究机会，重新申报“农村普通高中英语‘目标导学，当堂达标’教学模式构建研究”课题。本课题实际研究时间为2015年12月—2017年11月。

课题组不畏县域基础教育改革与发展相对滞后的困难，聚焦农村普通高中英语教学目标思想薄弱这一突出问题，采用课堂观察、文献研究、教育行动研究等方法，重点以目标教学思想为基本思想支撑，最终构建农村普通高中英语“目标导学，当堂达标”教学模式，以深化农村普通高中英语课程各分领域（含词汇教学、听力教学、语法教学、阅读教学、写作教学）的改革，能够拓宽高中课程改革的路径。课题组通过对本课题的研究，提高了自身的课堂教学水平，较大幅度地改善了任教班级学生的英语学习情况。同时，课题研究也存

在诸多问题，如目标教学思想在我们这样的农村地区，在我们这样的农村普通高中学校，在英语课程实施中能否有效本土化的问题等。研究过程中，它要求课题组全体人员在教育思想、专业能力和实践知识方面有较大的转变、提高和丰富，且拥有高度的专业发展自觉，课题组依然任重而道远。课题组撰写了《研究总报告》，主要分为研究问题、研究背景与文献综述、研究程序、研究成果、存在问题和参考文献。“农村普通高中英语‘目标导学，当堂达标’教学模式构建研究”课题研究的基本目的是改变农村普通高中英语教学中缺乏目标和当堂达标意识之现状。研究步骤为：完善调查研究；在实践层面探索农村普通高中英语课程各分领域“目标导学，当堂达标”的基本途径；构建农村普通高中英语“目标导学，当堂达标”教学模式。研究成果反映在调查分析、实践探索两个方面。其中实践探索方面为：以目标教学思想为基本思想支撑，在农村普通高中英语课程各分领域融入目标教学思想，以实现当堂达标，从而拓宽高中英语课程改革的路径。

本课题的核心概念：基于我们农村地区现实的高中英语教学缺乏目标意识，未能很好地实现课程规定的教学要求，农村普通高中学生学业发展明显落后于课标的要求的现状，将目标导学和当堂达标思想融入农村普通高中英语课程各分领域，初步构建起农村普通高中英语“目标导学，当堂达标”教学模式，以目标思想为引领，运用小组合作探究的方式，实现当堂达标。

通过对“农村普通高中英语‘目标导学，当堂达标’教学模式构建研究”课题的研究，给滨州市沾化区第二中学师生带来了积极的影响，促进了滨州市沾化区第二中学英语教学。

一、农村普通高中英语五个课程分领域“目标导学，当堂达标”教学模式的构建

基于调查分析和文献研究及教学经验，课题组解决这些问题的基本思路是：在农村普通高中英语课程各分领域，将目标导学和当堂达标思想融入其中，实践并反思高中英语词汇教学、听力教学、语法教学、阅读教学、写作教学等课型教学中当堂达标的模式。起初，课题组形成的课堂教学模式思路为：呈现目标，学标质疑—自主探究，合作交流—小组展示，点拨矫正—测标反

馈，提升拓展—当堂达标，归纳总结。后经过课题组反复听评课，不断交流，最终确定基本模式的思路为：目标呈现，学标质疑—自主探究，合作交流—小组展示，点拨矫正—归纳总结，提升拓展—测标反馈，当堂达标。确立模式基本框架后，课题组根据词汇教学、听力教学、语法教学、阅读教学、写作教学各自的特点，并结合这五个分领域的调查分析，构建农村普通高中英语五个课程分领域“目标导学，当堂达标”教学模式。

（一）农村普通高中英语词汇教学“目标导学，当堂达标”教学模式的构建

课题组通过前期问卷调查、课堂观察等方法，发现农村普通高中英语词汇教学缺少目标的引领，从而使词汇教学效率低下，学生失去学习兴趣。基于高中英语词汇教学存在的问题，课题组对词汇教学采取以下几种措施。

1. 研究高中英语词汇的教学目标

课题组成员首先认真研读了《普通高中英语课程标准》（以下简称《课程标准》），明确了高中英语词汇的教学目标。《课程标准》将词汇教学目标划分为七级、八级和九级目标。其中，七级目标是基本目标。八级和九级目标是对七级目标的进一步深化和提高，在七级目标的基础上增加了单词和固定搭配使用的数量，对学生运用词汇进行交际的能力提出了要求，具体为“能根据交际话题、场合和人际关系等相关因素选择较为适当的词语进行交流或表达”。

2. 提出基于“目标导学，当堂达标”教学模式下的高中英语词汇教学模式

课题组通过研究文献资料，进一步研究目标教学法，认为构建“目标导学，当堂达标”教学模式必须以目标教学模式为核心，也就是说教学目标是目标教学模式的核心和主线，是整个课堂设计的依据，是衡量课堂教学效果的重要指标。

课题组以词汇教学模式的构建作为整个高中英语教学模式构建的突破口。通过听评课，查找问题，明确研究思路，并不断地完善提高。课题组成员范存磊老师具体负责词汇教学模式的构建，其他成员和范老师共同商讨词汇教学目标的制定及导学案的命制，课题组成员多次深入范老师的课堂，共同探讨该教学模式。课题组发现想要学生实现“当堂达标”，教师必须设计新颖且能够激发学生兴趣的学习任务来检验学生是否能够完成教学目标，并验证教师课堂教学效果，使教师不断调整教学思路和教学策略。同时，看到“目标导学，当堂达标”模式下的词汇教学不仅可以使枯燥无味的词汇教学变得生动有趣，而且可以真正发挥学生的主体性，唤起他们学习的兴趣和积极性，也能促进教师的专业化发展。

3. 提出“目标导学，当堂达标”教学模式下的高中英语词汇教学的基本原则

课题组通过深入研读有关理论及《课程标准》，深入课堂听评课，深刻反思，对基于“目标导学，当堂达标”教学模式下的高中英语词汇教学达成一些共识并确立了基本原则。“目标导学，当堂达标”模式下的高中英语词汇教学是在“掌握学习”理论的基础上发展起来的，强调以词汇教学目标为核心和基础，面向全体学生。在实施该教学模式的过程中，需要注意遵循如下五个原则，具体为：

（1）目标中心原则。词汇目标教学模式倡导以词汇教学目标作为教学的出发点和归宿，因此整个词汇的课堂教学必须紧紧围绕所设计的词汇教学目标展开，同时需要通过一系列活动来促进教学目标的实现。但是需要注意的是，对于完不成的词汇教学目标要及时补救，实现课堂目标。同时“当堂达标”是该教学模式必须遵循的原则，也是检验该堂课能否成功的关键和标准。

（2）“教为主导，学为主体，训练为主线”的教学原则。《课程标准》指出词汇教学过程必须是师生共同参与的过程，是实现“教师主导，学生主体”教学理念的过程，也是实现词汇教学目标的过程。另外，“训练为主线”也是该教学模式的重要原则，但是教师必须选择一些能够调动学生词汇学习积极性和兴趣的训练活动，以此实现“当堂达标”的教学要求。

（3）理论联系实际原则。理论联系实际原则要求教师通过展示、精讲、评价等环节，使学生把所学的词汇知识与客观实际相结合，最终实现词汇教学目标。比如在教授“express”这一单词时，可以通过展示“营养快线（nutrition express）”“快递（express）”等日常生活中的常用例子进行词汇的学习，这样不仅能够使学生快速掌握该单词，同时也能够有效地激发学生学习的积极性和主动性。

（4）优化原则。优化原则指的是：“从上课开始到结束，从教师的教到学生的学，教学过程的各个环节应该合理搭配，体现出和谐、自然和优化的原则。”教师在整个词汇教学过程中，必须要做到不断优化教学方法、教学过程、教学策略以及教学资源的使用，从而使学生达到“知”“情”“意”“行”的有机统一，使学生真正喜欢上词汇，运用词汇进行交际，实现《课程标准》的相关要求。

（5）当堂达标与信息反馈原则。当堂达标要求教师必须进行信息反馈，体现了教学过程中交往和互动的积极性和有效性。教师可以通过学生谈话、作业批改、情感周记等形式获得学生的反馈信息，从而进一步地促进词汇课堂教学的改进和发展。

课题组认为“目标导学，当堂达标”模式下的高中英语词汇教学，是以词汇教学目标为核心和主线实施课堂教学的方法，它不仅可以有效提高学生记忆词汇的效率，也能够真正提高学生词汇学习的兴趣和积极性。同时它也存在较多的问题，比如需要学生长期的训练和词汇知识的积累，同时对于不同层次的学生需要有不同的策略和方法。我们也相信随着同行们对该教学模式的进一步探究，它会不断走向成熟，真正地促进高中英语词汇教学有序发展。

（二）农村普通高中英语听力教学“目标导学，当堂达标”教学模式的构建

课题组通过问卷调查、课堂观察等研究方法，发现农村普通高中听力教学现状不容乐观，教师听力教学目标意识淡薄。基于高中英语听力教学存在的问题，课题组对听力教学采取以下措施。

1. 研究高中英语听力的教学目标

按照词汇教学的基本思路，课题组认真研读《课程标准》，发现《课程标准》从课程目标和内容标准方面都对高中学生的英语听力教学进行了明确的要求。这些要求是听力教学导学案目标制定的主要依据，同时还要结合高中阶段教科书和具体学情（不同的学生智力类型、不同的学生基础、不同的学生爱好等），制定有效的、可执行的听力教学目标。

2. 提出“目标导学，当堂达标”高中英语听力教学模式的具体应用流程

课题组按照该教学模式的基本流程，即目标呈现，学标质疑—自主探究，合作交流—小组展示，点拨矫正—归纳总结，提升拓展—测标反馈，当堂达标，和听力教学的实际特点，通过课题组全体成员反复研讨，在2016年9月连续上了8节听力课，每次听完课之后，及时进行评课，不断修改导学案和教学设计，进一步理清听力教学的基本思路。

3.“目标导学，当堂达标”教学模式对听力教学的影响

为了研究“目标导学，当堂达标”教学模式对听力教学的影响和作用，课题组运用SPSS软件对研究班和对照班学生听力部分成绩进行了检测，检测结果如表2-1所示。

表2-1 前后测研究班和对照班英语听力成绩独立样本“*T*”检验

内容	前测		后测	
	对照班	研究班	对照班	研究班
人数	60	60	60	60
平均分	11.50	11.80	12.50	15.60
标准差	4.30	4.58	3.05	2.85
最高分	22.5	21	24	27
最低分	4.5	6	4.5	4.5
T	0.795		–3.362	
P	0.428		0.001	

英语听力成绩独立样本数据表明：对照班和研究班的听力测试成绩在前测时的显著性差异*P*值为0.428，其数值大于0.05，这表明两个班级在英语听力水平方面没有明显的差异。然而后测*T*检验数据表明：对照班和研究班的平均分分别为12.50和15.60，研究班的平均分明显高于对照班，同时其显著性差异*P*值为0.001，其数值小于0.05，这进一步证实了基于“目标导学，当堂达标”教学模式下的听力教学比传统的听力教学有优势，利于农村普通高中听力教学的实施。

4. 提出运用“目标导学，当堂达标”模式下的高中英语听力教学模式的注意事项

在对“目标导学，当堂达标”模式下的高中英语听力教学模式构建的过程中， 课题组成员不断反思，在实践中对听力教学模式进行完善，形成以下注意事项：

（1）在制定目标导学案时，必须精选听力材料，教学目标要遵循循序渐进的原则，要有针对性，易操作。

（2）学会必要的听听力的技巧。培养学生的英语听力能力，必须注重对听

力材料细节的处理，培养预测试题的能力和听后的推断能力，持之以恒，反复训练，形成自己听听力的独特思维和方法。

（3）听力教学和口语、阅读、写作教学有机结合。坚持以说促听，听说结合；以读带听，听读结合；以听助写，听写结合。这种合理的、科学的教学，有助于学生听力能力的提高。

总之，通过研究，课题组认为“目标导学，当堂达标”模式下的高中英语听力教学是以听力教学目标为核心和主线实施课堂教学的方法。高中英语听力课应以培养学生的听力能力为最终目标。通过“目标导学”使听力教学的目标进一步明确，“当堂达标”使听力教学回归目标，能够极大地提高课堂效率，提高听力教学成绩。

（三）农村普通高中英语语法教学“目标导学，当堂达标”教学模式的构建

课题组通过问卷调查、课堂观察等研究方法，发现农村普通高中的语法教学没有明确的教学目标，教师教学方法单一，讲解不够条理清晰；学生缺乏自主探究和交流的机会，一味死记硬背，语法知识的学习脱离了具体的语境。基于高中英语语法教学存在的问题，课题组对语法教学采取以下措施。

1. 研究高中英语语法教学的目标

课题组认真研读《课程标准》，把《课程标准》作为导学案目标制定的主要依据，同时要结合高中阶段教科书和具体学情（不同的学生智力类型、不同的学生基础、不同的学生爱好），制定有效的、可执行的目标。因此，我们认为高中阶段的语法教学，必须从语言运用的角度出发，把语言的形式意义和用法有机地结合起来，引导学生在语境中了解和掌握语法的表意功能。

2. 提出高中英语“目标导学，当堂达标”语法教学模式的基本思路

课题组按照该教学模式的基本流程，即目标呈现，学标质疑—自主探究，合作交流—小组展示，点拨矫正—归纳总结，提升拓展—测标反馈，当堂达标，和语法教学的实际特点，通过课题组全体成员反复研讨，在2016年10月连续上了7节语法课，每次听完课之后，及时进行评课，不断修改导学案和教学设计，进一步理清语法教学的基本思路。

3.“目标导学，当堂达标”教学模式对语法教学的影响

为了研究“目标导学，当堂达标”教学模式对语法教学的影响和作用，课题组运用SPSS软件对研究班和对照班学生语法填空题得分情况进行了分析，检测结果如表2–2所示。

表2–2　前后测研究班和对照班语法填空成绩独立样本“*T*”检验

内容	前测		后测	
	对照班	研究班	对照班	研究班
人数	60	60	60	60
平均分	7.50	7.50	7.90	8.05
标准差	5.25	5.80	4.45	4.82
最高分	10.5	10.5	10.5	13.5
最低分	1.5	3	3	4.5
T	0.551		3.228	
P	0.832		0.032	

从表中可以看出，研究前两个班级在语法填空题得分独立样本*T*检验中，显著性差异*P*值大于0.05，证明其在综合运用语法填空题的能力上没有明显的差异。然而后测成绩数据显示研究班和对照班学生综合测试语法填空成绩独立样本显著性差异*P*值为0.032，小于0.05，这表明研究班处理语法填空题的能力高于对照班的能力，语法填空题可以明显地反映出学生运用所学语法知识填空的能力。

通过对上述相关数据的分析，我们认为“目标导学，当堂达标”对于有效开展语法教学具有重要的指导作用。

4. 提出运用“目标导学，当堂达标”模式下的高中英语语法教学模式的注意事项

在对“目标导学，当堂达标”模式下的高中英语语法教学模式构建的过程中，课题组成员不断反思，在实践中对语法教学模式进行完善，形成以下注意事项：

（1）课时语法知识的设计要有层次性。教师应本着由易到难的原则，将知识分化，让学生融会贯通。一个语法项目有很多内容，很多条规定和例外，不能一股脑儿都端给学生，也不能看见什么就讲什么，讲语法不但要注意条理，还要注意层次，每一层的教学都要达到一个预定的目标，了解每一个层次教学中学生的掌握情况，设计补救的办法，层次和程序的设计是使绝大多数学生接受的关键。

（2）语法知识的讲解要注重反复性。对讲完的语法点，一定要要求学生根据导学案及时巩固复习，反复训练，强化记忆，进一步理解掌握。

（3）目标导学案的设计要注意学生的差异性。作为教师要采用不同的传授方法和指导方法，充分考虑学生的差异性。目标导学案的设计难易要适当，要使每一个学生在课堂上都学有所得，培养学生的自信心，让不同层次的学生体验成功的喜悦。

（4）语法课堂的评价要体现学生的主体性。语法知识的讲解，要关注每位学生，掌握对学生纠错的技巧，不要中止、打断或是过早评判学生是否具有回答某个问题的能力；注重对学生的评价，通过自主、合作、探究等形式，使学生体验学习英语语法的乐趣。

总之，通过研究，我们认为“目标导学，当堂达标”模式下的高中英语语法教学是以语法教学目标为核心和主线实施课堂教学的方法。高中英语语法课应以培养学生的综合能力为最终目标。因此，教师要树立正确的教学观念，不断更新教学手段，让学生在形象生动的语言情景中探索语法规律，运用语法规则，内化语法知识，最后能得体地综合运用语言，为今后实际运用英语进行交流打下基础。唯有这样，语法课的有效性才能得以真正实现，学生才能够提高语言的实际运用能力，才能达到教学的最终目的。

（四）农村普通高中英语阅读教学“目标导学，当堂达标”教学模式的构建

课题组通过问卷调查、课堂观察等研究方法，发现由于普通农村客观条件的局限性，学校阅读教学条件相对滞后，教师教学思想相对落后并且学生的英语阅读能力参差不齐，这些因素都严重制约了农村普通高中英语阅读教学的进步和改善。基于高中英语阅读教学存在的问题，课题组对阅读教学采取以下措施。

1.研究高中英语阅读教学的目标

课题组认真研读《课程标准》，明确了英语阅读应当注重培养学生的独立阅读能力，明确阅读目标，突出情感体验、语言知识积累，最终形成良好的语感。导学案目标制定主要依据《课程标准》，同时结合教材和具体学情，制定有效的、可执行的目标。

2. 提出“目标导学，当堂达标”阅读教学模式的基本步骤

课题组按照该教学模式的基本流程，即目标呈现，学标质疑—自主探究，合作交流—小组展示，点拨矫正—归纳总结，提升拓展—测标反馈、当堂达标，和阅读教学的实际特点，通过课题组全体成员反复研讨，在2016年11月连续上了10节阅读课，并及时进行评课，不断修改导学案和教学设计，进一步理清阅读教学的基本思路。

3.“目标导学，当堂达标”教学模式对阅读教学的影响

阅读教学是高中英语教学的重要模块，而为了研究“目标导学，当堂达标”教学模式对阅读教学的影响和作用，笔者在研究结束后又运用SPSS软件对研究班和对照班学生阅读部分成绩进行了检测，检测结果如表2–3所示。

表2–3　前后测研究班和对照班英语阅读成绩独立样本“*T*”检验

内容	前测		后测	
	对照班	研究班	对照班	研究班
人数	60	60	60	60
平均分	18.50	19.55	18.90	22.50
标准差	5.59	6.65	5.60	5.47
最高分	32	34	34	36
最低分	4	4	6	4
T	0.325		–3.054	
P	0.403		0.003	

从前测成绩数据可以看出，两个班级从平均分、最高分、最低分以及标准差方面都没有明显的差异，同时显著性差异*P*值大于0.05，这表明两个班级在英语阅读能力方面基本相当，没有明显的差异。但是从后测数据可以看出，一方面，研究班平均分高出对照班3.60分，最高分出现在研究班；另一方面，其显著性差异*P*值为0.003，该值小于0.05。这表明“目标导学，当堂达标”教学模式下的阅读教学具有一定的成效，它对于提高学生的阅读水平和能力具有较大的帮助。

4. 提出运用“目标导学，当堂达标”模式下的高中英语阅读教学的注意事项

课题组提出运用“目标导学，当堂达标”模式下的高中英语阅读教学应注意以下几点：

（1）在教学目标表述上要明确、具体，使之呈现外显性和可见性，让教师明确教什么、怎样教，让学生清楚学什么、怎样学。教学目标的表达方式可以采用教学内容（知识点、能力培养点、智能开发点等）加上可以观察的行为动词进行表述，这样的教学目标就具有了可操作性。具体可表述为：“能回答……”“能运用……”和“比较熟练地解决……”等形式。

（2）在学案制定上，要针对每个学生阅读能力和理解能力的差异，开展分层教学。教师要仔细观察学生的阅读速度、方法和感知能力，做到心中有数。同时，要对教学目标分层，分成基础性、提高性和发展性三个层次，在教学中具体开展。比如，授课时，可以将授课难度进行梯度设置，预留的练习作业也要有区分，针对不同学生的不同薄弱点进行强化练习，让学生补齐短板，全面提升学习能力。

（3）在教学评价时，可采用自评、互评、教师评定等多种手段，对学生的阅读能力、知识的运用、课堂表现和达标完成情况，在适当的时间进行合理的评价，让学生体会到成功的喜悦。

总之，我们在探究的过程中，进一步对“目标导学，当堂达标”教学模式达成共识，认为它是一种引导学生主动学习，主动探究的新的尝试。其在英语阅读课的实践运用，可以使阅读教学得到优化，提高课堂教学效果，克服学生在阅读方面一直以来的畏难情绪，解决缺乏习惯和技巧等问题。促使学生真正地参与课堂，使其阅读策略及阅读能力得以提高。通过实施“目标导学，当堂达标”教学模式，让学习目标真正成为学生学习的向导，让学生的学习能力在“目标导学，当堂达标”的诸个环节中慢慢提升，感受一步步接近目标的快乐。

（五）农村普通高中英语写作教学“目标导学，当堂达标”教学模式的构建

课题组通过问卷调查、课堂观察等研究方法，发现近几年来，针对“哑巴”英语的问题，英语听说能力受到了关注，阅读能力也得到了重视。然而，相比之下人们对写作的研究就显得不足，存在着目标不明确、写作缺乏系统性、学生自主性体现不充分等问题。基于高中英语写作教学存在的问题，课题组对写作教学采取以下措施。

1. 研究高中英语写作教学目标

课题组在前期调查的基础上，认为传统的写作教学目标不清，当堂达标意识缺乏。为此，我们课题组认真研读《课程标准》，明确了高中英语写作是高中学生必须掌握的一项英语技能。从课程目标和内容标准都对高中学生的英语写作进行了明确的要求。

《课程标准》指出：书面表达能力除了在终结性考试中可以用来对学生进行考查和评价外，在平时教学中，教师也可以采用多种形式考查学生的写作能力。写作体裁和题材多样，比如：写日记或信件、写说明文、写报告、写贺卡、写电子邮件、写叙事文、写小故事、写提纲、写配图说明、写小论文、写小诗、写配图故事等。评价应尽量采用描述性语言，以鼓励为主并指出问题。

2. 提出“目标导学，当堂达标”课堂教学模式在高中写作教学中的具体应用

课题组按照该教学模式的基本流程，即目标呈现，学标质疑—自主探究，合作交流—小组展示，点拨矫正—归纳总结，提升拓展—测标反馈，当堂达标，结合写作教学的实际特点，通过课题组全体成员反复研讨，在2016年5月连续上了10节阅读课，并及时进行评课，不断修改导学案和教学设计，进一步理清写作教学的基本思路。

3. “目标导学，当堂达标”教学模式对写作教学的影响

为了研究“目标导学，当堂达标”教学模式对写作教学的影响和作用，课题组运用SPSS软件对研究班和对照班学生写作成绩进行了检验和分析，以期为农村高中英语写作教学提供高效的思路和方法，检测结果如表2–4所示。

表2–4　前后测研究班和对照班英语写作成绩独立样本“*T*”检验

内容	前测		后测	
	对照班	研究班	对照班	研究班
人数	60	60	60	60
平均分	12.50	13.25	13.55	16.25
标准差	4.34	6.65	5.50	4.82

续 表

内容	前测		后测	
	对照班	研究班	对照班	研究班
最高分	20	20	21	23
最低分	5	3	6	8
T	0.832		3.002	
P	0.782		0.015	

从前测数据可以看出，研究班和对照班的写作平均成绩分别为12.50和13.25，仅仅相差0.75，标准差分别为4.34和6.65，且两个班级的最高分均为20分。同时，其显著性差异P值为0.782，大于0.05，这表明研究班和对照班写作能力没有明显差异，几乎处于同样的水平。课题组在研究班中运用写作教学“目标导学，当堂达标”教学模式，而对照班采用传统写作教学模式，其成效的差异可以通过后测数据T检验看出，研究班和对照班在写作方面有了较大的差异，平均分分别为13.55和16.25，相差2.7分，最高分出现在研究班，最低分出现在对照班，显著性差异P值为0.015，小于0.05。以上数据表明“目标导学，当堂达标”教学模式对于提高学生的英语写作能力具有较好的效果。

二、初步构建农村普通高中英语“目标导学，当堂达标”教学模式

课题组通过学生问卷调查、前后测成绩对比等研究方法分析检验研究效果，形成以下结果。

第一，学生之所以喜欢高中英语“目标导学，当堂达标”这种教学模式，是因为它充分体现了以人的社会性和个性化相互关系的理论，探求自主探究，以自主推动互动的客观规律，研究新的师生互动方式、学生互动方式，推进改变学生的学习方式和教师的教学方式。

第二，高中英语“目标导学，当堂达标”有利于形成一种师生合作、平等参与的课堂教学局面，教师通过组织学生运用合作、小组学习等方式，在培养学生合作与交流能力的同时，能充分调动每一个学生的参与意识和积极性。

第三，高中英语“目标导学，当堂达标”教学模式有利于学生自主学习能

力的培养，学生只有实现了自主的学习才能体现学习的个性化，才能实现自我的全面发展，才能为终身发展奠定基础。

第四，推行“目标导学，当堂达标”教学模式是正确的，也是高中学生所喜爱的。通对相关数据分析，课题组认为“目标导学，当堂达标”对于有效开展听力、阅读、词汇和语法教学具有重要的指导作用。该教学模式的运用，一方面能够激发学生学习英语的兴趣和积极性，充分发挥学生在课堂上的主体作用；另一方面利于推进农村高中英语教学改革，切实提高英语课堂的时效性。

通过以上分析，课题组坚定了推行“目标导学，当堂达标”教学模式的信心。同时，课题组对农村普通高中英语课程的各领域的教学模式，进行梳理归纳，寻找五个分领域教学模式的共同点，深入研究《普通高中英语课程标准》，以目标教学思想为基本思想支撑，最终构建了农村普通高中英语“目标导学，当堂达标”教学模式。

（一）确定了农村普通高中英语“目标导学，当堂达标”教学模式的内涵

农村普通高中英语“目标导学，当堂达标”教学模式，在以往课堂教学改革的基础上，在农村普通高中英语课程的各领域融入目标教学思想，构建起农村普通高中英语“目标导学，当堂达标”教学模式，以提高农村普通高中英语教学效率和改善农村普通高中学生的英语学习。

实施农村普通高中英语“目标导学，当堂达标”教学模式的前提是制定科学规范有效的教学目标，紧扣高中英语课程标准、考纲，研究高中英语教材、学情（不同的学生智力类型、不同的学生基础、不同的学生爱好）。在充分集备的基础上，制定教学目标，围绕教学目标设计高中英语教学活动，编写学案，并提前发放给学生，便于学生预习教材，自主学习。教学目标的编写要准确、要具体化，要突出学生主体，要有行为动词，教学活动要以教学目标为主线，把教学目标作为教学活动的起点和归宿。

（二）形成了编制“目标导学，当堂达标”教学模式学案的三类目标与行为动词

（1）结果性目标。①知识目标：了解——说出、背诵、辨认、列举、复述等；理解——解释、说明、归纳、概述、推断等；应用——设计、辩护、撰写、检验、计划等。②技能目标：模仿——模拟、再现、例证、临摹、扩（缩）写等；独立操作——完成、制定、解决、绘制、尝试等；迁移——联系、转换、灵活运用、举一反三等。

（2）体验性目标。经历（感受）——参与、寻找、交流、分享、访问、考察等；反应（认同）——遵守、接受、欣赏、关注、拒绝、摈弃等；领悟（内化）——形成、具有、树立、热爱、坚持、追求等。

（3）表现性目标。复制——从事、做、说、表演、模仿、展示、复述等；创作——设计、制作、描绘、编织、扮演、创作等。

（三）发现了农村普通高中英语“目标导学，当堂达标”教学模式的特点

1. 目标导学和当堂达标的有机结合

将目标教学思想融入农村普通高中英语课程的各领域。制定目标→展示目标→实施目标→检测目标→达成目标，教学程序从展示教学目标开始，到以目标达标终止，避免了学生在课堂学习中的盲目性，也避免了课堂教学的随意性，使学生的注意力始终保持高度集中。

2. 群体教学与个体教学的有机结合

作为教师要创设良好的教学环境，激发学生的学习兴趣；学生在自主学习和小组讨论探究的过程中，让学生最大限度地暴露出其中的疑难和存在的问题，获取尽可能多的直接信息，同时培养学生探究思维的方法。

3. 反馈性测评与矫正补偿教学相结合贯穿教学的整个过程

能够达到堂堂课，堂堂清，不会形成知识的负积累，一般没有必要再布置课后作业。从而减轻了学生的学习负担，有益于学生素质的全面发展。

（四）确定了农村普通高中英语“目标导学，当堂达标”教学模式的步骤

1. 目标呈现，学标质疑

教学目标是目标教学的灵魂，在词汇教学、听力教学、语法教学、阅读教学、写作教学等高中英语教学的各分领域，制定科学有效的课时教学目标。上课前几分钟通过多媒体、板书展示课时教学目标，并进行强调引起学生关注。让学生明确本课时的学习目标，了解重点、难点。课题和目标的展示可以创设一定的学习情境，激发学生的学习动机。我们知道问题是思维的开始，因此要鼓励学生质疑，从而使学生带着问题进入自主学习环节。

2. 自主探究，合作交流

在这一环节中，利用PPT展示指导学生自学的方法，按照预设时间，自主探究之后，对于学生不能解决的问题，引导学生通过小组合作讨论、交流研讨、质疑探究，培养学生自主学习和合作学习的良好习惯。

3. 小组展示，点拨矫正

在词汇教学、听力教学、语法教学、阅读教学、写作教学中，学生通过小组合作，充分讨论之后，小组组长对合作交流中遇到的重难点进行展示。通过引导点拨等多种教学方法，为学生的思维助跑，提高学生的自学能力、认知水平，促进学生的全面发展。

4. 归纳总结，提升拓展

针对学生在词汇、听力、语法、阅读、写作中出现的问题，进一步挖掘知识内涵与外延，帮助学生弄清知识上的疑、难、易混淆点；引导学生通过变式训练来发散式提出新问题；同时加强解题方法、学习方法的指导和学科思想的提炼；注重与学过知识的联系，使一节课的知识得到进一步拓展与提升。

5. 测标反馈，当堂达标

每堂课抽出10分钟左右的时间进行当堂测试，对学生能起到复习、强化的作用，这个环节非常必要。达标练习题要紧扣本堂课的重难点，根据教学目标，设计好检测题，检测题要尊重差异，分必做和选做，要限时限量，让学生独立完成。通过巡视查看或举手等形式，获得反馈信息统计达标度。对于已完成达标的学生，可安排他们进行新课的预习，也可围绕目标鼓励、引导他们向更高层次目标发展。对未达标的学生根据检测情况，帮助分析错误原因，进行某些知识点的补救，挽救教与学的过失，然后再通过变式练习进行检测，直至完全达标。

（五）初步构建起农村高中英语“目标导学，当堂达标”词汇教学模式

1. 目标呈现，学标质疑

一个科学规范教学目标的确定和呈现需要综合考虑《课程标准》、学情、教材单元目标和课时目标以及教师教学方法等几个因素。比如具体到学情，教师必须考虑到学生的英语学习基础、英语学习兴趣与主观能动性、英语学习能力等几个方面。一般来说，一个完整的教学目标至少要包含知识目标、能力目

标和情感态度与价值观这一三维教学目标。确定教学目标的同时，教师应该使学生在心理上认识到词汇学习不仅仅是单词的记忆，减少盲目的死记硬背。这些与词汇学习相关的基本知识包含：英语语音知识（主要是英语48音素和读音规则）、构词方法知识（主要是合成词和词性转换）和常用字母组合（比如-tion，-ment，-ture等）。

2. 自主探究，合作交流

新课改和素质教育提倡教师将课堂交还给学生，真正地实现“教师主导，学生主体”的教育教学理念。具体到该模式下的词汇教学，教师应该首先向学生展示如何通过英语48音素、构词法、词性转换以及谐音等途径学习词汇。比如在单词“civilization”（文明）的学习中，教师可以通过展示音标，提示字母组合-tion，划分音节等方式指导学生去记忆该单词。其次，教师引导学生尝试通过教师教授的方法自主探究学习单词，同时在这个过程中教师要做好充分的指导。最后，在教师的统一指导下，要求学生对自己不能够解决的问题进行小组讨论，集体探究，从而实现合作学习的基本理念，这也符合新课改提倡培养学生合作学习能力的要求。在这个模式指导下的词汇教学，真正地提高了学生词汇学习的兴趣和能动性，推动了高中英语词汇教学的良性发展。

3. 小组展示，点拨矫正

“小组展示，点拨矫正”是对第二个教学环节的进一步深入和升华。学生通过小组合作，对词汇学习中的疑难点进行讨论之后，由小组长负责对疑难点进行展示和讲解，这样充分利用了小组资源，实现了学生学习的主体性地位。但是对于学生普遍遇到的疑难点或教学重难点，教师需要对其点拨矫正，从而使每一个层次的学生都有所收获。在小组讨论和展示的过程中，教师需要深入其间获取反馈信息，从而使教师真正了解学生学习的困难所在，同时也利于教师调整教学思路和步骤。比如在学生探究通过音标拼读单词的过程中，教师就有必要对“辅音浊化”这一语音现象予以重点点拨，从而帮助学生扫清词汇学习的一些难点和障碍。

4. 归纳总结，提升拓展

前面我们提到，词汇知识的学习包含语音知识、构词方法知识、常用字母组合以及词汇记忆方法知识等。教师需帮助学生建立词汇学习的知识框架和结构，从而使学生所学知识更加体系化和具体化。在此基础上，教师应该引导学生理论联系实际，充分运用词汇，从而实现《课程标准》九级词汇目标，即：能够根据交际话题、场合和人际关系等相关因素选择较为适当的词语进行交流或者表达。比如，教师可要求学生用单词造句（要求学生随心所欲地造，怎么有趣怎么造，主语可以是身边的人和事），运用固定单词编写故事，编造对话进行交际等。笔者发现，经过一系列这样的训练，同学们不仅提高了记忆单词的效率，同时对词汇学习有了更大的兴趣。

5. 测标反馈，当堂达标

"当堂达标"是该教学模式的落脚点和核心，也是衡量这堂课是否成功的关键所在。教师在设计测试或训练活动时，务必注意所选内容必须能够紧扣所学知识， 不可以超越学生学习和训练的范围，体现教学目标的要求，同时要能够激发学生学习的积极性和主动性。比如教师在讲解"distance"（距离）之后，可以利用学生比较喜爱的一句话语："The furthest distance in the world is not between life and death， but when I am in front of you but you don't know I love you."（世界上最遥远的距离不是生与死，而是我站在你面前，你却不知道我爱你。）设计相应的测试和训练活动。在训练活动结束后，教师应该根据测试结果反思教学过程，总结教学经验，促进教师个人专业的发展。

（六）初步构建起农村高中英语"目标导学，当堂达标"听力教学模式

1. 目标呈现，学标质疑

利用PPT、口述指导或板书等形式呈现听力教学的课时学习目标。坚持听说结合，教师应创设情境，将与本课时相关的听力话题，以说的形式和学生交流，激发学生的求知欲。在放听力之前，要熟悉相关话题，预测大意，处理好关键词。当然，听力材料的选取要照顾不同的学生智力类型、不同的学生基础，听力教学课时学习目标的制定要科学全面。鼓励学生对教学目标提出疑问，明确听的目的，带着问题进入自主学习环节。

2. 自主探究，合作交流

该环节中利用PPT或导学案指导学生学会听前预猜，听中猜测，抓主题句、关键词和信号词，听后推断。要求学生拿到听力试题后一定要快速浏览试卷内容，以获取信息。预测内容时依据已有的信息对话题进行合理想象和逻辑

推理，预测听力材料的可能内容和题材，听时要有所侧重、有的放矢地听。借助教材、目标学案、课件等做好听前准备，并尝试解决在听力教学中遇到的各种问题。在听的过程中，对出现某个单词或短语听不清或对上下文的某个环节难以理解的情况时，猜测段落、关键词及上下文之间的逻辑关系等让学生学会边听边操作，边听边做笔记，学会判断真伪。听后推断，根据说话人的语音语调、用词造句推断出说话人的主观意图；从说话人的语调变化或对话、独白的上下文关系上推断出正确的结论。听完后，小组合作交流，相互核对答案。

3. 小组展示，点拨矫正

合作交流之后，小组展示答案，教师指导学生有重点地听，尤其是学生出错率高的地方。通过PPT或导学案将听力原材料展示给学生。对于学生较集中的疑难点采取及时矫正的策略，教师做到及时点拨。让学生学会抓主题句、关键词和信号词。

4. 归纳总结，提升拓展

针对学生在听力教学中出现的问题，和学生一起总结听听力的技巧。对某一专题的听力材料，采取分散听的方法，有利于强化学生对同一话题的感知、理解和运用。而对于一套完整的听力材料，要完整地听，有利于培养学生对高考听力材料的应试能力。对不同的听力试题做到适时归纳，寻找内在的规律、技巧，从而形成一定的应对策略。

5. 测标反馈，当堂达标

这是课堂的关键环节，以检测题为主，回归教学目标。教师根据教学目标，提前设计好检测题，尤其是学生出错率高的相关或相近的听力材料，因此达标试题的选择很重要。对学生达标情况要当堂反馈，发现问题，及时补救，进一步强化、点拨。对于相关或相近的听力材料，要求学生根据所听的内容进行口头或笔头转述；利用听到的信息，以同一题目为主题，从另一角度写出一个文段，从而实现当堂达标。

（七）初步构建起农村高中英语“目标导学，当堂达标”语法教学模式

1. 目标呈现，学标质疑

按照《课程标准》及教科书中的单元目标和课时目标，并结合具体学情，

制定科学规范有效的课时教学目标。在进行各知识点单元教学前，需预先告知同学们该语法点所要达到的教学目标，避免学生在课堂学习中的盲目性，使学生带着问题进入自主学习环节。高中英语语法教学一定要情境化、生活化，增加语法课的趣味性，因此语法课一定要设法引起学生的兴趣。

2. 自主探究，合作交流

从《课程标准》的要求来看："高中英语教学要鼓励学生通过积极尝试，自我探究，自我发现，和主动实践等学习方式，形成具有高中生特点的学习过程与方法。"自主学习活动的流程一般为：梳理问题—独立思考—协作探究—多向交流—灵活运用。创设一定的教学情境，给枯燥无味的语法教学增添生机，增加教学的趣味性。由于各种语法的变化和结构特点不同，意义、用法、功能也不同，所以应有不同的教法，如：名词的数、形容词的级宜用直观比较法；动词时态宜用表演法；介语宜用演示法；复合句可用图示法。这样语法才能学活，学生的思路才能开放。

3. 小组展示，点拨矫正

学生通过小组合作，充分讨论之后，小组组长对合作交流中遇到的语法重难点进行展示。

4. 归纳总结，提升拓展

针对学生在语法课中出现的问题，进一步挖掘语法知识的内涵与外延，帮助学生弄清知识上的疑、难、易混淆点，但必须注重讲解的层次性，毕竟对于基础差的学生来说，不是讲得越多越好；引导学生通过变式训练来发散式提出新问题，做到将重点内容概括归纳，梳理成线，加深学生印象，要求教师在讲解语法知识时，通过板书或PPT等形式，形成简单的某一个语法的知识树；引导学生重视易疏忽的知识薄弱点，通过反复训练强化巩固。高中英语教学有着自身的特点，加强英语语法的解题方法、学习方法的指导和学科思想的提炼是非常必要的。在归纳本课时语法教学时，一定要注重与学过知识的联系，使一节课的知识得到进一步拓展与提升。

5. 测标反馈，当堂达标

当堂测试，对学生能起到复习、强化的作用。达标练习题设计要紧扣本堂课的重难点，根据教学目标，设计好检测题，检测题要尊重差异，分必做和选做，要限时限量，让学生独立完成。通过巡视查看或举手等形式，获得反馈信息，统计达标度。

（八）初步构建起农村高中英语“目标导学，当堂达标”阅读教学模式

1. 目标呈现，学标质疑

该环节是“目标导学法”的前提，也是根本。要求教师以教学大纲为根本，以《课程标准》为导学案目标制定的主要依据，结合具体学情，制定有效可执行的目标，同时目标要因人施教，设置教学目标要从学生实际出发。另外，目标要有启发性。问题是思维的开始，在学生已经掌握教材知识的基础上，激发学生的质疑动机和思维能力，让学生在满怀兴趣的状态下投入学习中，鼓励学生带着疑问进行学习。

2. 自主探究，合作交流

了解教材内容是学生完成阅读任务的基础。这个环节改变了以往的单项灌输的教学模式，让学生掌握学习的主动权，这样一来，能够有效避免学生产生拘泥书本、依赖教师的思维惰性，变传统的“传道型”教学为平等民主的“商讨型”教学。

3. 小组展示，点拨矫正

这个环节是目标导学法在英语阅读应用中的核心。学生通过小组合作，充分讨论之后可以由小组长通过口述、黑板展示、投影仪呈现或多媒体呈现等方式对所讨论问题及难点进行展示。一般阅读难点可以通过全班共同讨论的方式进行释疑，或由小组内讨论转为疑点不同的各小组之间的讨论，对于学生难以解决的问题，由教师点拨释疑。

4. 归纳总结，提升拓展

真正达到阅读能力的提高，关键是要培养良好的英语语言能力。这就要求学生在学习中不断总结学习经验，克服学习难点。教师应采用形式多样的拓展训练，进一步提高学生的学习效率。分为两个阶段：一是归纳总结知识要点、难点。通过对难点、疑点的点拨，进一步梳理文章的脉络，掌握文章的主要内容、主要信息，掌握文章所出现的知识点进而能够归纳掌握阅读技巧，为下一步的达标检测知识运用做准备。二是根据本堂课的阅读任务特点及学生的实际，采取多种形式的拓展方法提升学生的阅读能力。鼓励学生在阅读完一篇文

章后，用自己的语言去概括文章的主要内容，总结文章的大意和段意，了解作者的观点态度等，以写摘要的形式摘录其中的重点句子，通过对文章内容进行复述，来提高学生的理解能力。也可以根据所学新单词、短语、句型，进行一些简单的句子仿写，实现语言的运用能力。

5. 测标反馈，当堂达标

这个环节是目标导学法的目的、归宿。既是对前面各环节学习效果的反馈，也是对学生阅读兴趣、能力培养的关键。这个环节中教师的导向作用不言自喻。教师在设置问题时，既要紧盯教学目标，又要联系学生学习实际，这样才能起到提升学生阅读能力的功效，使学生真正做到会读、能懂，圆满完成预定的学习目标。阅读课的教学是通过理解大意和掌握语言知识点这两个目标，最终实现理解文章并运用于实际的目标。因此教师可以选取贴近学生生活和语言水平，题材广泛、体裁多样，具有思想性、趣味性、知识性的阅读文章，作为当堂达标的检测材料。或在学生阅读任务结束后，采取一些灵活多样的检测手段。如运用文章中的重点句式、句型，根据所给话题展开讨论，编造对话，角色扮演，写小短文，续写或改写文章等方式测试达标效果。在检测过程中应有合理的反馈和评价，教师可以让学生以诵读答案、多媒体呈现、情节表演或教师巡视等方式来对测试进行反馈，掌握学生学习的达标程度。且针对达标训练过程中遇到的问题，教师要及时地予以点拨，并适当地进行针对训练。

立足农村普通高中英语学科，以目标教学思想为基本思想支撑，最终构建农村普通高中英语“目标导学，当堂达标”教学模式，以深化农村普通高中英语课程各分领域的改革，能够拓宽高中课程改革的路径。课堂教学也不仅仅停留在小组合作形式上的展示，更注重以当堂达标为检测标准的课堂效率。规范编写学习目标，打磨教学环节，以明确可评价的学习目标为主线，将目标确立—问题设计—目标评价—达标测试有机串联起来，形成一一对应关系。农村普通高中英语“目标导学，当堂达标”教学模式的教学过程为制定目标—展示目标—实施目标—检测目标—达成目标等几个阶段，学生通过主动学习活动，教师进行导标、导学、导评、导练、导结，从而达成教学目标。因此，该教学模式就是高中英语教师在词汇、听力、语法、阅读、写作课堂教学过程中实施以教师为主导、以学生为主体、以教学目标为主线、以当堂达标为目的的教学模式。高中英语“目标导学，当堂达标”的实现，建立在教学目标的科学性和可行性、小组划分的合理性、学生自主探究的有效性、教师点拨的准确性、当堂达标的精确性的基础上。

“农村普通高中英语‘学案导学，小组合作’教学模式构建研究”研究成果

“农村普通高中英语‘学案导学，小组合作’教学模式构建研究”是2011年立项的山东省教学研究普通课题。根据课题组成员一年的精心研究，基本完成了研究任务。对于本课题，我们课题组在以下三个方面进行了研究：①立足农村高中英语教学现状，结合农村高中英语课堂教学的实际进行有效改革；②在高中英语课堂教学中，将学案导学和小组合作教学相结合，同时对学案导学的制定和小组合作的分工进行研究；③按照高考英语考查的题型，将高中英语课堂教学的课型具体化，使之在高中英语课堂听力教学、阅读教学、作文教学、语法教学及试卷讲评课等不同的课型中尝试运用，形成一套完整的、实用的教学模式，最终构建了农村普通高中英语“学案导学，小组合作”教学模式，大幅度提高了农村普通高中英语教育教学质量和学生的英语学习成绩，具有很强的实践意义，为同类学校进行此领域的探索提供某些参考和借鉴。

在课题的研究过程中，我们得到市县教研室专家及学校领导的大力支持。课题组成员在研究过程中，主要采用的研究策略：新问题—计划—实施—评价反思—调整—实施—总结。以课堂教学为主要研究对象，通过对课堂效果的实际情况进行调整，围绕高中英语课堂听力教学、阅读教学、作文教学、语法教学及试卷讲评课进行研究。

首先，根据高中学生生理和心理的特点以及学习英语的现状，我们课题组有针对性地进行研究工作。其次，根据研究的开展情况，进行相应的经验总结与反思以及进行学生问卷调查，收集和整理学生的信息反馈。再次，为每一

节实验课设计合理有效的导学案，并加以实践。通过观察效果及时反馈总结并留下数据。最后，进行数据分析。对各种不同课堂导学案在学生中的受欢迎程度进行调查、分析，对学生在学习英语上的积极性进行研究，并随时做好课题的总结。为将课题进行更加深入的研究，我们除在网站搜集学习各种教育教学理论外，还请学校领导为我们课题组购置了有关书籍。然后我们课题组集中时间统一学习有关书籍资料。在课题的实施过程中，我们课题组成员各人在分项目开展各课题项目的研究的同时，定期（约一周）召开课题组会议，商讨在各自研究过程中所遇到的问题及困难，并积极采取有效措施。根据课题研究的内容，对不同的课型采取课题组成员及邀请其他英语老师和县教研室专家听评课的方式，对课堂教学进一步研究完善。然后撰写发表论文，形成指导性文件。

经过课题研究，使教师在不断的改革中调整教学行为，使教学相长，大大提高了教师的科研能力和教学艺术。课题的研究与探索提高了教师自身素质，得到了学生和家长的认可，工作热情日益增长。

一、本课题的研究内容

本课题的研究内容有以下几方面。

（1）在农村普通高中英语课堂教学中，对学案导学的制定和小组合作的分工进行研究。

（2）初步构建农村普通高中英语“学案导学，小组合作”教学模式，使之在高中英语课堂听力教学、阅读教学、作文教学、语法教学及试卷讲评课中尝试运用。

（3）通过构建农村普通高中英语“学案导学，小组合作”教学模式，使学生在听、说、读、写、译等方面有所改善提高。

（4）构建农村普通高中英语“学案导学，小组合作”教学模式的具体研究内容。根据系统论原理，“学案导学，小组合作”课堂教学模式不仅把教学过程看作一个系统，而且也把教学内容看作一个系统，要求学生依据导学案，运用小组合作教学模式，在高中英语课堂听力教学、阅读教学、作文教学、语法教学及试卷讲评课中寻找到解决某一类问题的方法和规律，做到举一反三，提高学习的效率。

二、本课题研究的意义

构建农村普通高中英语“学案导学，小组合作”教学模式可以大幅度提高农村普通高中英语教育教学质量和学生的英语学习成绩。高中英语“学案导学，小组合作”教学模式以人的社会性和个性化相互关系的理论，探求自主探究，以自主推互动的客观规律，研究新的师生互动方式、学生互动方式、人机互动方式，推进学生学习方式和教师的教学方式的改变。有利于形成一种师生合作、平等参与的课堂教学局面，教师通过组织学生运用小组合作学习等方式，在培养学生合作与交流能力的同时，能充分调动每一个学生的参与意识与积极性，有助于实现自我的全面发展，为终身发展奠定基础。

构建农村普通高中英语“学案导学，小组合作”教学模式具有很强的实践意义，并且能够为同类学校进行此领域的探索提供某些参考和借鉴。

三、本课题的研究成果

本课题研究成果分为理论和实践两种层面。

（一）理论成果

1.“学案导学”小组合作，教学模式导学案的命制原则

首先，深刻解读考纲中关于各种课型教学的要求是编制好导学案的前提；其次，充分挖掘教材及相关资料是编好英语导学案的基础；再次，认真研究学生，全面了解学情是编好英语导学案的保障；最后，准确定位学习目标是编好英语导学案的关键。

2. 小组合作教学应遵循的原则

首先，小组分工的合理性；其次，强调小组合作的重要性；再次，小组评价方式的转变；最后，引导小组内解决个性问题，帮助学生解决共性问题。

3. 五种课型的处理办法

（1）试卷讲评课的五个原则

第一，试卷讲评的时效性；第二，制定学案导学的针对性；第三，进行小组分工的合理性；第四，合作探究的实效性；第五，学生展示，教师点拨的重要性。

（2）阅读教学和语法教学的理念

首先，运用导学案对学生的学习进行课前引导；其次，课堂教学中，教师要加强课上指导；再次，在小组合作的同时，要关注各个层次的学生，进行合理评价；最后，结合小组合作，导学案还应注重引导学生在教学重点内容上展开探究。

（3）听力教学的方法

套题集中训练法：首先，在制定导学案时，应充分考虑学生的实际水平，制定好符合教学实际的听力导学案。其次，根据学生的兴趣爱好、个性、能力等进行合理搭配，可以4人或6人一小组，并明确分工，力争每位同学都有事可做，而不是看客。再次，在完整听完一套听力材料后，要求学生自己对答案，并将自己听错的、听不懂的、猜对的画出来。然后按照小组分工，进行讨论。把影响这套听力材料的所有因素罗列出来，分组汇报。对共性的问题进行解决。最后，将本套听力材料根据小组汇报的重难点，有针对性地再听。在学生听完之后，要求同学们将本套听力材料以2人或3人合作的形式，大声朗读，在具体的语境中去感受、去体会。同时，对自己的错误学会反思。

专题分散训练法：对关于某一专题的听力材料，采取分散训练，有利于强化学生对同一话题的感知、理解和运用。我们在制定导学案时可根据其中的某一话题进行编制，然后分散听，反复听。首先，作为教师，在上听力课之前，将属于同一个话题的听力材料进行归类。专题听力材料中可能遇到的重难点，尤其是解题方法，在制定导学案时要呈现。便于指导学生对听力专题的整体理解和把握。其次，按照4人或6人一组进行合理分工。再次，将同一话题的听力材料逐个地听。每放完一段材料，让小组讨论，主要讨论材料中的难点、疑问以及解题方法。从而对听力专题有整体的理解把握。最后，有重点地再听。小组朗读，理解感悟听力材料。

（4）作文教学的具体操作过程

组内讨论、酝酿观点—拟订提纲、撰写初稿—批改范文、自批互批—及时改进、整体提高—借助投影、教师点评—总结巩固、能力提升。

4. 基本的教学思路

对“学案导学，小组合作”课堂教学有一个基本的教学思路，就一节课而言，其基本模式为三个阶段，七个环节。第一阶段：课前预习阶段。①明确目标；②自主学习。第二阶段：课堂学习阶段。③合作交流；④展示点拨；⑤达标测试。第三阶段：课后巩固阶段。⑥巩固提升；⑦盘点收获。

（二）课堂教学成果

1. 学生学习兴趣、学习方法的变化分析

针对学生学习兴趣、学习方法的变化分析如表2–5所示。

表2–5 学生学习兴趣、学习方法的变化分析

项目	喜爱英语（%）	自主学习（%）	主动合作（%）	敢于质疑（%）	勇于发言（%）	顺利作业（%）
试验班	96	100	93	100	92.5	95
对照班	68.5	40.8	50.4	51.6	32.6	64

从表2–5中可以看出：

（1）试验班的学生更喜欢英语老师，更乐于上英语课。

（2）试验班学生的学习观念、方法和过程发生了根本转变。

（3）学生学会了学习，不再靠老师讲解，而是主动去学；不再是封闭自己，而是与他人主动合作；不再是单纯地记忆答案，而是注重搞清楚知识的来龙去脉；不再是将知识学死，而是灵活运用，顺利完成作业。

（4）学生的合作意识、创造精神得到提高和加强，学习信心增强。

（5）学生能积极动脑，敢于质疑，勇于发表自己的观点和看法，在激烈的讨论中使概念更清楚，结论更准确，学得更透彻，信心得到提高。

2. 学生学业成绩的变化分析

学生学业成绩的变化分析如表2–6所示。

表2–6 学生学业成绩的变化分析

项目	及格率（%）	优秀率（%）	平均分（%）	上线率（%）
试验班	100	70	122. 5	86
对照班	82	40. 3	98. 7	40

以上数据表明：试验班由于采取了“农村普通高中英语‘学案导学，小组合作’教学模式”教学试验，全班同学成绩都得到了提高，使学困生得到转化，优等生更上一层楼，全班形成了互帮互学、你追我赶、不甘落后、积极进取的浓厚学风。

四、本课题形成的收获

随着“农村普通高中英语‘学案导学，小组合作’教学模式”的基本形成，课题组的成员也收获了很多。

课题的研究与探索提高了教师自身素质。课题理论学习和教学实践探索不断深入，使教师的科研意识、教改意识增强。经历实验过程，教师具有一定的教学研究和课题研究的能力。

师生教与学观念是制约“农村普通高中英语‘学案导学，小组合作’教学模式”在试卷讲评中得以运用的关键。

首先，是教师教学观念的转变。我们知道在传统的课堂中，有时也会有几个所谓的“优秀学生”跟随老师，但大多数学生被忽视了，成了课堂的“看客”，久而久之，一部分学生连“看客”都不当了，成了课堂里的“木头人”或是破坏者。当然有经验的老师会根据试卷测试情况，有所侧重。小组合作探究让每一个学生成为课堂的主人。教与学的关系、教与学的方式都发生了根本的变化，教师不再是永远的“操盘手”，每个学生都有体验的机会。学生自己能学会的，老师坚决不教。老师只是充当一个点拨者和引导者。在课堂中，老师大胆地把时间放给学生，让他们自己去思考、去查找、去辩论、去总结，要求学生先思考自己的错题及思考错误生成的原因，这样的话，有利于课堂节奏的加快。当然，作为教师必须做到充分备课，制定好实效性和操作性强的学案，具备较强的课堂驾驭能力。

其次，是学生学习习惯的改变。在传统的课堂中，教师的一味讲解，使一些同学形成了很强的依赖性。导致他们在小组合作学习中无所适从。因此，必须把小组合作的学习意义及操作流程告诉他们。只要教师长期坚持，学生自然会慢慢适应，并很快能够感受到小组合作所带来的成功的喜悦。

以学案导学为依据，在高中英语教学中，充分运用“农村普通高中英语

‘学案导学，小组合作’教学模式”，是提高教学质量的有效方式，也是在新课改中推行高效课堂的有效手段！

总之，我们研究的课题已基本达到预期的研究目的。同时得到市、县教研室专家的高度评价，认为滨州市沾化区第二中学开展的“农村普通高中英语‘学案导学，小组合作’教学模式”已见成效，并有力地指导了课堂教学工作。当然作为课题组成员，由于自身的局限性，在今后的教科研活动中，仍需进一步加强理论学习和交流，不断提高自身的理论水平和实践能力，主动联系有关的教育专家，虚心向他们请教，以求完善。

课改背景下高中英语“三段六步”读写结合教学法

“三段六步”作为近些年来出现的教学方法，被各个学科广泛地运用，改变了我国中小学课堂传统的教学方式，对于学生的素质教育也有着相当重要的推动作用，更加符合新课改的要求。但由于“三段六步”的教学方式提出的时间不久，还没有形成良好的教学模式，因此教师在使用“三段六步”教学模式的时候，要充分考虑学生的学习情况以及课堂教学的内容，将“三段六步”教学方法实际运用到高中英语课堂中来，切实有效地提升学生的学习效率，培养学生的自主学习能力和小组合作能力，推动学生的全面发展。

一、明确教学的目标

在新课改的发展背景之下，高中英语教师越来越重视对于学生视听说三方面的英语教学，促进学生在英语学习过程中的全面发展。“三段六步”教学方法是近些年来提出的新形势下的教学方法，更加符合现代英语教育的需求。在“三段六步”教学的基础之上不断寻找读写结合的方法，锻炼学生的读写能力，是高中英语教学发展的重要目标。教师在高中英语教学过程中要利用好“三段六步”教学方法，穿插读写结合的教学方法，明确课堂教学的目标，引导学生进行自主学习，鼓励学生利用小组合作学习，适时地给予学生指导，进行课堂测评和课堂成果总结，保障学生在高中英语课堂中学习的高效性。

在“三段六步”的教学方法中，最根本的就是向学生展示教学的目标，让学生了解学习课堂学习的内容，同时也是给予学生课堂学习成果的检验标准，让学生能够更加具有目标性地进行学习。教师对于设定的教学目标，应当站在学生的角度进行充分的衡量，保障教学目标在教学过程中可以量化，让学生在自学过程中能够充分地接受。

教师还要根据课堂教学内容的情况安排教学目标，根据“三段六步”教学思路进行读写结合教学。根据实际的教学内容安排实际的教学步骤，并非所有的教学内容都要满足六步，对于一些较为简单的知识可以让学生更快地进行学习，将更多的时间留给学生自学重点和难点。在教学目标设定的过程中应当考虑学生的学习需求，教学目标的设定符合大部分学生的学习能力，避免学生在学习过程中感受到巨大的压力，保障英语课堂教学的效果。

例如，在高一英语必修第三册（外研版）“Unit 6 Disaster and hope”的学习过程中，教师就可以向学生展示出本节课要学习的单词，typhoon、tsunami和wildfire等，以及一些具体的句式和相关的词组。教师可以鼓励学生在课堂中进行朗读，在学生朗读英语的过程中，了解学生的预习情况，锻炼学生的读写能力， 帮助学生更好地明确教学的目标，然后教师再指导学生进行接下来步骤的学习。开门见山地为学生建立学习目标，能够帮助学生更好地进行学习，引导学生进行自主学习规划，对于培养学生的自主能力有良好的推动作用。

二、引导学生自主学习

在“三段六步”的英语教学环节中，最重要的就是学生进行自主学习的阶段，不仅要求学生在课堂上进行自学，还要求学生在教学的各个环节进行自学，包括自学预习、自学复习。教师通过引导学生对课堂进行预习，保障学生在课堂开始前就对课堂知识有一定的掌握，避免教师在教学导学阶段展示大量的生词，使得学生跟不上教师教学的步伐。在学生进行自学的时候，教师应当关注学生的学习状况，引导学生对于学习过程中发现的问题进行记录，了解学生在学习过程中普遍存在的问题，针对这样的问题对学生进行及时的引导，保障学生课堂自学的效率。最后学生应当及时地进行课堂学习内容的复习，在英语学习的过程中时常会出现“学得快忘得也快”的情况，这时学生就可以采用读写结合的复习方法来进行高效的复习。教师应当给予学生各个学习过程明确的目标，让学生能够进行更加有针对性的预习、更加高效的学习和更加全面的复习，通过培养学生的自学能力，来让学生寻找适合自己的学习方法，促进学生的英语学习发展。

三、鼓励学生合作学习

在“三段六步”的英语学习过程中，合作学习是相当重要的一个部分，教师要根据班级情况进行合理的分组，通常四人小组较为常见，在小组中推举一人做小组的组长，进行小组意见的总结。通过小组合作学习，解决学生在自主学习过程中遇到的难题；通过学生之间的交流，能提高学生在课堂中的学习兴趣，让学生在小组中踊跃发言，并且教师可以鼓励学生使用英语交流，锻炼学生的读写能力。

并非所有的课程设计都能够使用小组合作教学，对于部分可以深度研究的课程，教师可以给学生一个能够讨论的问题，让学生围绕问题进行更深程度的思考，充分发挥小组合作的用处。对于一些较难的问题可能小组讨论也难以给予答案，教师不能过于催促学生，或者直接将答案公布给学生，应当给予学生更多的时间进行思考和讨论，在教师认为学生已经充分讨论之后再给予学生相应的答案，并进行详细的解释，将学生合作学习的用处发挥到最大。

例如，在高一英语必修第二册（外研版）“Unit 6 Earth first”的学习过程中，教师就可以让学生围绕“protect the earth”进行讨论学习，先让学生总结小组学习过程中，发现的地球现阶段的问题和人类对于地球的危害。然后引导学生讨论保护地球的策略和方法，培养学生在讨论过程中进行记录的习惯。教师在学生讨论的过程中要时刻关注学生的讨论情况，对于学生的问题进行指引回答。教师要指导小组进行总结，小组上台总结的人员不一定是小组的组长，教师应当给予每一个学生展示的机会，锻炼每一个学生的读写能力。

四、增加教师的指导

对于小组合作学习，教师要给予学生时间进行讨论成果展示，对于小组讨论过程中未能解决的问题，教师要先将问题交给全班同学来进行解决，在没有学生能够解答的前提之下教师再进行详细的讲解。

同时，教师在学生自学以及讨论的过程中也要时刻关注学生的学习情况，如果大部分学生在自学过程中被同一种类型的问题阻碍，教师就要进行及时讲解，让学生寻找到解决问题的关键，帮助学生更好地进行课堂自主学习和课堂讨论。教师要增加与学生之间的交流，注意学生在交流过程中的表达情况，针对学生表达中的问题进行及时的整改，同时要鼓励学生在课堂中培养创新思维，激发学生的学习兴趣。

五、运用课堂测评

课堂测评是“三段六步”中的检测环节，对于学生课堂的学习情况以及课后的复习情况进行多个层次的测评。通过检测学生的学习测评是否达标来展现学生课堂学习的效果，在测评阶段应当注重测评的多样性，保证学生的学习兴趣，然后努力培养学生的学习兴趣。对于测试的方式教师可以引导学生进行自测，也可以利用学习小组进行互测，教师要根据教学内容进行实际的考虑。

同时，教师为了培养学生的读写能力，也可以采用读写结合的测试方法，不仅要培养学生的英语书写能力，还要培训学生的英语表达能力，让学生对于自己填写的答案进行口语诉说测评。因此，教师在进行课堂测评的时候可以为学生布置一个短篇的英语作文，让学生根据课堂学习的内容或者复习的知识进行创作，然后将自己创作的内容表达出来。

例如，在高一英语必修第二册（外研版）“Unit 2 Let’s celebrate！”的学习过程中，教师就可以让学生在课堂学习之后，选择一个自己喜欢的节日，如National Day、Valentine’s Day等进行写作，引导学生使用在课堂中学习的句子以及词汇，还要鼓励学生在原有的学习基础之上使用新的词汇。教师还可以借助这个机会让学生练习书信的写作格式，能够更好地表达学生对于节日的情感，促进学生课堂测评的高效开展。教师应当给予每一个学生在课堂中展示的机会，鼓励学生走上讲台进行表达，教师可以根据学生选择的节日，组织学生进行主题书信展示，不仅能够提升课堂的趣味性，还能引导学生之间进行交流学习。

六、学习成果总结

教师要引导学生对课堂学习内容进行归纳总结，让学生在归纳总结的过程中厘清整个教学内容的结构，帮助学生建立完善的知识体系。对于“三段六步”的课堂，教师不仅要鼓励学生进行自我总结，还要引导小组进行学习总结，让小组组长进行代表发言，同时组内的其他成员进行补充，在小组归纳的过程中，可以更好地展示学生的讨论情况，以及培养学生的合作能力。

教师要教给学生总结归纳的方法，要从简入繁，从表入里，让学生先对课堂知识进行直观的学习总结，包括单词、词组以及句子的记忆。然后再让学生归纳学习方法，如相关从句的使用准则，在定语从句中什么时候不能用what，什么时候不能用which。教师还可以教给学生更多的教学方法如思维导图、总结表格等多种归纳方法。

教师引导学生进行自我归纳总结，能够在学生的脑海中留下更加深刻的印象，避免学生在将来的使用过程中出现问题，可以提升英语课堂的教学效率。

七、结束语

综上所述，教师将“三段六步”教学方式以及读写结合教学方式融入学生的英语课堂之中，充分尊重学生在课堂中的主体地位，符合新课改的课程要求，转变传统的教学方式和教学理念，更加注重培养学生的学习能力。在“三段六步”教学方式中，教师要积极做好引导者的工作，根据课程的内容进行合理的课程设计，培养学生的学习兴趣，调动学生在课堂学习中的积极性，引导学生进行充分的合作讨论，让每一个学生在课堂上都有表达的机会。教师要在教学的各个环节中穿插读写结合的培养，不仅提升学生的自主学习能力，还帮助学生获得英语视听读写的能力，促进学生的全面发展。

参考文献

［1］李玥. 以培养思维品质为导向的高中英语读写结合课堂［J］. 新教育，2021（1）：51–52.

［2］袁红健. 高中英语读写结合教学探究［J］. 英语教师，2018，18（18）：132–133.
［3］张银益. 核心素养下高中英语“读写结合”教学策略有效性应用探究［J］. 新东方英语（中学生），2019（11）：132.
［4］邓桂琴. 高中英语读写整合教学模式探究［J］. 才智，2015（22）：240.
［5］郭林童，成翠娟. 论英语核心素养下的高中英语读写结合教学方法［J］. 中学生英语，2020（36）：108.

高中英语阅读高效课堂教学模式的构建研究

2017 年颁布的《普通高中英语课程标准》要求学生基于具体的主题及语篇，主动参与语言实践活动，运用各种学习策略学习语篇呈现的语言和文化知识，逐步发展英语学科核心素养，笔者认为阅读教学是培养学生英语学科核心素养的主阵地，一线教师要积极探索高效的阅读教学模式。滨州市高效课堂专项课题“基于英语阅读课的高效课堂教学模式设计研究”课题组以当前的课程改革和素养教育为背景， 结合现代教育理论和传统教育中的有效做法，立足于英语阅读教学实践，对英语阅读高效课堂教学模式进行了深入研究，力求解决目前教学中存在的阅读教学环节零乱繁多、效率低下等问题。课题研究过程中构建了切合本地教学实际的英语阅读高效课堂教学模式，旨在有效地指导高中英语阅读教学，真正实现课堂教学效益最大化。

一、笔者的教学主张

多年来，笔者深耕课堂教学，在平时教学中持续冷静地反思自身的教学活动，力求挖掘自身潜力，找到阅读课堂教学的突破口。在反思了多年的教学过程和一些比较突出的教学案例之后，凝练了自己的教学主张：“三维”融合，生命对话课堂，“三维”指的是情境、活动、问题。主张的核心内容是：给学生提供源于真实生活的情境、有问题生成的情境，在情境中通过生生、师生活动，借助源于学习点的、有思考价值的优质问题来解决学习内容，突破教学的重难点，实现真正的学习。学生在自主、合作和探究的过程中归纳、拓展知识，并迁移应用所学来发展学科素养。促进学生深度理解的问题成为课堂的主体，学生借助问题在活动中思考，用批判的、创造性的、多元的思维进行质疑，表达精彩的观点，问题成为师生、生生思想碰撞的导火线。在这样的课堂上老师与学生共同追求高品质的智力与精神上的愉悦感，能够进入彼此的思维系统与生命背景，实现课堂上的生命对话。如图2-1所示。

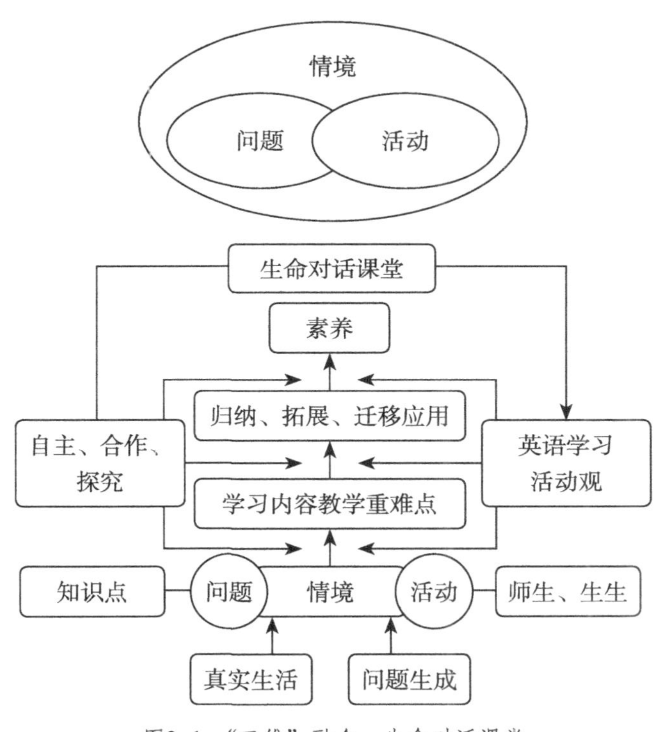

图2-1 “三维”融合，生命对话课堂

二、英语阅读高效课堂教学模式的构建

探索高效课堂教学模式的过程中，教师主要运用听、说、读、写、演、唱、猜等形式，创设富有趣味性、探究性和合作性的课堂教学活动和真实的学习情景， 让学生在活动中学习，促使学生对文本进行深层次的阅读探究，高质量地运用所学进行知识建构输出。课题研究过程中运用理论研究法、调查法、对比实验法、经验总结法等研究方法，对教材内容的优化重组、课堂教学活动的设计、小组合作探究学习以及课堂评价机制与提高课堂效率之间的关系进行了研究。整个研究经过了初期高效课堂教学模式的基本操作流程提

炼阶段，“先读后说”“先读后演”“先读后写”的英语阅读高效课堂教学模式的探索改进阶段，“读—说”“读—演”和“读—写”英语阅读高效课堂教学模式的完善成熟阶段，最终完成了课题的研究工作。并在三个阶段逐步把这些模式在教学实践中应用，大大提高了英语阅读课的课堂效率，效果显著。英语阅读课高效课堂教学模式的基本模式如下：“读—说”“读—演”和“读—写”英语阅读高效课堂教学模式。“说”的模式包括：Discussion，Dialogue，Interview；“演”的模式包括：Role play，Acting out a play，Dubbing；“写”的模式包括：Continuation writing，Summary writing，Book review。英语阅读高效课堂教学模式简易结构图如图2-2所示。

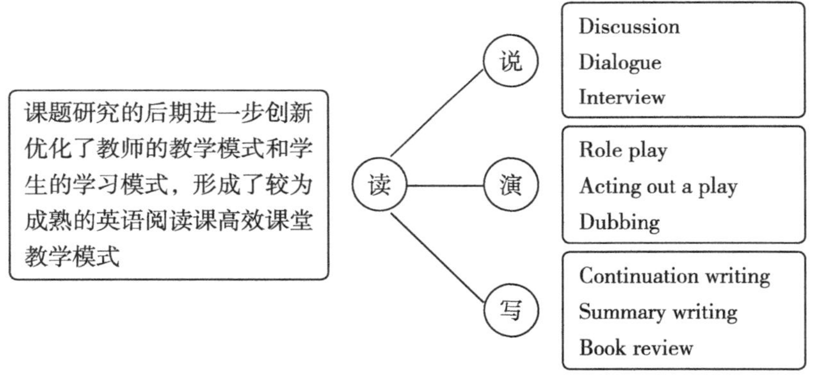

图2-2　英语阅读高效课堂教学模式简易结构图

三、英语阅读高效课堂教学模式在具体教学设计中的应用

在构建高效课堂教学模式的过程中，课题组老师聚焦本课题核心目标，将英语学习活动观运用到英语阅读课堂中，结合教学实践深入研究，提炼出了英语阅读高效课堂教学的基本流程，完成了高中英语阅读课高效课堂教学模式的构建。下面以外研版“Book 2 Unit 1 Food for thought”的“Understanding ideas”部分为例，运用“读—写”英语阅读教学模式的基本流程，展示“三维”融合，生命对话课堂的高中英语阅读高效课堂教学设计。

Book 2 Unit 1 Food for thought A Child of Two Cuisines 教学设计

（一）教学目标

Learning objectives

By the end of the class, the students will be able to：

1. Get the general idea of the text by skimming and explain the meaning of thetitle.

2. Find the relevant sentences about people's opinions on food and get to know some important details.

3. Know the differences between Chinese and English diet culture.

设计说明：在了解总课程目标的前提下，依据课程内容和教材内容制定出适合学情的教学目标，明确教学目标才能产生适合的教学行为。

（二）教学重难点

1. 掌握并能运用与健康饮食和饮食文化有关的词汇、短语和句型等基础知识，综合运用各种语言技能，了解中外饮食文化的异同。

2. 运用所学语言知识描述、评价不同食物及健康的饮食方式，关注文中人物对不同食物的情感态度，形成文化传播意识。

设计说明：教学重点和教学难点具有相关性，但不具有相同之处。教学重点是知识点本身，而教学难点是学生学习中遇到的障碍。

（三）教学过程

Step1 Pre-reading

Work with a partner. Ask and answer the questions below：

1. What is your favorite food?

2. What food is popular in our country?

3. What food is traditional in our country?

追问：Have you ever heard of the following special cuisines?

设计说明：1. 借助视频、图片等各种符合课文内容的活动，创设语境，导入主题，激发学生兴趣，激活学生已有的背景知识和解决问题的认知及经验。

2. 在活动中介入与课文内容有关的关键词汇和短语句式，集导入与处理词汇于一体，扫清学生阅读中的词汇障碍，为阅读做好铺垫与准备。

Step2 Fast-reading

Task1: Read the passage and talk about your understanding of the title.

1. Who is the child?

2. What are the two cuisines?

3. Why is he "a child of two cuisines"?

Task2: Choose the main idea of the passage.（ P4 Act. 3 ）

A. How the family stays healthy by eating Chinese food.

B. What the family has done to promote Chinese food.

C. How the family cooks both Chinese and English food.

D. How the family combines food from two cultures.

设计说明：让学生带着任务扫读全文，通过对整篇课文的 scanning，提取基本事实性信息完成任务。通过问题引导，使学生了解文章结构，把握文章大意。

Step3 Careful-reading

Task1: Read Para. 2–5 carefully， choose the correct symbols and complete the table with information from the passage.（ P4 Act. 4 ）

Mum

Dad

Son

Sichuan hot pot	Opinion	☺ ☹ N/A	☺ ☹ N/A	☺ ☹ N/A
	Supporting details			
Animal parts	Opinion	☺ ☹ N/A	☺ ☹ N/A	☺ ☹ N/A
	Supporting details			
Full English breakfast	Opinion	☺ ☹ N/A	☺ ☹ N/A	☺ ☹ N/A
	Supporting details			
Sunday roast	Opinion	☺ ☹ N/A	☺ ☹ N/A	☺ ☹ N/A
	Supporting details			
Stinky tofu	Opinion	☺ ☹ N/A	☺ ☹ N/A	☺ ☹ N/A
	Supporting details			

图2–3　提取基本事实性信息

在学生完成如图2–3所示的提取信息的过程中追问：

1. Why does the mother often cook spicy dishes?

2. What did the writer mean by asking "Do you have pig's ears"?

3. Why does his Mum not suggest eating too much roast food？

设计说明：本环节是让学生在完成阅读任务性活动的过程中，理解梳理文章的细节信息，例如三口之家分别对四川火锅、动物部位、英式早餐、周日烧烤和臭豆腐这些饮食的态度，让学生学会在文章中找出关键句子和关键词汇，体验作者的思维过程和情感态度，同时学会对人物观点进行分析。

Task2: Read Para. 6 carefully and answer the questions.

1. What does the author mean by saying "one man's meat is another man's poison"?

2. Do you know of any similar sayings in Chinese?

3. What is the function of the last paragraph?

A. To emphasize the author's preference for tea.

B. To explain how the author feels at home.

C. To summarize the topic and respond to the opening paragraph.

D. To convey the author's understanding of poison.

设计说明：旨在使学生通过语境学习语言知识，在活动中训练思维与表达。使学生在清楚地了解文章细节的同时，体会本节课的主题意义，提升学生的批判性思维和解决问题的能力。

Step4 Post-reading

Summary

AChild of Two Cuisines
- Para. 1 Family background
- Para.2–5 Attitudes towards food
  - Dad:
  - Mum:
  - Son:
- Para. 6 Opinions about food

（在处理课文的过程中边板书边梳理文章结构，最终形成"the mind map of the structure of the passage"）

设计说明：利用文章结构，进行课文大意的复述，进一步巩固并整合所学语言知识和文本内容，加深对文本的整体理解（语言能力），引导学生构建mind map，体现迁移创新（思维品质），为下一个环节埋下伏笔。

Step5 Think and Share

Work in groups and have a discussion about the questions. [Show some pictures of bushmeat（野味）as special dinner for some people.]

1. Do you love this kind of food? What's your feeling when looking at these pictures?

2. What should we do to keep healthy eating in our daily life?

设计说明：引导学生讨论本课所学重难点，完成知识的内化。抛出新的讨论话题，深化主题意义，实现知识的迁移创新。引导学生杜绝野味，养成良好的饮食习惯和健康的饮食观念。

Step6 Homework

1. Write a short passage about your way of healthy eating.

2. Complete the following reading materials.

设计说明：拓展话题内容，巩固课上所学，培养学生的写作能力，使学生形成正确的核心价值观。

在教学实践中，笔者发现传统的英语阅读教学从“输入”到“输出”，不明确预期的学习结果，导致教和学的行为不切实际，从而教学效率低下。高中英语阅读高效课堂教学模式的理论基础是“以始为终”的逆向教学设计，从学习结果开始逆向思维设计教学情境、活动和问题，在教学过程中凸显学生的主体地位和教师的支架作用，对进一步优化高中英语阅读教学有着较强的实践指导意义。

参考文献

[1] 中华人民共和国教育部. 普通高中英语课程标准（2017 年版）[S]. 北京：人民教育出版社，2018.

[2] 胡庆芳. 课例研究，我们一起来：中小学教师指南（第二版）[M]. 北京：教育科学出版社，2011.

[3] 李志欣. 优秀教师的自我修炼 [M]. 上海：华东师范大学出版社，2018.
[4] 格兰特·威金斯，杰伊·麦克泰格. 追求理解的教学设计 [M]. 闫寒冰，宋雪莲，赖平，译. 上海：华东师范大学出版社，2016.
[5] 常华锋，李建茹. 生本教学行动研究 [M]. 长春：东北师范大学出版社，2020.

高中英语阅读课高效课堂模式课例浅析

沾化二中自2008 年以来一直举行“课堂大比武”活动，2018年下学期举行了“高效课堂展示课”活动，2019年春天举行了“我的模式，我的课”等活动来探究英语阅读课的教学模式和方法，基本形成了行之有效的阅读课教学模式。现以外研版“Book 2 Module 6 Films and TV Programmes”的“Reading and Vocabulary”部分为例浅析高中英语阅读课的高效课堂教学模式。

一、教学目标明确

在了解总课程目标的前提下，选定一项具体可行的目标，依据课程内容和教材内容制定出适合学情的教学目标，再根据教学目标，设定本节课学生的学习目标如下：

（1）通过观察图片、海报等，能够提取信息，获取与影视有关的语言知识并初步掌握及运用。

（2）通过速读、细读、听、说等活动，能够归纳语篇大意，梳理文章结构，获取文中有关《卧虎藏龙》的事实性信息，提高阅读能力和口头表达能力。

（3）借助自主学习和小组合作学习，能够进一步梳理和整合文章信息，理清影评的写作思路，在课后用英语写简单的影评以提升学生的书面表达能力。

（4）基于所读文章和视频材料，讨论电影在我们生活中的作用，能发表个人观点。进而能够有选择地欣赏影视节目并能通过影视作品学习语言了解文化，全新认识中国电影的世界地位。

二、教学重难点突出

教学重点和教学难点具有相关性，但不具有相同之处。教学重点是知识点本身，而教学难点是学生学习中遇到的障碍。

本节课的教学重点是：掌握并能运用与电影和电视节目有关的词汇、短语和句型等基础知识；培养阅读技能，增强文化意识。

本节课的教学难点是：运用所学词汇和短语从背景、情节、角色和演员等方面写影视评论。

三、教学过程清晰、合理、科学

教学过程即本课时具体的教学设计，是为了达成本节课的教学目标，完成本节课的教学内容而设置的教学环节和各个教学环节中所进行教师的教授与学生的学习双边互动的活动进程，以及活动中所采用的教学资源和活动方式的过程。高效课堂的教学环节要服务并服从于学习过程的规律，努力追求有效的教与学。教学过程应能满足认知、技能、情感协调发展的要求，满足教为主导、学为主体的双边良性互动的发展要求。本节课的教学过程如下。

Teaching procedures

Step1 Pre-reading

1. 借助视频、图片或猜字谜等各种符合课文内容的活动，创设语境，导入主题，激发学生兴趣，激活学生已有的背景知识和解决问题的认知及经验。

2. 在活动中介入与课文内容有关的关键词汇和短语句式，集导入与处理词汇于一体，为阅读做好铺垫与准备。

本节课采用了两种相结合的方法，用寓意鲜明的图片，在小组合作活动中介入了与课文内容有关的词汇，如：moving plot， character， poster， film review，着重处理了学生不认识、单词表上没有、课文中最开始就反复出现的词，在激发学生兴趣、激活学生已有的背景知识的同时，也扫清学生阅读中的词汇障碍。

Step2 While-reading

Task1： Read through the text quickly and summarize the main idea of the text.

Task2： Choose or illustrate the structure of the text.

（概括文章大义，了解文章结构，为提取和归纳细节信息做好充分的准备。核心素养提升点：语言能力——获取、概括信息；思维品质——利用结构图分析、概括并整合信息。）

考虑到本节课的写作要求，本节课采用了第一种策略，将结构分析放在了最后总结梳理中：

Read the film review and choose the best summary. Which is the best summary of this film?

（ ）1. It takes place on Peking rooftops and in deserts of western China.

（ ）2. It is a martial arts film that tells the story of a stolen sword， and the fight to get it back.

（ ）3. It tells the story of two people who love each other.

Step3 Intensive-reading

分部分阅读，处理相关细节题。每部分设计一到三个task，学生在完成阅读任务性活动的过程中，理解梳理细节信息，提取归纳文本类型和故事情节，体验作者的思维过程和情感态度。旨在使学生通过语境学习语言知识，在活动中训练思维与表达。（“To practice students' ability to get detailed information.”）

本节课采用了分部分阅读加及时小结的方式，使学生在清楚地了解文章细节的同时，还有一个在结构上的整体把握，并且听读相结合，以问题为引领，让学生在解决问题的同时，学会阅读策略。

1. Read para. 1–2 and answer the questions below.

（1）What's the name of the film?

（2）Who directed the film?

（3）What's the result?

Summary1

Can you give a brief introduction of the film?

2. Read para. 3–4 and finish the following two tasks.

Task1： Fill in the blanks.（表2–7）

表2–7　分部分阅读

setting of the film	when	
	where	
characters		
plot		The story is mainly about how Mubai and Xiulian tried to get back the sword and the love between Mubai and Xiulian
the most attractive parts		the female characters
		The scenes The scenes

Task2： Listen and enjoy the story to guess

Who stole the sword?

Summary 2

Choose the best answer to fill in the blanks.

A. Xiulian's sword　　B. stolen

C. get the sword back　　D. develops

E. takes place　　F. the early 1800s

G. are in love　　H. is not as good as she seems

I. marry

The story in China ______ in ______ . The characters—Xiulian and Mubai are connected by ______ . It is ______ by Yu Jiaolong, who is young and ______ . Xiulian and Mubai try to ______ . Xiulian is brave， good and strong and Mubai is good with a sword. They ______ with each other, but can't ______ . During the story of getting back the sword, the love between them ______ .

3. Read para. 5 and answer the following question.

What's the writer's attitude towards the film?

Step4 Post-reading

巩固并整合所学语言知识和文本内容，学生通过深度理解并理性回答问题，进一步加深对文本的整体理解。引导学生构建 Mind map，体现迁移创新，为下一个环节埋下伏笔。

本节课利用整篇文章结构梳理的方式（板书呈现），让学生初步了解如何写一篇简单的影评，达到学以致用。

Summary 3 Pairwork

How to write a simple film review?

Step5 Deep-thinking

引导学生讨论本课所学重难点，完成知识的内化。抛出新的讨论话题，深化主题意义，加强德育浸润，实现知识的迁移创新。（语言能力目标：整合运用语言进行表达。思维品质和文化意识目标：分析辩证地看待问题、思考问题，形成正确的价值观，发表自己的观点，陶冶情操提高人文素养。学习能力目标： 自主学习，合作学习。）

本节课的最后播放了国外媒体对中国电影市场分析的一个视频，用鲜活的例子及令人震撼的数字，让学生真正体会到中国电影市场的成长以及在国际上越来越重要的地位。进而让学生体会什么叫“民族的才是世界的”，达到对学生思维品质和民族文化意识培养的目的。

Discussion and Presentation

1. Why do so many people like watching movies?

2. Why are there so many Chinese elements in Hollywood block busters?

Step6 Homework

生成输出：Write a new article about the result of the discussion.（学科核心素养的达成）

本节课的作业也是根据本单元的写作要求制定的。

Homework

1. Write a film review about your favorite movie.

2. Draw your own mind map about what we have learn today.

参考文献

[1] 中华人民共和国教育部. 普通高中英语课程标准（2017年版）[S]. 北京：人民教育出版社，2018.
[2] 胡庆芳. 课例研究，我们一起来：中小学教师指南（第二版）[M]. 北京：教育科学出版社，2014.

多元读写模式在高中英语教学中的运用

多元读写模式是在新的教育背景下对传统高中英语读写教学模式的积极创新，它可以最大化地促进读写结合的有效落实，让高中生的英语读写水平得到全方位提升，是关注学生当下和未来长远发展的新型教学模式。

一、高中英语读写教学现状及主要问题简析

多元读写模式的创新性在于它丰富了传统高中英语教学，跳出了单一读写教学的局限性，站在让高中生综合英语能力发展的层面，从多角度对学生的英语素养进行培养和提高。相比传统读写教学而言，它在教学环境、方法、内容、工具等各方面，都具有多元化的特征。并且是各要素的高度有机整合，可增强高中生英语学习的获得感，让高中英语教学质量上一个新台阶。但现阶段教学过程中仍然存在以下问题。

（一）读写结合薄弱

目前，读写结合教学理念逐渐在高中英语教学中得到普及，但具体的结合方式、途径，不同教师、不同班级的教学存在个体差异。其中有一部分教师，对于读写关联和意义理解不准确，只存在形式上的读写结合，比如在阅读之后请学生写读后感，或写作之后请学生阅读和学习范文，却忽视了学生在学习过程中读写思维的发展，以及对学生高阶读写能力等的培养。

（二）学生读写水平低

高中生的读写水平低，指的不是高中生的读写考试成绩低下，而是指学生在将所学的英语知识和方法、技能，通过读写结合的方式，应用在实际生活问题的解决中的综合水平普遍不高。知识的迁移应用、理论与实践的统一，仍旧

是目前高中英语读写教学中的薄弱之处。

（三）读写与其他能力关联性差

读写是高中英语教学的重要板块，除读写之外，学生的英语听力、口语表达、英语思维的培养也很重要，缺一不可。然而在笔试考试中，对于读写的考查仍旧是主要部分。一些英语教师也以考试为主导，过度注重读写教学，而忽视听力、口语教学，导致学生的英语综合能力发展存在明显的短板。

二、多元读写模式在高中英语教学中的运用

（一）多元教学加强教学整合

要加强高中英语读写整合，“多元”就应体现在教学方法和内容上，要丰富教学，让学生内外兼修。这样高中生的读写学习视野才会不断得到扩展，相关读写综合能力也才能不断得到培养和提高。例如：新外研版必修第一册“Unit 5 Into the wild”的教学开始前，除了教材中“Starting out”部分的内容之外，教师也可以引入动物电影、纪录片等片段，让学生通过视频内容对人与自然、人与动物的关系有更直观、丰富和整体的认知。片段中的台词、对话，应包含本单元所需学习的重要词汇。在观看片段时，可以让学生结合画面和英文，获得对片段主题内容的整体认知，通过学习片段中的语言，积累词汇、常用句型，并纠正发音。然后同步记录自己观看时的疑惑，或记录下新学的词汇、知识。在观看结束后，通过集体讨论，教师引入额外教学资料进行解释、补充等方式，解答学生的疑惑，帮助学生学会用新词汇、短语，结合给定的话题，写一段对话内容，而后与同桌就对话内容展开沟通或进行表演。这一过程，改变了学生阅读教材文章的单一方式，借助多媒体教学，引入了新的视频片段教学形式，丰富与发展了教材内容。同时，还要求学生在学习时动手记录，运用思维对片段内容进行思考、分析、交流、总结，最后将习得的知识再通过话题写作与情境对话的方式进行输出，实现了从基础的读写发展到结合听说读写在内的多元综合教学。

（二）丰富读写训练形式

除扩展读写到听说读写四大技能的综合训练，以读写促进学生整个英语综合素养的整体进步之外，基于读写自身的训练方式，高中英语教师也应开动脑

筋， 积极创新，不断推进学生的读写学习由浅入深发展。例如：在新外研版高一英语必修三“Unit 2 Making a difference”的文章“The Well that Changed the World”的教学中，教师首先应教给学生正确有效的阅读方法，比如掌握每段的中心句，找出主要人物的名字，通过对话大致了解文章内容等。学生掌握方法后，阅读其他与人物、事迹有关的文章，也会更高效。然后在理解文章时，不仅要求学生能够读懂文章大意，更要求学生了解文章中基本的词汇、句型表达方式，掌握一些特殊且重要内容的表达技巧，尤其是要代入文章的语境中去理解和品味，阅读时避免割裂知识点与文章主题。在写作时，除了让学生写读后感之外，还可请写作能力较弱的学生，选择文章中的某一段或某一句话，通过仿写的方式，加强对知识的应用能力。或请其他能力较强的学生，通过改编故事、缩写故事等方式，模仿和掌握文中作者的写作技巧。并通过再创作促进学生创新思维、读写综合能力的有效提升。

三、结语

综上，多元读写模式是对单一读写教学、浅层化的读写教学的有力突破。要实现教学方式、教学主体的多元化，高中英语教师需要根据目前高中读写教学的主要问题进行分析，把握症结，以读写带动学生其他能力的全面发展，以多元读写实现对学生的深度、综合的培养。

浅谈高三试卷讲评课教学模式

在高三备考阶段，时间紧、任务重，如何利用好每节课进行高效备考尤其重要。进入高三，按照年级组整体规划每月参加一次本市或其他地市组织的多所学校大联考。英语组也会根据实际情况，利用每周两个连排课进行综合测试。因此，每次期中考、期末考、联考或限时训练后及时进行试卷讲评是备考过程中很重要的一部分。

试卷讲评课的必要性和及时性是高三老师应该牢固树立的意识。如果仅仅是呈现答案，仅仅由学生自主订正，若学生自主学习能力以及学习的主动性不强，就如同走马观花，学生既不能学有所获，也没有学习的充实感，长期持续这样的状态会严重挫伤学生备考的积极性。此外，文本素材也得不到充分的开发和利用，学生学习深度不够。因此，教师进行适当的试卷讲评很有必要，并且要注意讲评的及时性。因为如果经过较长时间后再对试卷进行讲评，学生对试卷中疑难问题的关注程度就会减弱，对试卷中文本素材的熟悉程度也会下降。

那么怎样才能使试卷讲评达到教学效率最优化呢？下面我浅显地谈一下在高三备考阶段试卷讲评课教学中的点滴体会，主要包括以下四个方面。

一、独立自主探究

要求学生从四方面进行自查自纠，自主学习。

（1）针对试卷中所有出错的题目，再次读题干，回归文本，定位并理解关键信息。

（2）对自己无法解决的疑难问题、细节信息和关键段落做好记录，在小组合作学习环节中提出来共同解决。

（3）看自己整份试卷各题型的得分情况，哪部分做得好，哪部分做得不够，做到心中有数。

（4）分析各题型的失分情况，了解哪些是因为粗心大意，解题技巧不够造成的失分，哪些确实是因语言知识、语言理解方面存在缺陷而失分，并做好记录，以后提醒自己针对某一题型加强训练。

二、小组合作学习

随着新课标的颁布，以及我国基础教育课程改革的不断推进，在教育过程中突出学生在课堂上的主体地位，培养学生的自主学习意识，激发学生学习兴趣， 促进学生的全面发展和综合能力的提高，变得尤为重要。在传统模式之下，一节课都由教师进行知识的灌输和填鸭式的教学，学生的课堂参与度、学习动力、 学习热情和学习专注度都会大打折扣。因此，我们的课堂教学活动应该多样化。在一节课的课堂教学之中，既要有老师的讲解，也要有学生自己的独立思考，还要有小组合作学习。那么，我们如何组建学习小组呢？在组建学习小组时，要注意均衡的原则，小组人数不宜过多，应该控制在4—6人。在小组成员分配时， 要注意学生的英语水平和个性差异，每个小组都由学科基础和性格不同的学生组成。关于学科基础，组内成员的英语成绩应该高、中、低三个层次均匀分布。有英语基础好的学生，这样能最大限度地保证在讨论问题时，难度较大的问题能够得到解决，在他们的引领下使得不同层次的学生都能得到提高。关于性格方面，每个组内都应均匀地安排性格外向或表达能力强的学生，以及性格内向或表达能力较弱的学生。将以上两个因素协调好，在进行小组合作学习时，每个小组基本上都能够运转起来，而且在进行小组合作学习的过程中，小组成员可以相互学习、取长补短、学有所获。此外，为了保证小组合作学习的便捷性和高效性，我们可以根据班主任给学生们安排的座次或学习小组，按照就近的原则，根据我们对学生英语学习情况和性格的了解，进行微调，构建学习小组。

三、有针对性讲解

在规定时间内进行套题训练，借助阅读理解、七选五、完形填空、语法填空、应用文写作、读后续写六种题型，使学生在任务情境下综合感知人与自我、人与社会、人与自然三大主题语境下的文本素材。但在有限的时间内学生对文本材料的理解会不够深刻，因此，在一定意义上可以看作泛读训练。在试卷讲评环节，作为教师，我们可以引导学生进行精读和深层次的学习。从核心价值、学科素养、关键能力和必备知识四个方面全方位提升学生的英语核心素养。

下面我将主要通过2023年高三各地市模拟试题和历年高考真题中的实例说明如何进行课堂精讲。

（一）促进词汇、短语、词块的积累

以试题材料为素材，促进词汇、短语、词块的积累。词汇学习是英语学习的基础，有了一定的词汇量才能看懂句子和文章，应对考试中的各种题型。如2023 年滨州市高三二模B篇第二段和第三段：

But I still keep pondering over one thing—party bags. Why should a bunch of seven-year old, who have already been treated a day out and a mountain of sugar, also be handed a bag full of pound-shop gifts for simply bothering to show up.

Party bags are an environmental disaster. I reckon my son attends 20 parties per year, and at each party there are 20 kids in attendance, which means 400 plastic bags in total. Within these 400 bags are perhaps 800 plastic toys, almost all of which fall apart on the journey home and then get binned instantly.

（二）感知单词在真实语境中的语法

引导学生感知单词在真实语境中的语法，尽量避免汉语思维的影响，必要时进行英英释义，或借助字典展示更多的例句。如2021年浙江省1月完形填空第37题，考查find oneself doing这一用法：“Last year，I decided to do some volunteer work. I began __36__ research on the Internet and discovered Volunteer USA. Three months later，I __37__ myself on a plane to Phoenix.”。

（三）综合运用解题技巧

培养学生综合运用解题技巧，并根据上下文推断陌生单词或短语含义的能力。如 2023 年济南市高三一模 C 篇第 8 题画线单词 sweltering 的意思需要根据其所在段落第一段的前后文进行推断：“There is nothing quite like enjoying the sights，sounds and culture of a city while tasting a cup of coffee outdoors. But it is not that enjoyable when heat waves sweep the city. An Outdoor cooling system produced by Kinonko，an Israeli（以色列的）company began to be tested in Tel Aviv. The sweltering city is a perfect place to try the new technology. ”。

培养学生根据语境理解一词多义或旧词新义。如 2023 年 2 月安徽省、云南省、吉林省、黑龙江省四省联考试题，B篇第24题中的C选项“They fired her enthusiasm for helping others.”fire 这一单词学生熟知的意思为：n. 火 v. 解雇，根据语境此处，fire意为“激起”，通过深挖阅读词汇，训练学生们根据语境理解词义的能力。

引导学生注意分析长难句中的分词作定语、定语从句、分词作状语等语法结构，准确理解句意。如 2023 年潍坊二模试题 B 篇第一段：“Michael Gonsalves，a chef of Golden Oak at Disney World, has a cuisine concept rooted in fresh，locally-sourced ingredients that originated from childhood harvesting produce from their family garden with his mom to eventually leading kitchens at Walt Disney World Resort to employ a sustainable model. ”。

引导学生积累应用文写作或读后续写的素材，帮助学生构建自己的语料库。很多高考真题，各地市一模、二模试题中的读后续写材料部分，含有精彩的情感描写、动作描写和环境描写的句子，值得我们引导学生进行积累和仿写，使学生所写的句子有骨有肉。如2023年潍坊二模试题中的动作描写：“Crying in pain，Jack tried to get up，but he didn’t have the strength torise. He collapsed on the ground, screaming desperately for help. ”。

总之，要达到精读、高效的目标，需要我们在备课的过程中提前确定精读的重点内容，并设置多样化的问题，逐层深入。此外，在精读过程中，也可以使用精读文本来检测学生对之前复习过的词汇、短语、句型等的掌握情况。精读和泛读相结合，才能帮助学生积累英语知识，提高分析应用能力。

四、课上达标检测

一方面，将试卷讲评过程中涉及的单词、短语、词块和句型进行复现，增强学生对所学知识的理解和记忆，提高学生的语言运用能力。另一方面，将长难句子变语法填空题，或将试卷中失分率较高的语法填空和完形填空的考查点进行变式训练，强化学生的解题思路，掌握解题技巧。完成由知识记忆向能力运用的成功过渡。

高考考查形式多样，但培养学生的必备知识、语言能力、文化意识、思维品质、学习能力等学科核心素养始终是重中之重。因此，作为英语教师我们应该通过高效的讲评课，特别注重词汇的系统化、网络化，阅读教学的精深化，达到自主、合作、精讲、达标的目标，从而实现学生关键能力的养成和内化。

核心素养视域下高三英语话题整合复习模式

一、高三英语复习教学现状分析

一直以来，高中英语复习教学中使用的教辅材料绝大多数都是按照教材模块单元顺序进行编排的，首先归纳单元词汇、短语、重点句型及语法知识，需要对一定的重点词句进行深度讲解和记忆，同时配以巩固练习。教师也习惯于依据现成的一轮复习教辅材料，以“讲解—记忆—操练”为主要教学方式，再辅以大量的高考模拟训练来巩固所学知识。在这种传统的复习模式中，教师只是一味地让学生对教材中的语言知识进行重复记忆，然后做题检测，这种学习方式严重降低了学生学习英语的积极性，导致英语核心素养提升进展缓慢。还有，传统复习模式按照单元顺序进行，而下一单元与这一单元话题内容不同，词汇句式等表达方式重复率低，不利于学生就同一话题总结积累相应的表达方式并构建各种思维导图， 不利于其对语言知识的顺利输出。另外，传统的复习模式对所有学生的要求都是一刀切的模式，但实际教学中学生对知识的掌握程度呈现的是层次化现象，这种不分层次不加以区别的传统复习模式的教学针对性不强，不利于不同层次的学生在原有基础上实现英语水平的提升，复习效果不够理想。

鉴于以上种种问题，笔者带领英语教研组经过学习、交流、探讨、实践等一系列活动确定了核心素养视域下高三英语话题整合复习模式。该复习模式“在已知的基础上，依托课文，通过一系列体现关联性、实用性、综合性的英语学习活动，语言学习，语言技能发展，文化内涵理解，多元思维发展等特点的英语学习活动，将价值取向判断与学习策略应用有机结合”。这一模式先将教材中相关话题语篇整合在一起，通过一系列相关的，实用性、综合性强的英语学习活动引导学生解析语篇文本，帮助学生梳理同类话题语篇结构、词块表达等思维导图，再借助课外大量的同类话题新语篇的刺激帮助学生补充完善已经构建的各种图式。这样有助于学生更自如、更地道地表达自己的观点，抒发自己的情感，更加全面、深刻地了解中西方文化差异，促进其多元思维的发展。这种模式帮助学生围绕同类话题构建并不断完善各种图式，在复习旧语言知识的基础上形成更高层次的语言能力，能够加强学生使用语言的能力，还可以促进英语学科核心素养的提升，是一种高效科学的复习模式。

二、核心素养视域下高三英语话题整合复习模式的理论基础

（一）语言信息加工理论

语言信息加工理论认为外语学习过程是一种非自动的信息处理认知活动过程。语言的信息加工分为五个阶段：输入、注意、分析、记忆、输出。所以，在高三英语一轮复习教学中，教师应通过大量的语言输入引起学生的注意，使学生在不断重复的语言刺激下对语言进行信息加工，变短期记忆为长期记忆，从而达到顺利输出的目的。基于核心素养的话题整合复习模式增加同一话题语言知识的复现率，对学生进行反复的语言刺激，对学生形成长期的语言记忆有着积极的影响。

（二）图式理论

图式理论（schema theory），是指围绕某一个主题组织起来的以知识的表征和贮存方式为基础的理论。根据图式理论，核心素养视域下高三英语话题整合复习模式把零散的语言信息根据设定的主题整合在一起，帮助学生建立起联系非常紧密、结构化程度相当高的知识结构图式。这样学生所需相关信息就能随时被激活，长期训练下去，会使学生在语言学习中得到质的飞跃与发展。

（三）群文阅读

群文阅读，是指师生针对一个或多个议题选择一组文章，而后围绕议题进行阅读和集体构建，最终达成共识的过程。核心素养视域下高三英语话题整合复习模式将课内与课外相关话题语篇整合在一起，同一主题的文章在话题词汇的选用方面常常出现较多的重复，而且不同文章内容的关联性强，信息融合性较好，不仅能够提升学生的阅读技能，还能够扩大学生的词汇量， 丰富学生的

语言表达，促进学生思维能力的提升，进而增强学生的核心素养。

三、核心素养视域下话题整合“四步走”复习模式

（一）打乱教材顺序，分类梳理相关话题

虽然现行各版本教材均按《课程标准》列出的话题来编写，但由于话题难度不一，各版本教材在编排上有各自的考虑，话题可能分散于高中各册教材，这就导致了话题的分散、重复或不完整。比如，涉及健康（health）话题的内容有：人教版高中必修 3“Unit 2 Healthy eating”，必修 5“Unit 5 First aid”，选修 6“Unit 3 A healthy life”，选修 7“Unit 1 Living well”；外研版必修 2“Module 1 Our Body and Healthy Habits”；而北师大版则安排在必修 1“Unit 1 Life styles”和选修 10“Unit 28 Health”。高三复习如果不能兼顾到不同版本教材，学生的话题知识网络就难以构建，也不利于学生知识和技能的快速稳步提升。针对这一难题笔者通过对英语学习理论的研究，并结合学情决定高三一轮复习不再按照教材模块顺序进行，而是将外研版教材必修 1至选修 8 按考纲话题进行整合。整合之后的文章都围绕着同一个中心话题，它们提供了表达同一话题所需要的各种词汇、短语、句式、修辞及文章结构等，这样学生在阅读这些同一话题语篇材料时便接受了同一话题语言知识的反复刺激，从而能够更精确、更地道地掌握语言、运用语言。这种重组教材、整合同类话题的复习模式可以帮助学生将前一单元学习的句型在后一单元通过循环学习的方式加以巩固强化，学生在相关话题语言知识的反复刺激下构建出自己的话题思维导图，深化了话题语言知识的记忆；还可以加深学生对话题语言的理解，提高他们运用话题语言的能力，提高他们学习英语的积极性，帮助学生培养和稳步提高英语的核心素质。

（二）构建宏观框架，填充微观表达图式

笔者将高中所学外研版教材按照话题类别重新梳理，提供给学生同类话题的语篇，引导学生泛读之后小组讨论，以寻找文章主题句或者关键词的方式来获取文章的主旨大意及脉络结构，搭建出相关话题文章结构框架图。以“人物”话题类语篇为例，笔者提供外研版“Book 3 Module 5 Great People and Great Inventions of Ancient China”“Book 4 Module 4 Great Scientists”“Book 5

Module 5 The Great Sports Personality”三篇文章，指导学生绘制出语篇结构思维导图，如图2-4所示。

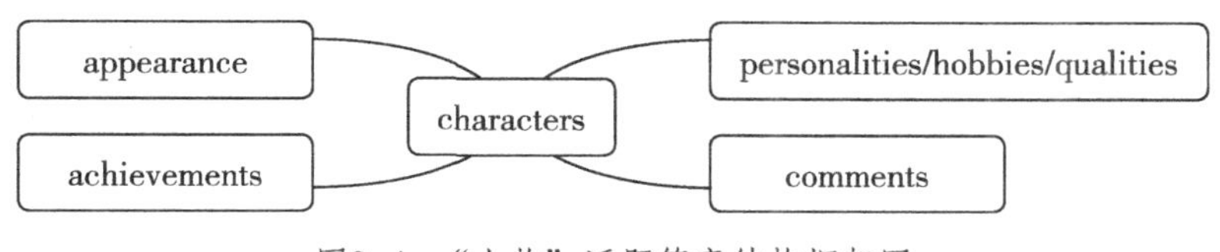

图2-4 “人物”话题篇章结构框架图

微观方面，相关话题的文章在词汇的选用方面复现率高、关联性强，因此在梳理完框架结构之后笔者引导学生发散思维，运用思维导图等工具自主阅读梳理出话题相关词汇、短语等表达方式。笔者同时将学生需要掌握的词汇的程度分级明确告知学生：话题必记单词，阅读识记单词以及构织连脉词族。话题必记单词要求学生正确写出其形式，阅读识记单词要求其准确掌握词汇含义，构织连脉词族中的词汇要求学生了解词汇各种形式的变化以及用法。这样笔者便可以针对学生英语基础和学习能力方面的不同，对学生词汇掌握程度也按照以上三个层级进行。比如，对于一些基础不好的学生要求其对词汇的掌握层级是会正确的发音并知道其含义，没有表达方面的要求，随着他们词汇量的扩大，阅读能力相应提高之后可以进行下一层次的词汇要求，这样大大降低了因教师要求过高而学生基础不牢给其带来的挫败感。实践证明，在这种复习模式引导下基础薄弱的学生也会学有所获，他们的成就感增强了，英语学习的积极性也大大提升了。基础稍好的学生则围绕话题构建的各种图式严格按照以上三个层级对词汇进行掌握和运用，对词块的记忆、理解及灵活运用做到了步步深入，稳扎稳打。这样我们的英语教学便真正做到了因材施教，因人而异。

（三）依托话题图式，精析相关经典语篇

任何语言交际都离不开语境，而语篇是语境的载体，只有在语境中学生才能更深刻地理解语篇内容，更仔细地斟酌词语的使用及搭配，宏观把握语篇的组织结构并更好地领会语体的风格，因而在学生构建了话题篇章结构和知识图式之后，笔者给学生提供其他版本教材中相关经典语篇材料供其揣摩反思。经过反复实践探索，笔者确立了核心素养视域下高三英语话题整合复习模式相关经典语篇二次输入框架，如图2–5所示。

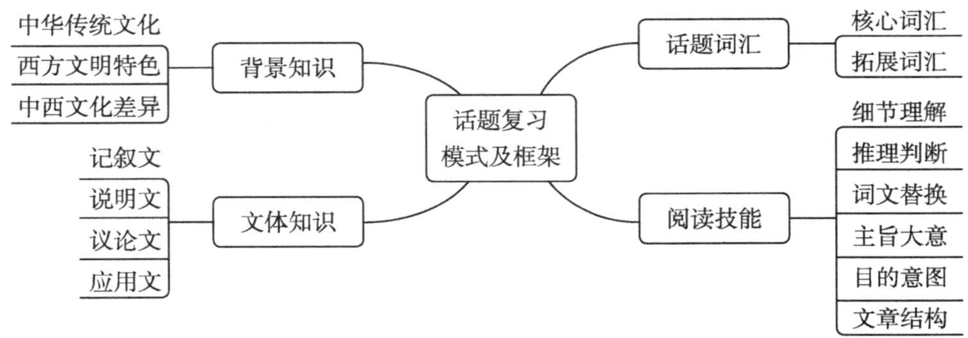

图2–5 话题整合复习模式相关经典语篇二次输入框架

例如在整合外研版教材中“音乐”话题的三篇文章：必修2“Module 3 Music”、选修6“Module 4 Music”和选修7“Module 4 Music Born in America”，引导学生构建出语篇、词块等图式之后，笔者提供人教版必修2“Unit 5 Music”供学生认真研读。学生在对相关经典语篇的解析中往自己已经在构建的语篇图式中充实进了背景知识、文体知识、阅读技能、词块表达、长难句以及运用经典语法的表达等内容。学生用已构建的话题图式来分析和学习新的语篇材料，而同类话题新的语篇又帮助学生充实完善已经构建的图式，这样便加强了学生对话题语言知识的掌握及灵活运用。同时，大脑中逐渐清晰地构建出同类话题语篇的结构和特点，进而提高了学生的阅读能力和语言综合应用能力，有利于学生学科核心素养的培养和提高。

（四）拓展话题材料，优化多元文化思维

笔者借助高考真题、国外网站、杂志等挑选大量的与话题相关的文本材料供学生阅读并反思总结。首先，引导学生通过自主阅读和小组讨论的方式回顾话题相关内容，明确语篇结构；其次，指导学生深度学习相关英文文本，解析文本特点，探究文本作者在语言使用以及修辞手法方面的共性及各自的特点以提高学生的综合语言运用能力；最后，学生根据对文章结构及语言的剖析再次进行批判性阅读，发现中西方在这一话题表达方面的异同，了解中西文化差异，深入学习，深入思考，形成自己对话题的深刻认识，从而形成多元文化思维，加强了自身文化品格的提升。

四、核心素养视域下高三英语话题整合复习模式案例

下面笔者以“学校生活”话题为例具体阐述核心素养视域下高三英语话题整合复习模式。

第一步：打乱教材顺序，分类梳理相关话题

纵观外研版英语教材必修 1至选修 8 的内容，笔者将必修1“Module 1 My First Day at Senior High”，“Module 2 My New Teachers”，选修7“Module 2 Highlights of My Senior Year”三个单元整合为“学校生活”这一话题。

第二步：构建宏观框架，填充微观表达图式

宏观上，学生在对三篇文章泛读之后小组讨论得出“学校生活”话题的结构模式。微观上，基础知识巩固环节首先采用头脑风暴的方法再现本模块的重要知识点；其次，用思维导图的方法帮助学生梳理话题的相关表达，构建话题的相关表达框架图；最后，笔者引导学生小组讨论，将宏观框架与微观表达进行整合，充实以话题为核心点的思维导图，借助于思维导图完成本话题的相关输出任务。具体来说，教学的过程一共分为两个环节。第一环节由学生独立审查。在这一部分中，学生依据笔者设置的任务独立完成这三个单元的复习。

（1）总结每篇文章的框架结构及主旨大意。

（2）找出话题相关的词汇、短语及表达方式并构建网络图。学生在复习过程中若遇到疑难问题可以通过同伴互助、小组讨论、网上查阅以及请教老师等方式予以解决，若涉及共性问题，教师将集中讲解。

第二环节主要是笔者引导学生借助所构建的话题思维导图顺利完成相关话题输出。另外，学生还需要在笔者指导下进行层级词汇检测来发现问题、巩固已学知识并形成新的语言能力。为此笔者设置了以下四个检测任务。

（1）话题必记单词

① academic *adj.*　　② enthusiastic *adj.*

③ system *n.*　　④ previous *adj.*

⑤ teenager *n.*　　⑥ description *n.*

（2）阅读识记单词

①________*n.* 方法

②________*n.* 态度

③________*n.* 封面，封皮；盖子；掩蔽物

④________*vt.* 包含；采访，报道；涉及；掩护

⑤________*vi.* 消失

（3）构织连脉词族

①________ *vt.* 使印象深刻→________ *n.* 印象→________ *adj.* 令人印象深刻的

②________ *n.* 流利；流畅→________ *adj.* 流利的；流畅的→________ *adv.* 流利地；流畅地

③________ *adj.* 失望的→________ *adj.* 令人失望的→________ *vt.* 使失望→________ *n.* 失望

④________ *n.* 鼓励；激励→________ *vt.* 鼓励；激励→________ *adj.* 令人鼓舞的→________ *adj.* 受到鼓舞的

（4）重点短语双向记

①________________________________ 换句话说

②________________________________ 在……开始的时候

③________________________________ 期待；盼望

④________________________________ 在……结束的时候

⑤________________________________ 一点也不像；完全不

⑥________________________________ 与……相似

⑦________________________________ 远离；远非

⑧________________________________ 被（划）分成……

学生完成上面的练习之后，笔者展示答案供学生检查核对，学生将以上词块表达再次充实到自己的语篇思维导图中。

第三步：依托话题图式，精析相关经典语篇

（1）教师提供教材中与话题相关的语篇，带领学生深度解析。

笔者精选了牛津版必修1“Unit 1 School Life”的文章，在上课时加强对学生的引导。在对这篇文章的处理上，笔者遵循从宏观到微观的原则进行，先引

导学生总体上把握文章的脉络结构，这样有助于学生整体体会文章的写作风格，之后笔者给出任务供学生独立或者小组讨论解决，最后微观剖析字、词、句以及修辞手法，使学生深入体会如何利用词汇、句式等表达方式准确地表达其思想。

（2）学生借助于思维导图将与话题相关的语言知识进行整理。

首先笔者要求学生在快速回忆笔记本上记录的话题相关词汇的基础上以小组竞赛的方式"头脑风暴"，说出尽可能多的与"学校生活"话题相关的表达方式。之后，笔者引导学生绘制"学校生活"思维导图，如图2–6所示。

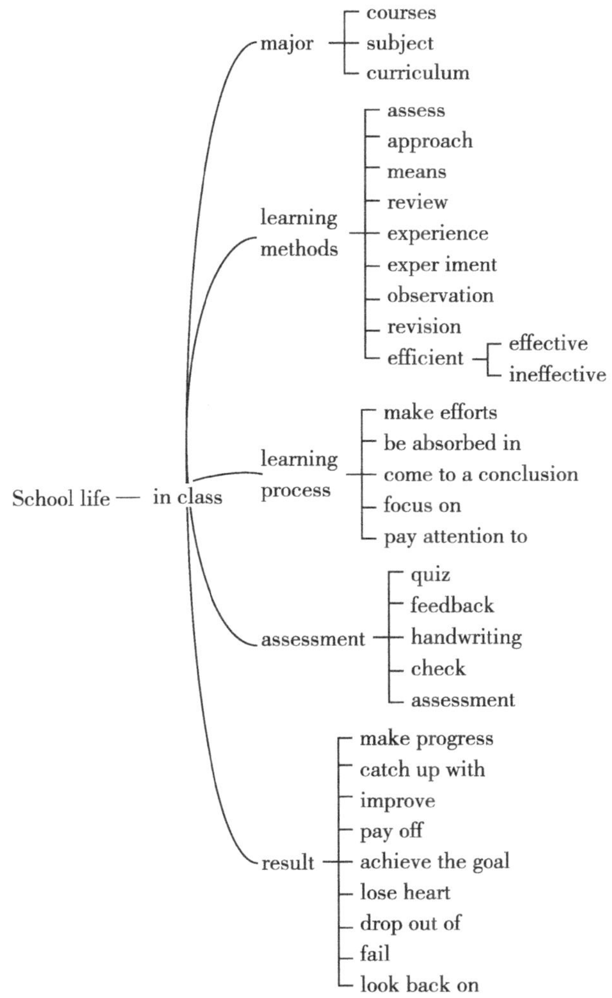

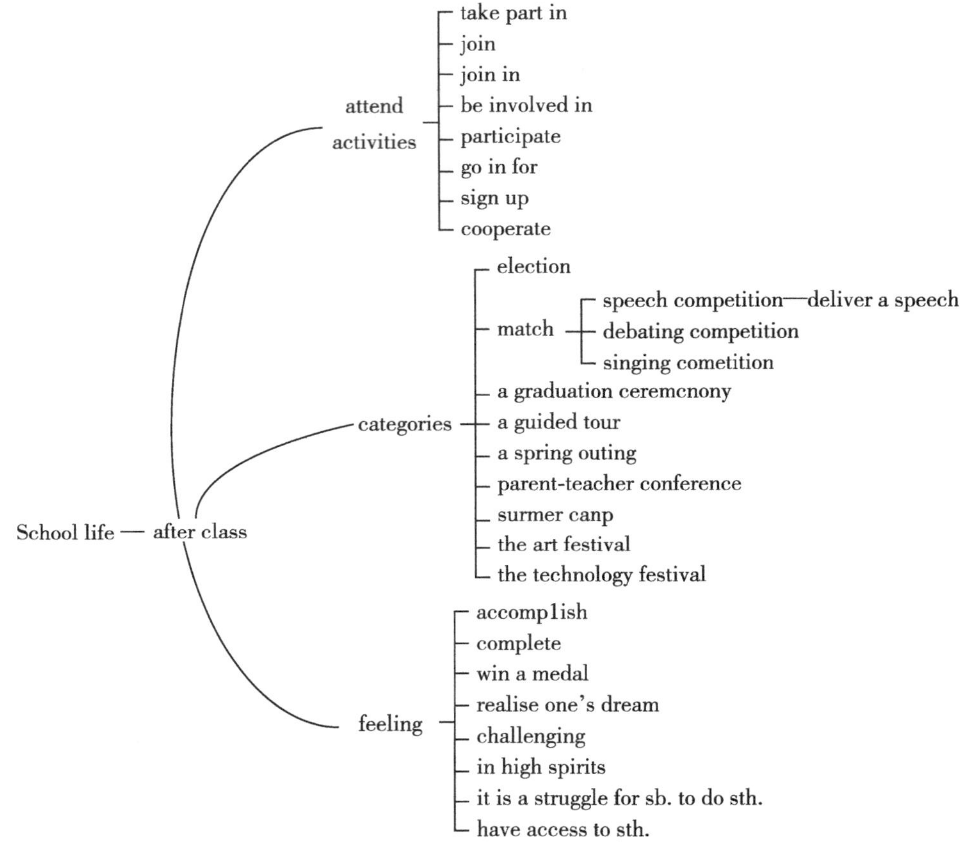

图2-6 “学校生活”话题的思维导图

学生可以通过绘制思维导图的形式促进英语学习能力的提升，小组讨论之后传达自己的“学校生活”。学生通过讨论开始形成了自己独特的见解，讨论这一方式也尊重了学生的个性，有助于学生提出多元观点，为写出有思想的高水平作文做铺垫。教学最后一环节笔者引导学生就学校生活这一话题限时完成写作任务。笔者展示评价表，学生依据评价标准反思自己及同伴的习作，找到不足之处，明确努力的方向，及时调控自己的学习方法及策略，力争将所学知识及策略迁移到其他话题的复习中。此环节笔者引导学生形成个人观点，聆听同伴见解，创新自己的思路，帮助学生形成语言交流并提升其语言表达能力，同时有助于培养学生的发散思维能力与批判思维能力，引导学生在运用语言的基础上情感得以升华。

第四步：拓展话题材料，优化多元文化思维

笔者精选了高考真题、国外网站和杂志上与“学校生活”话题相关的 12 篇文章，如图2-7所示。

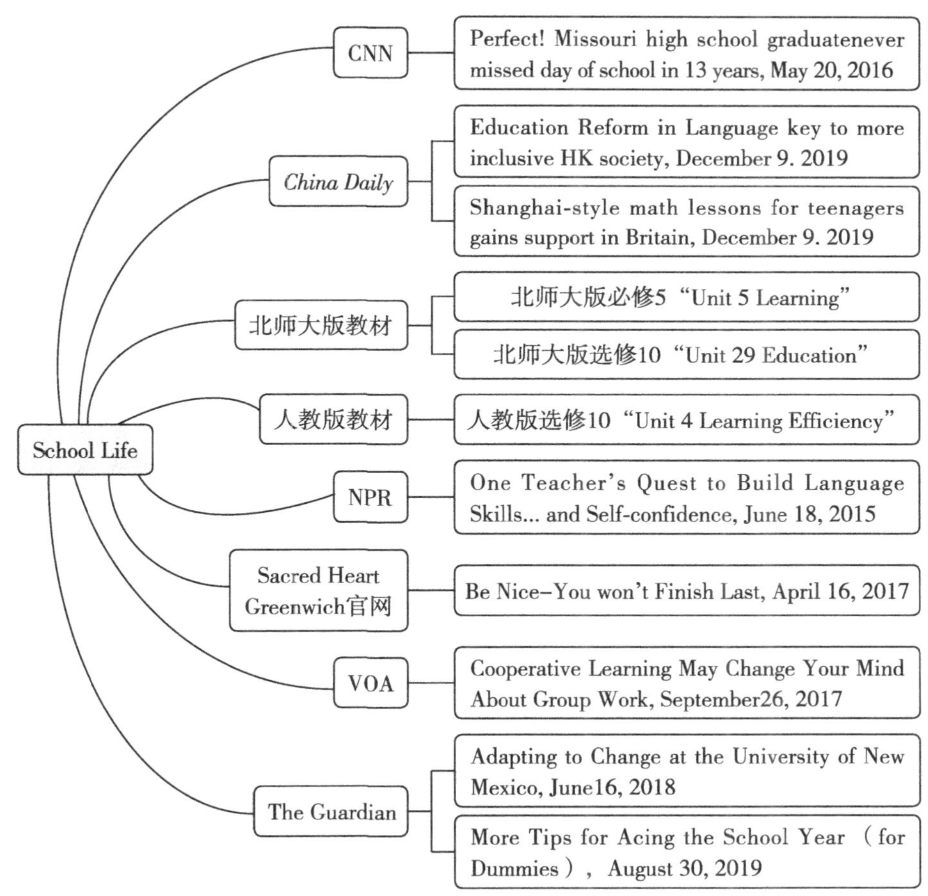

图2-7　“学校生活”拓展资源

笔者设置了一些尽量与高考题接近的任务供学生完成，对于疑难问题笔者在课堂上给学生时间以小组讨论的方式互相启发，从话题入手，强化学生的词汇积累，课下对话题知识结构图进一步完善。通过对这些文章的研究，学生更进一步巩固了已学的相关表达，同时扩展了自己对相关语言知识的积累，更清晰地把握了此类话题的文章结构及体裁特征，并深刻体会了文章所承载的思想。

五、结语

核心素养视域下高三英语话题整合复习模式使得英语的复习围绕相关话题展开，多角度、多层次帮助学生将已学的知识与相关话题的新学文本材料结合起来，从而做到新旧知识的融合并在头脑中形成知识网络。它以模块内容为蓝本， 在认真比较研究课题内容的基础上，确定了专题教学的重点和难点。同时，将教材课文与其他版本教材、国外网站及杂志上相关话题的新鲜而有趣的语篇进行重组，合理地安排每个课时的教学内容，从学生的学习情况及班级取得的成绩来看， 它是一种有效的复习模式，有助于提高学生的综合语言运用能力，培养学生的英语核心素养。

参考文献

［1］中华人民共和国教育部. 普通高中英语课程标准（2017年版）［S］. 北京：人民教育出版社，2018.

［2］周大明. 基于核心素养的高中英语阅读 RISE教学模式探究［J］. 中小学外语教学（中学篇），2016（10）：17–22.

［3］高洪德. 文化品格目标：英语课程的重要发展［J］. 英语学习，2017（1）：6–9.

［4］缪小春. 语言加工的模块理论［J］. 应用心理学，1992（3）：42–50.

［5］叶翠玲. 基于语篇建构的高三英语跨模块话题复习研究［J］. 中学生英语（初中版），2014（8）：35–37.

［6］于泽元，王雁玲，黄利梅. 群文阅读：从形势变化到理念变革［J］. 中国教育学刊，2013（6）：62–66.

［7］张保健. 高中英语模块重新整合的教学实践［J］. 校园英语（教研版），2012（5）：89.

逆向设计在英语课外阅读课堂中的运用实践

课外阅读教学是阅读教学的基础组成部分，同时也是学生近距离接触、感受英语文化的重要途径。英语阅读一直都是高中教学中的重点和难点，它在考查学生的听、说、读、写以及逻辑思维能力中起着重要作用。阅读理解是高中英语考试的试卷中比重占据较大的一项，课外阅读教学能在正常的英语阅读教学中起到良好的辅助作用。它不仅是对英语阅读教学的有效补充，还易提高学生的课堂参与度。现阶段，有些地区的学校和教师，并没有跟上新课改的发展目标，没有在课外阅读教学上采取相应的调整和创新，对待课外阅读教学仍然不重视。课外阅读教学的讲课方式仍然是传统方式，选择的课外阅读文章内容存在滞后性。基于此现状，教师应该对课外阅读教学进行改革和创新，逆向设计作为提高高中英语教学的有效手段，将其有效融入英语课外阅读课堂中势在必行。

一、逆向设计理论的含义

随着教育的不断发展，逆向设计逐渐应用于各个阶段的教学当中，逆向设计是在选择教学模式和评价方式前先设定科学合理的教学目标的教学设计。在英语课外阅读课堂中，逆向设计打破了传统的教学模式，在教学设计上与传统的教学有所不同。逆向设计主要是以新课标为基础，结合学生对英语阅读的实际学习需求来设定教学目标，完成教学设计的。它使得教学模式更新颖，也使教学内容更具层次感和针对性。它还可以借助多元化评价方式对学生的具体表现行为进行评价和鼓励，这有利于发挥学生的主观能动性，提高学生独立自主的能力，有效地进行自我监控，进而提高学生的阅读能力。

二、高中英语课外阅读教学的现状

课外阅读教学是辅助课内教学的重要手段，通过大量有效的课外阅读教学，能够深入发掘英语学科教育学生的价值，有利于在学生的脑海中形成英语思维模式，帮助学生养成快速学习英语阅读的习惯。在教师的教学实践当中，应该遵循新课改中以学生为本的人文情怀和英语学科在生活中运用的工具性原则，发挥英语学科双重属性的优势，使学生能够加深对课外英语阅读的理解，实际运用到学习和生活当中去，循序渐进地提升核心素养。然而，就现在大多数高中英语教师而言，对于课外阅读教学的教学解读意识淡薄，存在滞后性、程式化、教条化严重等问题。课外阅读教学在课堂上的讲解比重较小，侧重讲解文章的词汇、语法、短语等，这与核心素养的培养是相违背的，甚至有些教师放弃了课外阅读教学的环节，只是单纯地让学生对课外阅读教学中不懂的地方提出问题，然后一笔带过。在教师的实际教学中，象征性地浏览文章，匆匆地概括文章大意，学生也如同鸭子听雷，浅层次地理解文章的大意，形成了走马观花似的学习习惯，没有深度挖掘文本的意识。所以，英语阅读正面临着严峻的危机，英语教学的改革迫在眉睫。

（一）理论知识难以支撑实践活动课程

在高中阶段的英语阅读教学中，存在理论知识难以支撑实践活动课程的问题，特别体现在对课外阅读材料的选择上，课外阅读文章的选择在理论与实践上与正常的高中英语阅读存在偏差。虽然大部分教师认识到了课外阅读教学在常规的英语阅读教学中起到了良好的辅助作用，更能吸引学生的学习积极性。但是迫于高考带来的教学压力，教师常常无法将课外英语阅读教学融入常规的英语教学当中，在教学目标中没有明确的定义，更没有业余的时间去探讨和创新课外英语教学的内容和教学形式，在课外阅读的教学中仍然采用局限性十分强烈的传统教学模式，在学生的阅读能力培养过程中起到的成效很小。

（二）忽视培养学生学习课外阅读的兴趣

在高中阶段的英语阅读教学中，教师在教学目标上仍然偏向于学生学习到的理论知识，忽视了学生发挥主观能动性的想法和培养学生学习课外阅读的兴趣。在课外阅读教学的文章选择中，教师大多选择理论性较强的文章，不符合学生的学习需求，学生在理解上存在困难，加上英语教师讲课时仍按部就班地将大量的理论知识传输给学生，学生如同鸭子听雷，长久之后就丧失了英语课外阅读教学的意义，降低了学生的学习效率和学习质量，也不利于提高课外阅读教学的水平。另外，教师对于课外阅读教学多采用反复阅读、反复做题的教学模式，使学生日复一日地阅读英语文章，这给学生带来了巨大的心理和精神压力，不利于提高学生的英语阅读能力，甚至让学生对英语课外阅读产生厌恶感。

（三）课外阅读教学形式参差不齐

在高中阶段的英语阅读教学中，对于课外英语的教学，教师也在教学内容和教学方式上做出了一些改变，在常规的英语阅读教学中融合了英语课外阅读教学，对课外阅读教学有了更深层次的了解和认识，重视文化意识的培养，并在高中阶段的课外阅读教学当中有了适当的应用。但是现阶段，在实际的课外阅读教学活动过程当中，由于受到许多主客观因素的影响，教学活动的形式参差不齐，很多教师不能很好地兼顾课外阅读教学的多种教学效果，这样的教学形式对于课外阅读教学的发展造成了一定的阻碍。

三、逆向设计在英语课外阅读课堂中的运用实践

（一）明确预期的课外阅读目标

在高中英语课外阅读教学中，教师要在教学前期明确并掌握预期的教学目标，以新课程教学目标及学生的学习掌握程度为基础，指导学生在进行课外阅读时，首先了解应该预习什么内容，阅读的重点是什么，应该掌握哪部分阅读知识。 这一前期学习阶段是逆向设计中的重要环节，也是逆向设计后期开展的重要前提条件，所以教师必须指导学生能够持之以恒地完成课外阅读任务，并在此过程中以教师的引导性问题为基础，掌握在课外阅读中需要获得哪些阅读知识和阅读技能。

例如，学生在进行课外阅读的过程中，教师要在教学初期进行合理的教学设计，明确教学目标，其中最重要的是要先通读全文，对文章的内容有大致了解，并能将在课外阅读中学习到的知识有效运用到语言表达或英语写作中。与此同时，学生应该将这个习惯长期地坚持下去，在阅读其他文章的过程中，遇见常见的词汇、句型等，可以采用快速阅读及精细阅读相结合的形式。借助

英语课外阅读，不仅能丰富学生的英语阅读思维，使学生掌握更多的英语阅读知识，还能有效培养学生的英语综合能力，使学生更深入地理解不同的英语技巧、知识点、表达方式的相同点和不同点，有利于学生更好地理解教学设计目标，进而有效提高学生的英语课外阅读能力。

（二）明确评价方式与评价标准

在清晰预期的课外阅读目标之后，就需要构建合理的问题引导，优质的教学设计对课外阅读教学的开展起到指导作用，教师可以以此为依据对学生展开情景教学，遵循课外阅读教学贴合学生实际生活的原则，为学生打造轻松愉悦的课堂气氛，对学生多鼓励、多肯定，激发学生的学习热情和对未知知识的探索精神。引领学生真正走进文本，融入阅读教学的生活情境当中，成为其中的一员，深入了解文本的含义，感悟其中的道理。兴趣是孩子最好的老师，教师应该着重培养学生对英语课外阅读的兴趣。感同身受才能引起学生情感的共鸣。

（三）积极组织学习活动和教学指导

在教学过程中，老师可以借助组织一些课外阅读活动给学生带来新鲜的学习感受。这样的活动有利于增强学生的课堂参与度，提高学习成绩。还有老师认为， 在设计课程教学过程中，要提前安排教学活动，逆向设计要放在最后阶段，所以教师在教学前应规划出详细的学习活动流程图，为学生设立明确的阅读目标，提升学生的思维延展性。在教学过程中老师应积极反思教学方法，改善教学理念， 表扬学生的阅读成果，满足学生的阅读需求，应用正确的教学方式引导和帮助学生学习阅读，紧密地衔接好教学流程，为学生建立一个科学合理的学习体系。

（四）遵循课外阅读原则，采取逆向设计创新教学

高中阶段的课外阅读教学，英语教师应遵循文化性、创新性和启示性原则， 打造轻松愉悦的课堂气氛。带领学生融入阅读的教材中，将自己设定为文章中的某一个角色，感受人物的性格特点，体会作者的思想情感，感悟其中的道理。基于此点，让学生在文章阅读的过程中学会阅读推理，并有效融入逆向设计式教学， 教师可以在课前拟定问题，让学生带着问题去阅读文章，找到问题的答案；教师也可以让学生自行组成小组讨论问题，自行分配阅读任务或扮演角色，学生迅速进入阅读情景，配合教师完成阅读教学。逆向设计教学方法的实施还需要以学生的学习情况为标准，根据学生的学习水平由简单到困难逐渐增加难度的原则来选择英语阅读材料进行教学，让学生能读懂并且学会，增加自身对英语阅读的兴趣，进而在独立思考、观点碰撞及讨论反馈中提升思维逻辑能力和阅读理解能力，促进英语写作和口语表达能力以及学生文化意识的培养。

（五）中外对比课外阅读，培养文化意识

本着学科核心素养下的课外阅读教学要求符合新课改的发展目标，提升学生文化交流和交际能力，在教学中掌握学生的认知规律，通过中外对比课外阅读的创新方式，对学生的思维进行有效延展，接触更多元化的知识。中西方文化存在差异，通过阅读对比，稳固学生的文化意识，融入主体化开放性的学习中去， 能更贴近作者本身想表达的含义。这不同于局限于考试模式的教学方式，英语作为新时代国际化交流的载体，不能仅作为考试的工具，学科核心素养下英语阅读必须依附于教学内容形成情景。

综上所述，在高中阶段的英语阅读教学中，课外阅读教学是其重要的辅助教学部分，教师要改变传统的教学模式，具备与时俱进的教学思维，在课外阅读教学中有效融入逆向设计教学。逆向设计教学符合现阶段学生的学习需求，是提高学生英语成绩的重要手段，只有在根本上改变教学方式，引导学生深度阅读，才能真正促进学生英语核心素养的形成。

参考文献

［1］曾红娟．逆向设计在英语课外阅读课堂中的运用［J］．考试周刊，2019（62）：101.

［2］高若丹．逆向教学设计在小学英语教学中的实践研究［J］．中外交流，2019（20）：394–395.

［3］李璐璐．基于逆向设计理念的高中英语阅读课教学案例研究［J］．当代家庭教育，2020（1）：172.

［4］高尚．基于 ACTFL《世界语言学习标准》的逆向教学设计在大学英语课程的实践研究［J］．高教论坛，2018（9）：27–33.

和谐课堂大闯关

新课程标准强调以学生的发展为宗旨，新教材把情感教育作为教学目标之一，反映了以人为本的教育思想，体现在强调对学生的理解和尊重，强调培养学生高尚的品质、健全的人格、创造性思维能力和社会交往能力上。因此，丰富多彩的教学活动可以激发学生的学习兴趣，从而使他们对英语产生强烈的学习欲望。

心理学告诉我们所谓兴趣是指一个人积极探究某种事物和爱好某种活动的倾向。兴趣是在需要的基础上，在生活、过程中形成和发展起来的。爱因斯坦曾说："兴趣是最好的老师。"因此，我们要重视学生的兴趣培养，让学生怀着极大的兴趣参加知识的获取过程，通过形式多样的语言操作方式来发挥学生的智力和潜力，发展他们的创新能力。众所周知，学生感兴趣的东西，学起来也就轻松、无负担。因此，教师应多设计一些幽默并能引起学生兴趣的问题，以活跃课堂气氛，同时还要注重学生回答问题的成就感，及时给予鼓励或表扬，这样就能充分激发学生的学习热情和兴趣，从而激活学生的思维，有效地调动学生学习英语的积极性，培养学生的探索创新精神，促进其心智机能的发展，培养他们独立思考和组织、交际的实践能力，提高他们的综合素质。与此同时，课堂气氛也更加融洽、更加和谐，真正实现教学相长。

教和学是一对矛盾体，作为矛盾双方的代表，教师和学生，如何形成和谐、融洽的师生关系，对完成教学目的至关紧要，这也是创立和谐课堂的基本要素。青少年的心理特点告诉我们，这个年龄段的学生"亲师性"较强。如果他们对某个老师有好感，他们便对这位老师的课感兴趣并分外重视，肯下大气力，花大功夫学这门课，因而成绩显著。这种现象大概就是我们常说的"爱屋及乌”吧！反之，如果他们不喜欢某一位老师，由于逆反心理，他们也就不愿学或不学这位老师的课。所以，教师要深入学生，了解学生的兴趣、爱好、喜怒哀乐情绪的变化，时时处处关心学生，爱护学生，尊重学生，有的放矢地帮助学生。让教师在学生的眼中不仅是一位可敬的师长，更是他们可亲可近的亲密朋友。当然，这并非说他们的缺点不可批评，可以听之任之。批评和表扬是出于同一个目的：去爱护他们。因而批评的方式比批评本身更重要，要让他们不伤自尊心，人格不受侮辱，从内心深处让他们感到教师的批评是诚挚的爱，由衷的爱护和帮助。这样，师生之间才能关系和谐，感情融洽，使学生兴趣盎然地进行学习。

传统的教学模式和方法，总是教师“一言堂”“满堂灌”。课堂上教师总是向学生灌输，学生始终处于消极、被动的学习地位，没有什么轻松、愉快而言，因而也就无兴趣可谈。即使那些认真学习的学生，也无非把自己当作知识的记忆器，为分数不得已而为之。但就多数学生而言，会因为不感兴趣而逐渐放弃英语学习，从而导致“两极分化”，教学质量不佳。

课堂气氛如何，对于激发学生的学习兴趣影响极大，教师的责任在于为学生创造轻松、愉快的学习环境。为了做到这一点，教师要以满腔的热情，全身心地投入课堂教学，仪表要洒脱，精神要饱满，表情要轻松愉快，目光要亲切，态度要和蔼，举止要大方、文雅，谈吐要简洁，语言要纯正、地道、流利，书法要规范、漂亮，版面设计要合理、醒目，等等。为了淡化传统教学给人们的印象，要“寓教于乐”“动静结合”“学用结合”“师生配合”。

课前，可根据教学内容，由教师用学生能听懂或大致听懂的英语讲一个幽默的笑话、一则谚语，或由学生进行课前三分钟英语会话练习，自由演讲，集体唱一首英语歌曲，从而活跃气氛，激发学生兴趣，完成教学前的预热活动。

“良好的开端，就是成功了一半。”导入新课要讲究艺术。根据教学内容你可设置一个悬念吸引学生；可提出一个发人深思的问题，抓住学生的注意力；也可从直观教具和演示开始。教学中，不能课本搬家，大声念一遍，小声念一遍，就算进行了教学。要善于用教室的人和物，直观教具如图片、挂图、简笔画等来设置情景。语言总是和情景连在一起的，没有无情景的语言，有了情景学生才能印象深刻；声、形、意有机结合，学生学得才有兴趣，掌握才准确。教师讲解切忌繁、杂、重。要精讲，要变讲为提问，学生大量的时间是参与者而不是旁观者，学中用，用中学。只有这样学生才会感兴趣。要注意在实践中满足学生的“成功欲”，不同水平、不同层次的问题和语言材料，要由不同水平、不同层次的学生来实践。这样，每个学生都可品尝成功的喜悦和成就感，从而兴趣大振，热情倍增。一旦学生出了差错，不要埋怨训斥、责怪，要注意纠正错误的技巧和方式，保护学生的积极性不受挫折。

一堂课就是一个完整的艺术品，不仅要有一个好的开始和发展，也要有一个好的结尾。根据具体的情况下课后可给学生设置一个新的“悬念”，留一个耐人寻味的问题，放一遍课文录音，让学生小结一下课堂的主要内容，唱一首歌曲等。总之，一堂课，要让学生始终学得轻松愉快、兴趣盎然。寓教于乐，创立和谐课堂的实质也就在此表现出来。

和谐的师生关系、和谐的课堂教学是一堂高质量的英语课的前提。卢梭说得好：“只有成为学生的知心朋友，才能做一名真正的教师。”教育首先应是温暖的，爱心、热心是责任心的源泉，只有热爱学生、尊重学生，才能使师生心灵相通，才能使学生“亲其师，而信其道”。

在创造和谐社会的大背景下，我们教育工作者应积极优化课堂教学改革，立足素质教育，讲究实效技能，寓教于乐，积极创设和谐课堂，从而使学生对英语学习更加感兴趣，增强学生的自信心和自觉性，使学生信心百倍地冲刺高考。

参考文献

[1] 叶国华. 构建和谐课堂之我见 [J]. 科学咨询（教育科研），2009（2）：21–22.

[2] 明庆华，程斯辉. 论和谐课堂的构建 [J]. 中国教育学刊，2006（2）：30–33.

基于核心素养的高中英语有效课堂构建策略

高中英语学科核心素养，不仅需要学生对所学单词、短语和语法进行记忆和背诵。同时，也需要不断提高自身的英语应用能力、口语交际能力、自主学习能力等综合性学习能力。因此，高中教师需要整合课堂教学资源，对教材内容进行深度分析和理解，合理构建课堂教学策略，运用适宜的教学方式开展教学活动，提高学生英语核心素养，促进高中英语教学发展。

一、运用多样化的课堂教学方法，锻炼学生口语交际能力

对于英语学科来说，口语交际能力非常重要；对于学生来说，学习英语不仅需要掌握基本的英语知识内容，最重要的学习目标便是能够熟练运用英语进行沟通交流。因此，高中英语教师要注重运用多样化的课堂教学方法，将课堂教学资源进行整合，让学生们直观地理解课堂教学内容，掌握单词、短语的运用方式。同时，开展趣味性教学活动，让学生在活动过程中运用英语进行互动交流，锻炼学生的口语交际能力，提高学生的英语核心素养，构建高中英语高效课堂。

例如：在学习新课改外研版英语选择性必修第二册“Unit3 Times change！”时，高中英语教师可结合单元主题“时代变化”，让学生们收集10年间时代的发展和变化的相关资料，通过展示学生们收集到的变化的图片或视频，让学生的课堂注意力集中在英语教学过程中，激发学生们的学习兴趣。同时，教师可以围绕“Times change！”创设教学情境，让学生们在情境中运用英语进行交流互动，如：家庭十年变化、周围建筑物十年间的变化等等。在情境中，让学生对单词decade、legendary、elderly等进行学习和背诵，在此基础上，

运用单词及短语进行交流互动。同时，教师可以结合教材的阅读内容，让学生们通过对教材的阅读理解，解决教师所提到的课堂教学问题，锻炼学生们的口语交际能力。

二、开展小组合作学习，培养学生自主学习能力

小组合作学习是一种高效的学习方式。高中英语教师也要注重引导学生进行小组合作学习，培养学生的自主学习能力。让学生在小组合作过程中积极调动自己的思维能力，思考教师提出的教学问题。同时，小组合作还能够让学生们积极交流互动，总结他人的学习方法和学习优势，不断优化自身的学习方法，有效提高学生们的学习效率，促进学生们的共同发展和进步。此外，通过小组合作学习，学生们还能够通过合作分析，掌握英语教学中的重点知识内容，理解教材文章大意，对后续课堂教学的开展有着重要的意义。并且，在开展小组合作的学习过程中，教师还可以引导学生运用正确的学习方法和学习技巧，对英语知识内容进行理解，活跃课堂教学氛围，让学生们积极参与到小组探究过程中，运用正确的学习方法，理解教材的知识重点。让学生们感受到英语学习的魅力与乐趣，了解英语在生活中的实用价值，让学生重视英语学习，提高英语课堂教学成效，培养学生们的英语学科核心素养。

例如：在开展新课改外研版英语选择性必修第二册“Unit 2 Improving Yourself”时，教师可以对班级学生们进行合理分组，让学生们对主题“如何提高自己”进行小组合作探究学习，调动学生学习的积极性和自主性，让学生们参与到小组合作探究过程中，对提高自己的方法进行分析，掌握本单元的单词、短语以及语法的重要知识内容，让学生们总结行之有效的措施，提高学生们的学习效率。同时，对教材内容进行讲解，让学生们了解本单元的重点知识内容，提高学生们的英语学习能力和英语水平，养成学生们的良好学习习惯。

三、结合问题导向教学，提高学生们的思维品质

高中英语教师想要提高课堂教学效率，可以合理运用问题导向教学的方式，引导学生对教学问题进行思考和探究，锻炼学生们的思维能力和探究能力。让学生们通过深度思考，结合教材内容，给出问题的答案。通过引导学生

对问题开展实践探究，培养学生们的思维品质，促进学生核心素养的提升，实现高效英语课堂的构建。

例如：在进行新课改外研版英语选择性必修第二册“Unit 2 Improving Yourself ”课堂教学时，教师便可以结合课堂教学问题“How to improve yourself ？”引导学生开展自主学习探究，让学生们对教材内容进行分析和理解，掌握提高自己的正确方法，让学生们了解良好的学习习惯对于自身能力的提高有着重要的意义。在此基础上，教师要对教学内容进行拓展，结合教学主题，丰富英语课堂教学内容，拓宽学生们的学习视野，提高学生的英语核心素养，培养学生的自主学习能力和创新能力，让英语教学课堂的教学效率显著提升。

四、结语

高中英语教师要结合素质教育的教学理念，推进高中英语教育的发展，以培养学生的英语核心素养为教学目标。结合学生们的学习特点，以及课堂教学内容，运用合理的课堂教学方式，锻炼学生们的学习能力。提高英语课堂教学质量，实现新课改的教学要求，培养学生的英语核心素养。

参考文献

［1］胡玉昆. 高中英语核心素养的内涵与培养路径分析［J］. 才智，2020（2）：186.
［2］袁鑫. 核心素养下初中英语写作教学的实践探析［J］. 科学大众（科学教育），2020（3）：353.

打造教学课型，多样化提升课堂效率

基于课程视野下的高中英语短篇小说阅读教学

在课程视野下，高中英语教学正发生着较大的变化，重点在于培养学生全方位发展，而非单一的做题能力。教学手段正在发生变化，教学内容也在丰富，尤其是英语短篇小说教学的发展尚有一丝空间。有必要对其展开分析，以不断提升高中学生的阅读能力，帮助其形成正确的价值观念，提升其英语阅读能力。

一、短篇小说阅读教学的重要性

阅读是英语教学中的重点环节，尤其是教学内容的选材关系到阅读教学质量与效率。当前，高中英语教学中，教学内容的选择更加丰富，而短篇小说阅读引入教学过程中，能够潜移默化地学习国外的词汇与短语用法，并帮助学生了解外国民族一定时期的文化、社会、历史等多方面知识。可以说，英语短篇小说阅读讲学资源的引入，是语言学习的最佳内容，是提高学生语言运用能力最为有效的方式。在阅读过程中，学生可以逐渐熟悉语法使用规则，甚至了解一些俚语、常用搭配方式、英语时态、词语积累以及语感等多方面知识，了解语言背后的内涵，在阅读中提升英语核心素养，塑造优秀的文化品格。于教师而言，能够提升英语阅读教学的效率与质量，真正实现英语教学之根本目的，培养读写等方面综合发展的人才。

二、高中英语短篇小说阅读教学

（一）重视对文本的解读

所谓“授人以鱼，不如授人以渔”，在课程视野下高中英语教学应当以提升学生自主学习能力为主，在引入英语短篇小说教学中，教师要采取多种手段培养学生的基本阅读能力。如在教学过程中，通过线上线下结合的方式：线上为学生发送预习视频与学案，利用问题引导的方式，让学生在所发视频中结合学案解决教师所提出的问题。而后在课堂中，采取小组合作的方式进行探讨，引导学生加深对问题的思考，激发其创造性思维，提升其英语学习能力。例如：给出英语短篇小说，首先进行略读，找到“topic sentence”，初步感知文章大概内容，并综合概括每一段的段意。其次进行跳读，将文章中的重点信息在最短时间内找寻出来，如人名、地名、时间、地点等。最后利用语法、时态以及过渡词语等英语知识，找到文章的主要段落，厘清文章层次，梳理文章情节。进入细读环节，在教师的带领下对英语短篇小说的内容进行分析，注重文章细节，抓住文章主要内容与关键信息，并分析文章结构之间存在的关系，可参考语文文章阅读的方法，对英语短篇小说加以理解。最后进行推测，对于小说内未明确表明的内容，或其中存在的潜在意思进行分析，根据上下文文意推测重难点词汇。而教师在整个教学环节中仅起到辅助作用，以引导者的身份进行教学，如帮助学生矫正发音，在学生探讨方向明显出现错误时及时予以指明，以提升学生的学习效率，扫清障碍，提升其学习信心。

除此以外，在英语短篇小说阅读教学过程中，教师应当在上述教学方法的基础上，着重对教材文本进行探讨，即深挖文本，以提升学生的核心素养。在传统教学过程中，英语文本的阅读经常以文本翻译与找到阅读答案等目标为主，将文本分解得支离破碎。甚至有些教师在讲授过程中逐字逐句进行翻译，讲解单词，讲解文章中存在的语法。而在课程视野下，如笔者所强调应当更加注重对文本的解读，站在整篇文章的角度对文章加以解读。从分析英文短篇小说入手，吸引学生的兴趣，将小说看作一个整体，加深对其深层含义的解读。英语短篇小说阅读教学应当以语篇为基础与核心，要引导学生对语篇进行深度解读，以从最深度的层面提升教学质量。例如：在阅读中从单词、文学、文化三个角度对文章进行解读，并构建出完整的学习系统。如在学习“Tomb Raiders”的教学中，在学习中对人物形象、场景描写、心理描写、动作描写等方面进行分析，在分析过程中巩固已学的语法与句型，并积累陌生单词，巩固已背诵的单词。引导学生深刻感悟文本内容，并将所学到的知识再次用于文本解读过程中，将知识转化为技能，真正发挥英语短篇小说学习的价值与作用。

（二）案例分析

1. 准备工作

在教学前的准备工作中，要求学生精读“Tomb Raiders”中的片段，吸引学生的兴趣，并引导学生对小说的背景自行调查，搜集资料。通过自己的努力对语篇结构进行分析，自行安排阅读计划，并完成阅读任务。由于英文短篇小说阅读于学生而言存在一定难度，因此教师可采取布置预习作业的形式，采取问答方式推进预习工作的进展。如对短篇小说的六要素进行提问，包括时间、地点、人物、起因、经过、结果。为学生下发填空任务单，选取文章某一情节进行填空。如“I’m the waterboy. Mr. Carter！”，要求学生所写的答案必须有相关信息，如waterboy在做什么？他在这里还需要哪些帮助？Mr. Carter今日的感受如何等。除上述问题外，也包含一些汉英互译的问题，如“工人们载着一桶桶”“墓穴中的空气”“成千上万年”等句子，也会要求学生在书中第几章节找到某词语的含义，并利用英语解释词义，采用该种方式引导学生进行预习，能够帮助其对文章有大致的了解，探索小说中不同情节的发展情况，吸引学生的兴趣，从而使学生深入文章中，积极思考。

2. 课堂教学

为进一步激发学生对英语短篇小说的阅读兴趣，在教学过程中将多重任务组合在一起，重新将情节加以编排，形成新的故事。在讲述过程中，可采取插叙或倒叙的形式吸引学生的兴趣，让学生主动走进小说情节中。

以视频或音频作为导课环节，让学生重新对某一章节进行回忆，按照时间、地点、人物、起因、经过、结果六要素对文章进行总结。在细读环节中，要求学生对章节内容进行展示，将自己所完成的任务、所积累的赏析句子、所感兴趣的情节利用大屏幕展现给全班学生。如利用 waterboy 与 Mr. Carter 的身份对文章内容重新回忆，介绍短篇小说故事的背景，利用英语陈述出来。教师扮演waterboy，学生扮演Mr. Carter，引导学生将注意力集中在今日感想方面，在师生对话中了解到故事发生的背景与时间。小说第三章开始便进入重点环节，因此在该过程中，采取排序的方式对梳理文章情节很有帮助。将学生分成若干小组，由教师给出的任务引导学生完成教学目标，达到教学目的。

教师分别给出A、B、C、D、E五个选项，分别描述小说中的要点信息，如“Upon reaching the site ， Carnarvon ordered the waterboy to attend to the horses, which made him quite unhappy.”，学生按照小说情节，将五个选项一一对应，进行排序。而后， 引导学生细读小说章节，按照课时进行划分。要求学生将文章中的佳句找寻出来，可按照书上的内容直接呈现，也可按照自己的想法总结出相关道理，并加以呈现。为进一步引导学生对文章内容加深理解，还可采用图文结合的形式对学生进行提问。学生可按照书中内容直接呈现原句，也可对文章加以整理进行回答。在教学环节中，教师要将重点落实在与学生的交流与探讨过程中，在相互沟通中逐渐加深对文章的理解程度，明确作者所塑造的不同角色，找到文章中的重点信息，挖掘文本找寻中心思想。在沟通中，学生能够充分调动思维进行思考，能够对短篇小说的主旨达成共识，为教师接下来的教学工作奠定扎实基础，有助于教学质量的提升与进步。

3. 课堂教学的延伸

在课时数足够的情况下，教师可带领学生进行角色扮演，以引导学生真正走进小说情节中，将人物的形象与性格特点淋漓尽致地表现出来。如设置Carter、Carnarvon和Evelyn 等角色。由于前期已经带领学生对小说情节与人物进行了分析，因此在表演过程中要求学生尽情发挥特长，运用所学展示出不同人物的鲜明个性，为其他同学展现精彩的表演。

在排练中可以发现很多学生在背诵台词时存在很多问题，对于细节之处把握不是很严谨。经过调查发现，学生的语法知识与句子所表达的效果存在很多问题。对此，在课堂中可带领学生对文章中重难点语法进行分析，如倒装句。要求学生自行将倒装句找到，如“To the left were the broken remains of chariots blocking off another room. ”等。让学生从自己所找寻到的句子中探索句子所包含的语法知识，并在文章中找寻与之类似的句子，对所学知识加以巩固。同时，在句子中熟悉表达特殊含义的词汇，并积累下来。可以说，在话剧表演过程中，学生不仅能够背诵台词，积累佳句，还能够掌握语法知识，积累单词，提升英语学习能力。

4. 课堂总结

在课程即将结束之时，有必要带领学生对小说章节进行回顾。可采取问答形式，对学生重新抛出问题引导其对章节内容以及所学知识进行总结。“Do you think it is a simple task or a painstaking job？”仍旧以小组形式进行回答，引导学生先对词汇所表达的含义进行总结，再对所学语法进行汇总，并利用小说中的句子进行举例说明。要小组代表上讲台将所总结的内容展现给大家。要求学生尽可能做到全程英文表达，不同小组可对其他小组提出问题，进行反驳。在激烈的探讨中最终完成本节课的教学任务，且营造良好的学习环境与氛围。

5. 课后复习与反馈

高中英语教学过程中要避免出现鱼目混珠的现象，应当保证所有学生都能够有所收获，并扎实掌握相关知识。教师可采取课后测试的方式，检验学生当堂学习效果。并为学生分发调查问卷，询问其对本节课时的知识点是否完全掌握，是否喜欢这种上课形式，对教师的教学方法与教学手段是否适应。如询问学生“是否全程理解教师所表达的含义？”“是否能理解小说的主要内容？并表述出来”“对英语课堂有哪些改进的小建议，分点作答”。

教学是一个双向的过程，课后反馈工作不仅要了解学生对知识的吸收情况，还要通过学生对教师的教学情况有所了解。仔细且认真倾听学生的想法与建议，并运用在日后的教学过程中。如笔者在小说阅读教学中，为进一步调动学生的兴趣，选择由学生提出的教学活动进行输出，对小说内容进行复述、表演、续编，以生动的语言吸引学生，达到预期的教学效果。

三、结论

综上所述，英语短篇小说阅读教学中，强调以人为本的教学方法，强调从文本出发，对人物形象、故事内容、作品背景等方面进行深入的分析，并在分析过程中学习语法知识、单词、文化等内容。教师也要充分听取学生的想法与建议，做到教学双向反馈，最终提升学生英语学习能力、对小说阅读的兴趣与理解能力，帮助其积累更多陌生词汇，熟练运用语法知识。

参考文献

[1] 柳榕，马丽. 基于认知目标分类的高中英语阅读思维能力培养[J]. 中学课程资源，2022，18（2）：68-70.

[2] 王波红. 核心素养背景下高中英语阅读策略应用探讨[J]. 中学生英语，2022（6）：98-99.

[3] 李杨. 高中英语阅读过程中如何培养学生的深度阅读能力[J]. 英语画刊（高中版），2022（3）：31-33.

我和学生的英语名著阅读之路

英语“读后续写”题型加入高考中，这对高中生，尤其是像我们这样基础教育比较薄弱的农村学生来说，是个“老大难”问题。有学生甚至抱怨：“英语材料读都读不懂，更别提续写了。”作为教师的我不想“坐以待毙”，选择了“另辟蹊径”，走上了英语小说阅读之路。

我的执行力还是不错的，说干就干。我读了一些英语小说改编本还有部分原著，了解了一下大体都是什么难度，又找了部分学生听取意见，对小说阅读有了深入的了解后，终于开工。

2018年9月，我执教高一，选了几本英语小说改编本，如*Wuthering Heights*和*Green House*等。每周会有两个晚自习列为英语小说阅读课，第一个自习为学生自读时间，第二个自习为交流和答疑时间。原以为部分学生会有一定的抵触，结果完全出乎我的意料。学生非常乐意接受这种教学模式，甚至激动不已。同学们都不再顾忌自己口语不好，也不再担心会有语法错误，而是积极地发表自己的看法，积极回答我提出的问题。他们每读完一本小说就会自主地写一些英语文章，有时候是小说概要；有时候是针对某个角色人物写出自己的看法和感想；有的时候学生们不喜欢小说结局，他们就自行改编。最让我惊喜的是，他们对这些小说都有自己的看法，而不是一味苟同老师，这就是“辩证”思维吧。他们很开心地告诉我，他们每周都在盼望着这两节小说阅读课，觉得学习英语是一件非常快乐的事。

2019年9月，学生升入高二年级，我发现他们的阅读能力提升很快，也逐渐适应了这种英语学习模式，所以有意加大难度，开启英语原著阅读之路。我按照难度逐渐递增的顺序先后和学生一起读了*Charlotte's Web*，*Harry Potter and* *the Philosopher's Stone*，*The Call of the Wild*。学生们读了各种题材和风格的英语名著后，见识也广了，视野也远了。学生说读英语小说不仅仅提升了“读后续写”能力，同时也大幅提升了词汇量和英语阅读理解的能力，可谓“一举多得”。

2020年9月，学生进入高三了，学习负担又重了，但是我思量再三，还是决定将这条英语名著阅读之路坚持下去，开始了一个新的征程——*A Tale of Two Cities*。众所周知，狄更斯的作品都比较晦涩难懂。我胆怯了！我非常担心会失败，学生们会不会因为承受不了这样的难度而崩溃？毕竟对农村的孩子们来说，这的确是个很大的挑战。出乎意料的是，学生们没有表现出任何畏惧或排斥，反而兴奋不已。他们鼓励我说：“我们很荣幸遇上您这么好的英语老师，让我们在英语学习中享受到前所未有的乐趣和成就感。”得到学生的信任和鼓励后，我更坚定了进行到底的信念。

最打动我的是，在高考前夕，学生们要拍毕业照了，我却发现我们班学生没有在第一时间整队，而是狂奔到教室，我对此感到非常不解。等学生们气喘吁吁地赶到指定的拍照地点时，我才发现，他们都带上了小说*A Tale of Two Cities*！他们告诉我，拍毕业照必须带上这本书，否则就不完整！因为读英语小说在他们心目中有着不可替代的意义，这是他们高中生活中的一抹亮色！

在高中英语词汇教学中词块理论的应用研究

语言系统中，重要组成部分为词汇，属于各项语言活动的基础，学习语言，词汇所起的作用无可替代。词汇教学为高中英语教学中的一部分，目的在于提升学生的英语词汇掌握量，促使学生英语表达能力提升。当前，高中英语词汇教学中仍存在一些问题，导致教学效果并不理想，降低了学生学习英语词汇的意愿。词块理论属于新型的教学理论，将其应用到高中英语词汇教学中后，可提升学生的学习效果，实现教学目标。

一、词块理论概述

近年来，语言学习及应用中越来越关注词块的作用，学术界早已普遍认可词块的重要作用。截至目前，各学者尚未形成明确的词块定义，每名学者在阐述词块定义时，角度及侧重点均有所不同。有的学者认为，词块属于预制语言，在使用过程中进行细微的加工之后，形成的句子与语法就能比较符合，而且语言比较流利，可对概念上的空白进行填充；也有学者指出，词块是词汇化句干。尽管各学者给出的词块定义不同，但从内涵方面看具备一致性，即频繁地出现在语言、日常交流中，具有较为固定的形式、结构及意义，具有明确的使用语境，其中包含多个词组，属于语言中的整体部分。学者在划分词块时，具体的划分依据不同，词块包含的种类也存在差异。学者按照功能、结构划分时，词块可分为6类，分别为聚合词、限制性短语、指示惯用语、句型框架、情景表达、原文片段；学者从结构角度出发时，将词块划分为多元词组、习惯表达、短语结构、句子框架四种。此外，其他学者从不同的角度出发，可将词块划分为多种类型。

二、词块理论在高中英语词汇教学中的应用

（一）培养学生提取词块的意识

语言输出的过程即为词块的提取过程，教学时，教师应注重培养学生提取词块的意识，并指导学生采取相应的方法进行，提升学生的提取能力。提取词块时，可采取的方法有三种：第一，依据语法知识。在词块中，不仅具备语义，也包含语法，教师为学生讲解单词时，改变了以往独立教授的方法，而是将词汇放置在具体的语境中，通过引导学生理解语境及上下文，获取词块，形成记忆。第二，依据固定句型。教师在讲解固定句型时，可以引导学生联系上下文，记忆句子中具有提示性作用的一部分，从而实现整体的记忆，例如“it is for sb. to do sth.”，其中，形式主语为it，动词不定式短语为真正主语，教师在教授此固定句型时，引导学生以相应的单词填充句子，经过反复地使用该句型，逐渐记忆词汇。第三，依据文章篇章结构。以具体的文章为背景，提取其中的词块，可将语言连续性提升， 比如提取表示因果联系的词块 because of、表示总结的 in a word 等。

（二）母语与英语反复比对翻译策略

词块通常符合相应的语法结构，运用过程中，可以实现正确地使用语言，减少语法错误的发生，提高学生利用英语交流的能力。但在实际开展英语词汇教学时，受到我国与英语系国家人文习惯、文化习俗等方面差异的影响，多数词语无法一一实现意义与表达对应。因此，在利用词块理论教学的过程中，应反复比对英汉翻译，便于准确地理解英语表达中的含义，例如“Let sb. do sth.”，利用该句型进行词汇教学时，教师向学生讲解英汉翻译之间的差异，并让学生自行比对，增强学生的理解能力。

（三）结合词块教学与激活扩散模型

所谓激活扩散模型，是指语义表征网络模型，属于心理语言学范畴。在激活扩散模型中，通过中介，组织起概念，而发挥中介作用的语义相似性或相关联性。对于不同的概念来说，联系形成的主要方法即为共同特征数量，数量越多时，概念间的联系越紧密，回忆时，相互激活的难度降低。英语词汇教学过程中将词块教学与激活扩散模型结合起来后，可联系其相关概念，便于学生更

好地理解和记忆词汇。

（四）利用多种手段练习应用词块

高中英语词汇教学中，之所以要提取词块，目的在于运用，而运用的前提条件为内化，因此，教师还应注重词块练习教学，促使学生将其内化为自身的知识， 进而进行良好的运用。在进行词块练习时，教师应采取多种手段，以提升学生参与的兴趣，例如缺词填空法、词块复述课文法等，通过这些训练方法的运用，可加深学生对词汇的理解与记忆，进而掌握相应的词汇。在进行“Elias’ Story”教学时， 教师可先组织学生阅读文章，之后让学生提取文章的词块，如：a period of my life、begin school、one of my happiest days等，随后，教师按照文章主旨大意，设置短文，短文中词块部位设计成空白，让学生在给出的选项中选择恰当的词汇，通过此种练习，既可以让学生掌握词汇，又可以提升学生的阅读能力。

高中英语词汇教学中应用词块理论，便于学生更好地理解与记忆英语词汇，并提升学生运用词块的能力，提高学生的英语表达能力。

英语核心素养之词汇教学点线面结合

《普通高中英语课程标准（2017 年版）》对于高中阶段的词汇教学做了很详尽的阐述："词汇学习不是单纯的词语记忆，也不是独立的词语操练，而是结合具体主题、在特定的语境下开展的综合性语言实践活动。"笔者认为教师在进行词汇教学的时候应注意点线面的结合，也要适时对学生进行情感的渗透，这样词汇教学就不再枯燥和乏味。

一、"点点"皆"情"

在词汇教学的过程中，教师和学生都要不断地接触到单个单词，在教材后也有专门针对新单词的"Words and Expressions"。在单个的词汇教学中，我们要注意用情，使学生触"词"生情。例如，在记忆接doing的动词和词组时，我们可以这样做：

喜欢冒险免过错：like、feel like、be found of、enjoy，risk， avoid，miss；原谅悔恨否迟延：excuse、forgive，regret， deny、object to，delay、put off；禁止介意指奉献：forbid，mind，mean，devote to；值得盼望成功干：be worth doing，look forward to，succeed in；感激承认能胜任：appreciate，admit，be equal to。

点点滴滴，皆有水滴石穿之情也！

二、穿针引"趣"

我们大家都知道"线"指的就是把单个的单词串起来，那就形成了句子。在记忆单词时我们千万不能忽略句子的作用。例如，在名人名言中学习记忆单词。

That is the thankless position of the father in the family——the provider for all and the enemy of all.（这就是父亲在家中费力不讨好的地方——既要养活全家，又受全家敌视。）

A fiend without faults will never be found.（没有十全十美的朋友。）

还可以利用一个单词有多个意思做例句。

A： I can’t bear such a fool.

B： Yes，you can’t. But your mother can bear.

A想说的是“我不能忍受你这样的傻瓜。”但是，B却把bear一词理解成了生（小孩）的意思。

三、勇敢“面”对“美”

笔者认为词汇教学离不开文章的阅读，那么将线连起来就是“面”（文章）了。英语教学是一种语言教学，像汉语语言教学一样，也是一种美育素质教育，学会欣赏美的语言，教学才有效率。在我们的NSE外研版的教材中，多数文章不但内容令人感兴趣，语言的运用也有一种值得我们欣赏的美。

在我们的教学中，言简意赅而韵味十足的文章比比皆是。我们可以让学生在美的享受中尽情地学习词汇!

“读—演”模式的英语阅读课课例研究

——执教 B6 Module 1 Small Talk The Wrong Kind of Small Talk

本模块主要讨论生活中的闲谈和聊天内容以及英语文化中的交际方式和交际策略。根据课程内容和学情制定的单元目标是借助本单元提供的文本，通过各种课堂活动，理解掌握与本模块有关的重点词汇，学习英语文化中的交际方式和基本技巧以及聊天模式，体悟中西文化差异，提高跨文化理解能力和交际能力。本课例以探讨读演模式的英语阅读教学为目的，通过同一位教师在平行的不同班级针对同一教学内容进行三次执教来实践“三实践两反思”的主题式课例研修，在教学的过程中研究，在研究的指导下教学，以求探索出高效的英语阅读课模式。现将整个课例探索研究的过程梳理成文。

一、课例第一次实践与反思改进

（一）教学设计

1. 课例主题

读演模式的英语阅读教学。

2. 观察要点

（1）课时目标的达成度。

（2）课堂环节的对应性。

（3）师生互动的启发性。

（4）自主建构的有效性。

3. Learning aims for this period（**课时目标**）

（1）理解掌握文中出现的重点单词和短语（mature，awkward，contradict，tease，divorce，interrupt，put one's foot in one's mouth，as a consequence...），梳理文章结构获取与Esther有关的事实性信息。（教学重点）

（2）在读、听、说、演等课堂活动中，借助小组合作学习揣摩人物的语气语调，体悟人物的性格对交际的影响。（教学重点）

（3）联系实际生活，思考和比较中西方日常聊天话题和方式的异同，找到恰当的聊天方式，礼貌自如地进行聊天。（教学难点）

4. Teaching procedures for this period （**课堂环节**）

Step 1 Homework Inspection

检查作业（把本模块的第一篇课文改编成五选五试题）完成的情况，抽查几位同学说出设空的原因。

设计说明：通过检查作业（把本模块的第一篇课文改编成五选五试题），复习上一节课所学的知识，引出本模块的话题。

Step 2 Leading-in

用谢尔顿的视频导入新课（PPT 播放视频），学生带着问题（Do you like to make friends with Sheldon? ）观看视频，并说明原因。

设计说明：利用视频创设语境，导入主题，理解关键词汇，激活学生已有的认知和经验，激发学生继续学习的兴趣。

Step 3 Skimming

Skim the passage quietly and answer the question.

What is the passage mainly about?

设计说明：通过略读课文，把握文章大意，了解文章结构（板书文章大意，理出文章结构），为提取和归纳细节性信息做准备。

Step 4 Intensive-reading

Task1：Read Part1 quietly and carefully and then fill in the form.（表2-8）

表2-8 提取和归纳信息

A Brief Introduction of Esther	
job	
motto	
characters	
shortcomings	

设计说明： 通过提取有关Esther的基本事实性信息，在语境中理解关键词汇，了解她的性格特点。

Task2： Read Part2 quietly and carefully and then answer the questions.

1. According to the passage， what did Esther really mean by saying “When is your baby due? ”？

A. She wanted to know that when the typist would give birth to a baby.

B. She really meant the typist was a little fat.

2. What’s the trouble with the salesman?

3. What’s the real meaning of “You’re writing a book and I’m reading one! ”？

4. Translate this dialogue.

Youngman：I guess the company chose me so they’d get some peace in the office.

Esther：No， I guess they chose you to discourage you from spending your whole career with us.

设计说明： 多角度深入理解对话内容，体悟人物的性格对交际的影响，引导学生思考和比较中西方日常聊天话题和方式的异同。

Step 5 Listening and imitating

Listen to some dialogues and imitate one of them with your partner.

设计说明： 借助小组合作学习，通过听和演等课堂活动，揣摩人物的语气语调，进一步体会人物的性格对交际的影响。

Step 6 Deep-thinking

Think and discuss the following questions with your partner.

1. What’s Esther’s problem in making small talk?

2. What suggestions can you give to Esther?

3. What can you learn from her?

设计说明：引导学生深入思考，通过小组合作寻找恰当的聊天方式，为下一个环节知识的迁移应用作铺垫。

Step 7 Presentation

Make proper small talk in these scenes.

Scene 1：You meet your former classmate in the street.

Scene 2：You meet a foreign stranger in a supermarket.

Scene 3：You are queuing up to buy your lunch with your partner.

Tips： You can talk about your study， some kinds of news， your favorite books （sports/singers/film stars） or your hobbies...

设计说明：通过在不同的场景下编演对话，通过巩固所学语言内容和交际技巧，实现知识的迁移创新。

5. Homework

Prepare a small talk phrasebook（聊天常用语手册）for use in daily life and each group will hand in one.

设计说明：拓展话题内容，巩固课上所学。

（二）研讨记录

1. 活动时间、地点与人员

本课例执教时间：10月8日上午第二节；执教地点：惠民一中高二绩优部23班。

研讨时间：10月8日上午第三节；研讨地点：惠民一中高二英语组办公室；参与人员：张兰、马冉、咸春霞、杨宁宁、肖萍、刘登霞、马玲玲。

2. 课例值得肯定的方面

课堂目标表述简洁准确，可操作性强，三个课时目标既有对语言知识学习和语言技能运用的目标定位，又体现了对学生思维品质的发展和文化意识的培养。

精读的任务1部分，完成表格信息之后的拓展恰到好处，学生通过提取Esther的有关信息，既了解了她的性格特点对交际的影响，又在语境中学习了单词。具体展示如下：表格出示完描述 Esther 的性格的信息之后，教师用“As we can see， Esther has these shortcomings. As a result， she made regular mistakes， whenever she talked. ”过渡总结，接着提问“Can you find a sentence in the passage with the similar meaning of this one? ”，让学生进行同义句替换引出课文原句“As a consequence，she made systematic mistakes every time she opened her mouth.”；教师接着追问“Was she a good sales woman? ”，学生回答“No.”，然后PPT显示“It was certain that she wasn't a good sales woman.”；教师再次引导学生 paraphrase，展示课文原句“It was no coincidence either that she wasn't a very good sales woman.”。整个环节非常合理流畅，既拓展了知识，又发展了学生的思维。

环节4到环节5的过渡巧妙自然，既完成了环节与环节之间的层层推进，又引导学生思考比较了中西方日常聊天话题和方式的异同，落实了核心素养的文化意识目标。具体展示如下：结束环节4的问题回答之后教师追问“Is it polite for Esther to say like this? ”，教师过渡“No，it's impolite and she talked about some sensitive topics.”，屏幕展示问题“Which topics are mentioned in the dialogues? ”以及相关话题词汇，学生回答；教师继续追问“Are they safe topics in western countries? How about the topics on the left? Are they all safe topics in China? ... Some are safe， some are not. It depends. Besides small talk topics， what other aspects are different between China and western countries? ”，学生回答，教师总结提升“So when we communicate with foreigners， we should keep cultural difference in mind. ”。

3. 观察发现与问题诊断

课堂生成的问题没能高质量地积极引导。例如：导入部分学生回答“Why don't you like to make friends with Sheldon? ”时，学生答出原因后，教师没继续追问，错失了利用此环节深化主题的机会。

环节1作业检查对于这节课的整体不是不可或缺的，且学生在回答设空原因时不能完全用英语陈述。此环节设计本意非常好，把本模块的第一篇课文改编成五选五试题，复习上一节课所学的知识，引出本模块的话题，并进行做题技巧点拨。但放到这节读演模式的课堂里给人的感觉可有可无。

环节2的视频中，对玩游戏所需的技能谢尔顿描述得太多，干扰了学生对谢尔顿out spoken的体会理解，影响了此环节对目标1的铺垫作用。

环节3通过略读课文，学生不能总结概括出文章大意，不能厘清文章结构。这表明这个环节设计得不太现实，学生通过略读课文达不到梳理文章结构和概括大意的目的，以至于此环节落实有困难。

环节4中task2的第三题“What’s the real meaning of ‘You’re writing a book and I’m reading one！’？”，学生回答有困难。学生缺乏背景知识，对语言文字背后的深层含义get不到。第四题翻译对话6，这个题的设计可以体现语言的工具性，但对于思维品质的提升没有多大价值。

4. 交流反思与改进建议

缩短课堂导入环节视频的时间，使其语言更简洁，快捷有效地激发学生对于学习新课文的兴趣，并能引出关键词汇导入主题。并把视频语速调慢，去掉汉语字幕，让学生感受地道英语的同时，体会视频中人物的性格特点对交际的影响。

去掉课堂环节1作业检查，精减课堂教学内容，以使时间分配更合理，顺利完成本节课计划的新教学内容。

环节4中task2的第三题改为“Which sentence can be replaced by ‘The book you are writing is similar to the one I’m reading.’？”，降低问题的难度，再通过追问“What’s the real meaning of the sentence？”来拓展学生思维，达到设计目的。第四题去掉，使课堂更紧凑，时间分配更合理。

环节3和环节4的task1整合为一个环节scanning，在学生通过扫读全文，完成填表任务之后，借助问题引导学生理出文章结构，总结出每一部分的大意。环节4中task2改为精读环节，精选3个小对话阅读，然后回答有关问题。

教师根据课文内容确立一个主题问题“How to make proper small talk？”，然后基于主题问题设计由一个个小问题组成的问题链，从而使教学环节环环相扣。对课堂生成的问题进行积极的引导延伸，使学生在体会文化差异和性格对交际的影响的同时，自觉探索正确的聊天方式，培养聊天技能。

（三）执教者的教学反思

这是本课例第一次实践，从这节课的整体来看，教学计划的任务没有完成，所以有种失败感。由于最初想给学生充足的时间去阅读文章，足够的时间去讨论思考，所以某些课堂环节的时间分配不够合理，处理起来有点拖拉，导致时间不够用，教学设计的环节 7 学生知识的迁移应用未能展开。主要问题在于设置的教学内容比较庞杂，追求面面俱到，没有把控好时间。通过这节课的教学还发现，教学设计中有些问题的设计没有多大的价值或者问题过于笼统比较难，学生要么回答不上来要么抓不住问题的要点。课后要对教学设计的某些环节进行删减或调整，以使课堂环节更加优化；课堂活动中采用的有些问题也要依据学情重新设计，除了预设的问题还要注意对课堂生成的问题进行进一步挖掘，拓展学生的思维。

当然本节课也有值得保留的亮点，比如环节 4 的处理，笔者认为非常漂亮，通过填写表格既获取了有关 Esther 的事实信息又在语境中理解了关键词汇，了解了她的性格特点，为下面内容的处理做好了铺垫。这一部分的处理节奏紧凑，水到渠成，目标达成度较高。还有环节4到环节5的过渡，笔者认为也处理得比较到位，既完成了环节与环节之间的层层推进，又引导学生思考比较了中西方日常聊天话题和方式的异同，落实了核心素养的文化意识目标。保留大家公认的值得肯定的方面，对教学中存在的不足之处加以改进，努力在下一次实践中表现得更好。

二、课例第二次实践与反思改进

（一）改进的教学设计

1. 课例主题

读演模式的英语阅读教学。

2. 观察要点

（1）课时目标的达成度。

（2）课堂环节的对应性。

（3）师生互动的启发性。

（4）自主建构的有效性。

3. Learning aims for this period（课时目标）

（1）理解掌握文中出现的重点单词和短语（outspoken，mature，awkward，

tease， divorce， interrupt， put one’s foot in one’s mouth，as a consequence...），梳理文章结构获取与Esther有关的事实性信息。（教学重点）

（2）在读、听、说、演等课堂活动中，借助小组合作学习揣摩人物的语气语调，体会人物的性格对交际的影响。（教学重点）

（3）联系实际生活，思考和比较中西方日常聊天话题和方式的异同，找到恰当的聊天方式，礼貌自如地进行聊天。（教学难点）

4. Teaching procedures for this period（**课堂环节**）

Step 1 Leading-in

用谢尔顿的视频导入新课（PPT播放视频），学生带着问题（Do you like to make friends with Sheldon？）观看视频，并说明原因。

设计说明：利用视频创设语境，导入主题，理解关键词汇，激活学生已有的认知和经验，激发学生继续学习的兴趣。

Step 2 Scanning

Scan the whole passage silently and fill in the form.（表2–9）

表2–9　提取有关Esther的信息

Esther	
job	
motto	
characters/shortcomings	

设计说明：通过对整篇课文的scanning，提取有关Esther的基本事实性信息，在语境中理解关键词汇，了解她的性格特点；通过问题引导，使学生了解文章结构，把握文章大意。（板书文章大意，理出文章结构）

Step 3 Intensive-reading

Read some dialogues carefully and answer the questions.

1. According to Dialogue 2， what did Esther really mean by saying “When is your baby due？”？

A. She wanted to know that when the typist would give birth to a baby.

B. She really meant the typist was a little fat.

2. What's the trouble with the salesman in Dialogue3?

3. Which sentence can be replaced by "The book you are writing is similar to the one I'm reading."?

设计说明：多角度深入理解对话内容，体会人物的性格对交际的影响，引导学生思考和比较中西方日常聊天话题和方式的异同。

Step 4 Listening and imitating

Listen to some dialogues and imitate one of them with your partner.

设计说明：借助小组合作学习，通过听和演等课堂活动，揣摩人物的语气语调，进一步体会人物的性格对交际的影响。

Step 5 Deep-thinking

Think and discuss the following questions with your partner.

1. What's Esther's problem in making small talk?

2. What suggestions can you give to Esther?

3. What can you learn from her?

设计说明：引导学生深入思考，通过小组合作寻找恰当的聊天方式，为下一个环节知识的迁移应用做铺垫。

Step 6 Presentation

Make proper small talk in these scenes.

Scene 1：You meet your former classmate in the street.

Scene 2：You meet a foreign stranger in a supermarket.

Scene 3：You are queuing up to buy your lunch with your partner.

Tips： You can talk about your study， some kinds of news， your favorite books（sports/singers/film stars） or your hobbies...

设计说明：通过在不同的场景下编演对话，应用巩固所学语言内容和交际技巧，实现知识的迁移创新。

5. Homework

Prepare a small talk phrasebook（聊天常用语手册）for use in daily life and each group will hand in one.

设计说明：拓展话题内容，巩固课上所学。

（二）研讨记录

1. 活动时间、地点与人员

本课例执教时间：10 月 10 日上午第三节；执教地点：惠民一中高二绩优部22班。

研讨时间：10 月 10 日下午第二节；研讨地点：惠民一中高二英语组办公室；参与人员：张兰、马冉、咸春霞、杨宁宁、肖萍、李洪英、刘登霞。

2. 课堂教学的积极变化

“围绕生活话题，提出聊天建议”这一最终的教学任务顺利完成，课堂主题问题“How to make proper small talk？ ”更为突出。然后基于主问题设计的一个个小问题组成的问题链使教学环节更加清晰，从而使教学环节环环相扣，环节对应目标，3 个课时目标一一达成。

去掉并整合某些教学环节之后，课堂节奏更加紧凑，时间分配更为合理， 在课堂规定的有限时间内完成了预设的教学环节。例如：环节2通过对整篇课文的scanning，提取有关 Esther的基本事实性信息之后，教师追问“From which paragraphs can you find this information？ ”，学生回答“Paragraphs1，2”；教师拓展“Yes， from the first two paragraphs， not the whole passage. And this part gives us a brief introduction of Esther. What’s the rest part of the passage about？ ”，学生回答“Some examples or stories. ”；教师继续追问“which paragraphs tell you the stories？ ”。通过问题引导，使学生了解文章结构，把握文章大意。获取细节信息与把握文章结构一气呵成，既培养了阅读技巧，又拓展了学生的思维。

教师通过问题链引发了多处课堂生成。例如：环节 3的第一个问题“What did Esther really mean by saying ‘When is your baby due？ ’？ ”，学生给出答案“She really meant the typist was a little fat.”；教师继续追问“Which word can imply this real meaning？ ”，学生给出答案“Tease.”；教师继续追问“What’s the meaning of the word tease？ What’s the meaning of the word pregnant？ ”。引导学生在语境中理解关键词汇。再如最后的展示环节，学生能充分实现知识的迁移创新，学生选择聊天的话题更为广泛，例如：学生在聊天中谈到了

“alatest film ‘My motherland and me’使得聊天轻松自如。对于问题“How do you feel when making small talk like this? ”，学生有诸多见解“It makes me feel comfortable.” “It makes me feel happy” “It makes me feel relaxed” “It makes me feelexcited.”……

3. 教学中发现的问题

环节2向环节3过渡时，教师问“How many stories are mentioned in this part? ”，学生不能马上给出答案，这表明学生没有弄清楚每个独立的小故事从哪一段开始，到哪一段结束，也就不能把每个故事划分开。学生表现的这种状况可能影响下一个环节的进展，甚至影响环节 5 中听力部分的顺利进行。

环节5的第三个问题“What can you learn from her? ”，教师想问学生从Esther身上能学到什么教训，但此问题问得过于笼统，没有把真正想问的意思表达清楚，以至于学生的回答与上两个问题多有重复。

环节6的场景2提供的不是真实场景，学生在超市遇到外国人可能不会与其聊天，需要换一个符合学生生活的真实场景，以便于学生自如地展开聊天。

4. 反思改进的建议

调整环节2和环节3之间的过渡，把 7个故事给学生厘清。教学片段这样展开：教师问“How many stories are mentioned in this part? ”，学生回答“7 stories.”，教师拓展“Yes， there are 7 stories. Every one can count and here are the main characters in the stories. There are 7 dialogues between them. ”。PPT展示7个故事中的主要人物（Esther and...），学生清楚了故事中的人物也就清楚了故事的内容，为精选三个小故事阅读和环节5中精听四个故事做好铺垫。

精减环节5的内容，把第三个问题去掉，保留第一、第二两个问题，给学生留出充足的讨论时间。提问部分学生获得答案后，拓展延伸，使学生意识到学会聊天的重要性。

环节6的场景 2 更换为真实场景，如“You meet a cousin during the Spring Festival.”。这样的场景符合实际生活，学生有话可说，能实现知识点迁移创新。

（三）执教者的教学反思

本节课是借班上课，学生配合得非常好，达到了预期的教学效果。首先，本节课经过第一次实践调整之后，课堂环节更加紧凑，时间分配更加合理，在规定的时间内完成了预设的教学任务；其次，主问题带动下的问题链梯度明显难度适中，学生既获取了知识、培养了能力，又拓展了思维、提升了品质，基本实现了对学生核心素养的培养；最后，这节课还特别关注了问题带动下的课堂生成，尤其是对聊天中人物情感的体验。比如在模仿对话环节，刘子凡和孟昊天的对话模仿得惟妙惟肖，语音语调非常到位，模仿结束时我追问了他们对这样聊天方式的感受，比预想的效果好。

这节课也存在不足之处，由于是借班上课，我对学情的把握不是很到位。比如，环节 3 之前的过渡，我用到问题“How many stories are mentioned in this part？”，学生没有立刻给出答案，这表明学生没有弄清楚每个独立的小故事从哪一段开始，到哪一段结束，需要对教学设计进行再调整。最后的学生展示环节，个别场景不真实，学生想象不出聊天的画面，导致不能充分自如地展开聊天，这就需要更换场景以贴近学生的生活。总之，这是一节不完美的课，需要改进的地方还有很多，我会继续努力，对本节课再改进设计，并不断精练自己的课堂用语，提高自己的授课水平，打造出属于自己的代表课。

三、课例第三次实践与反思

（一）再改进的教学设计

1. 课例主题

读演模式的英语阅读教学。

2. 观察要点

（1）课时目标的达成度。

（2）课堂环节的对应性。

（3）师生互动的启发性。

（4）自主建构的有效性。

3. Learning aims for this period（课时目标）

（1）理解掌握文中出现的重点单词和短语（outspoken，awkward，tease，divorce，interrupt，put one’s foot in one’s mouth，as a consequence...），梳理文章结构获取与Esther有关的事实性信息。（教学重点）

（2）在读、听、说、演等课堂活动中，借助小组合作学习揣摩人物的语气

语调，体会人物的性格对交际的影响。（教学重点）

（3）联系实际生活，思考和比较中西方日常聊天话题和方式的异同，找到恰当的聊天方式，礼貌自如地进行聊天。（教学难点）

4. Teaching procedures for this period（**课堂环节**）

Pre-reading

Step 1 Leading-in

用谢尔顿的视频导入新课（PPT 播放视频），学生带着问题（Do you like to make friends with Sheldon? ）观看视频，并说明原因。

设计说明：利用视频创设语境，导入主题，理解关键词汇，激活学生已有的认知和经验，激发学生继续学习的兴趣。

While reading

Step 2 Scanning

Scan the whole passage silently and fill in the form.（表2–10）

表2–10　提取有关Esther的信息

Esther	
job	
motto	
characters/shortcomings	

设计说明：通过对整篇课文的scanning，提取有关Esther的基本事实性信息，在语境中理解关键词汇，了解她的性格特点；通过问题引导，使学生了解文章结构，把握文章大意。（板书文章大意，理出文章结构）

Step 3 Intensive-reading

Read some dialogues carefully and answer the questions.

1. According to Dialogue 2， what did Esther really mean by saying “When is your baby due? ”?

A. She wanted to know that when the typist would give birth to a baby.

B. She really meant the typist was a little fat.

2. What’s the trouble with the salesman in Dialogue3?

Which sentence can be replaced by “The book you are writing is similar to the one I’m reading.”?

设计说明：多角度深入理解对话内容，体会人物的性格对交际的影响，引导学生思考和比较中西方日常聊天话题和方式的异同。

Step 4 Listening and imitating

Listen to some dialogues and imitate one of them with your partner.

设计说明：借助小组合作学习，通过听和演等课堂活动，揣摩人物的语气语调，进一步体会人物的性格对交际的影响。

Post-reading

Step 5 Deep-thinking

Think and discuss the following questions with your partner.

1. What’s Esther’s problem in making small talk?

2. What suggestions can you give to Esther?

设计说明：引导学生深入思考，通过小组合作寻找恰当的聊天方式，为下一个环节知识的迁移应用做铺垫。

Step 6 Presentation

Make proper small talk in these scenes.

Scene 1：You meet your former classmate in the street.

Scene 2：You are queuing for your lunch with your partner.

Scene 3：You meet a cousin during the Spring Festival.

Tips： You can talk about your study， some kinds of news， your favorite books（sports/singers/film stars）or your hobbies...

设计说明：通过在不同的场景下借助不同的话题编演对话，通过巩固所学语言内容和交际技巧，实现知识的迁移创新。

5. Homework

Prepare a small talk phrasebook.（聊天常用语手册）

设计说明：拓展话题内容，巩固课上所学。

（二）研讨记录

1. 活动时间、地点与人员

本课例执教时间：10月11日下午第一节；执教地点：惠民一中行政楼108室。

研讨时间：10月11日下午第四节；研讨地点：惠民一中行政楼108室；参与人员：张兰、马冉等惠民一中高一、高二英语教师和滨州市各高中学校部分高二英语教师。

2. 课堂教学的积极变化

在扫读整体感知环节向精读环节的过渡中，教师用问题链带动，新增了对故事中人物的展示，很好地促进了学生对故事的划分以及故事中主要角色的认识。教师在总结完前两段的大意之后抛出问题“What’s the restpart of the passage about?”，学生回答“Some example sorstories.”，教师继续追问“Which paragraphs tell you the stories?”。教师问“How many stories are mentioned in this part?”，学生回答“7 stories.”，教师拓展“Yes, there are 7 stories. Everyone can count and here are the main characters in the stories. There are 7 dialogues between them.”。PPT展示7个故事中的主要人物（Esther and...）。这样既完成了环节与环节之间的过渡，使得学生对文章整体有了很好的感知，又为精读环节精选小对话阅读和精听环节做好了充分的准备。

在Deep-thinking环节，通过两个问题引导学生深入思考，提问到的学生都能很好地给出合理的建议，其中有位同学给出了4条建议，课堂生成非常丰富。这表明学生很清楚地认识到了Esther在聊天中存在的问题，并能通过学习课文联系实际生活给出恰当的聊天建议。教师展示出自己对Esther的建议后，学生齐读五条建议，在对学生正向输入的同时展示了语言学习的气势。教师接着边说边用PPT展示关键句子或词汇“As we can see, there’s nothing small about small talk. In our daily life we should develop good characters, improve our social skills. Then we can have a good interpersonal relationship, which will lead to a successful career.”，既完成了对本环节的总结升华，又落实了核心素养中思维品质的培养。

在Presentation环节中，提供的都是非常贴合学生生活的场景，学生选择喜欢的话题、熟悉的场景与同龄人进行聊天，非常轻松自如，掀起了课堂教学的高潮。从随后学生的展演中可以看出，学生已掌握了日常聊天该用的话题和基本技能，本节课的教学目标高效达成。

3. 课堂教学尚存在的不足

导入环节中，对 Esther的铺垫过于简单直接。可以设置让学生猜测Esther的性格特点，进一步优化本环节，更好地激发学生阅读新语篇的兴趣。

Scanning环节中，梳理文章结构总结段落大意时，教师直接给出1、2两段的大意，使学生失去了思考表达的机会。

教师利用问题引导学生的力度不够，特别是以追问的方式挖掘生成的效果不明显，有些问题只停留在表面上，以致错失了生成的机会。例如：对于问题"Which sentence can be replaced by 'The book you are writing is similar to the one I'm reading.'？"，得到答案后教师可继续追问"What's the real meaning of this sentence？ What's the feeling of the writer when he heard this？ Is it polite for Esther to say like this？ What's the problem with Esther？"。对学生的鼓励还不够，评价不到位。

（三）执教者的教学反思总结

1. 单元目标的确立与课时划分

本模块主要讨论生活中的闲谈和聊天内容以及英语文化中的交际方式和交际策略。根据内容和学情制定的单元目标是：借助本单元提供的文本，通过各种课堂活动，理解掌握与本模块有关的重点词汇，学习英语文化中的交际方式和基本技巧以及聊天模式，体悟中西文化差异，提高跨文化理解能力和交际能力。依据本单元的教学内容与学情将本单元划分为六个课时，本课时是第二课时，本人认为单元目标的制定和课时划分符合滨州市沾化区第二中学的教学实际。

2. 本节课的设计背景

这节课是在滨州市高二英语教学研讨会上展示的一节观摩课，以交流探讨高二英语阅读课在新高考旧教材的背景下如何更有效地进行。然而它还有另外两个方面的意义，一方面是我们惠民一中高二英语组主持的课题"基于高中英语阅读课的高效课堂模式设计研究"获得市教科院立项批准，我们从这个学期开始着手研究阅读课的高效课堂模式设计，这节课就作为研究的第一个课例，希望经过几番打磨形成“读演模式的英语阅读教学”范式，为课题研究积累课例实证资料；另一方面是惠民一中高二备课组在探讨实践一种学科组集体教研的模式，就是上海青浦区力推的“三实践两反思”的主题课例研修范式，也就是如何打造代表课。其实这种课例研修活动与胡庆芳老师在《课例研究，我们一起来：中小学教师指南（第二版）》一书中提到的课例研究模式大同小异，这种教研模式在20世纪60年代就已在日本广泛开展，大量的理论与实践证明此研修模式能极大地促进教师的专业发展，同时还会大幅度提高教学质量，“以课例研究的方式提升教研品质和改进课堂教学”已成为这个时代教育的最强音，所以我们要紧跟时代步伐。这节课是在两次上课观课、两次交流反思重新设计之后的第三次上课，从磨课到上课都是按照“三实践两反思”的主题课例研修流程走下来的，由于个人的专业素质和能力有限，这节课还有很多不足之处，需要进一步去探讨完善。

3. 课时目标和课堂环节的设计

本节课主要围绕单元话题“small talk”（聊天）展开，文章的结构是很清晰的，课文前两段介绍Esther 不善于聊天，其余部分则是围绕这个主题举出了7个小例子。笔者尽量做到目标具体化，具有可操作性。并且教学设计上呈现了这个课例的研修主题——“读演模式的英语阅读教学”，还有这节课的观察要点，以便于老师们在观课的时候更有针对性。

每个教学环节也是依据三个课时目标设计的，环节1导入铺垫课时目标1，环节2和3落实课时目标1，环节3和4落实课时目标2，环节5和6落实课时目标3。当然各个环节不是截然分开的，环节与环节之间是相互渗透层层推进的，三个课时目标贯穿整个课堂教学。具体每个环节的设计意图，在教学设计上有详细说明。

4. 教学中尚存在的不足

首先，教学环节有待于进一步优化。例如导入环节，对Esther的铺垫过于简单直接。可以设置让学生猜测Esther的性格特点，更好地激发学生阅读新语篇的兴趣。再如Scanning环节中，梳理文章结构总结段落大意时，笔者直接给出了1、2两段的大意，使学生失去了思考表达的机会。还有在听和演的环节中，听录音部分是否去掉更好，让学生充分发挥想象去揣摩Esther的语音语调，因为录音中并没有生动地展示出Esther的语音语调。

其次，小组活动设计的精致化需要加强。例如Listening and imitating环节，笔者直接指定小组对某个对话模仿表演，限制了学生积极学习的情形的出现。再如Presentation环节，PPT只是提供了聊天的安全话题和场景，小组合作的形式依旧是同位两两合作，没有创新，没有激发学生本可以高涨的学习热情。

最后，执教过程中由于身体原因，笔者状态欠佳，思维不够灵活，致使利用问题引导学生的力度不够，特别是以追问的方式挖掘生成的效果不明显，有些问题只停留在表面上，以致错失了生成的机会。例如：对于问题“Which sentence can be replaced by ‘The book you are writing is similar to the one I'm reading.’？”，得到答案后本可继续追问“What's the real meaning of this sentence? What's the feeling of the writer when he heard this? Is it polite for Esther to say like this ? What's the problem with Esther? ”。对学生的鼓励还不够，评价不到位。

参考文献

［1］中华人民共和国教育部. 普通高中英语课程标准（2017年版）［S］. 北京：人民教育出版社，2018.

［2］胡庆芳. 课例研究，我们一起来：中小学教师指南（第二版）［M］. 北京：教育科学出版社，2014.

［3］李冲锋. 课堂教学应变：案例与指导［M］. 北京：教育科学出版社，2010.

意外的“水到渠成”

——执教 B6 M1 Small Talk The Wrong Kind of Small Talk 案例分析

本课例选自外延版高中英语教材选修六第一模块，本模块主要是讨论生活中的闲谈和聊天内容以及英语文化中的交际方式和交际策略。本课例以探讨读演模式的英语阅读教学为目的，通过同一位教师在平行的不同班级针对同一教学内容进行三次执教来实践“三实践两反思”的主题式课例研修范式。

一、案例背景与主题

本节课是在滨州市高二英语教学研讨会上展示的一节观摩课，是在两次上课观课、两次交流反思重新设计之后的第三次上课，以交流探讨高二英语阅读课在新高考旧教材的背景下如何更有效地进行。滨州市沾化区第二中学高二英语备课组在探讨实践上海青浦区力推的“三实践两反思”的主题课例研修范式，这种课例研修活动与胡庆芳老师在《课例研究，我们一起来：中小学教师指南（第二版）》一书中提到的课例研究模式大同小异， 大量的理论与实践证明此研修模式能极大地促进教师的专业发展，同时还会大幅度地提高教学质量，“以课例研究的方式提升教研品质和改进课堂教学”已成为这个时代教育的最强音。

本节课主要围绕单元话题“small talk”展开，文章结构清晰，课文前两段介绍Esther不善于聊天，其余部分围绕这个主题举出了7个例子。本课教学活动设计的最终教学任务是“围绕生活话题，提出聊天建议”。围绕此任务，设计了具体、可操作的课时目标：①理解掌握文中出现的重点单词和短语（outspoken，awkward，tease，divorce，interrupt，put one's foot in one's mouth，as a consequence...），梳理文章结构获取与Esther有关的事实性信息；②在读、听、说、演等课堂活动中，借助小组合作学习揣摩人物的语气语调，体会人物的性格对交际的影响；③联系实际生活，思考和比较中西方日常聊天话题和方式的异同，找到恰当的聊天方式，礼貌自如地进行聊天。对应课时目标设计了六个教学环节：Step1 Leading-in；Step2 Scanning；Step3 Intensive-reading；Step4 Listening and imitating；Step5 Deep-thinking；Step6 Presentation.。

二、案例情境描述

滨州市英语备课会在惠民一中如期召开，第一节观摩课由笔者执教。从导入一直到第二个教学环节，各个教学活动进展顺利，教学任务有效完成。到了第三个教学环节，意外出现。环节 3 Intensive-reading 笔者设计的教学任务是“Read some dialogues carefully and answer the questions.”。

1. According to Dialogue 2， what did Esther really mean by saying “When is your baby due?”？

She wanted to know that when the typist would give birth to a baby.

She really meant the typist was a little fat.

2. What's the trouble with the salesman in Dialogue3?

3. Which sentence can be replaced by “The book you are writing is similar to the one I'm reading.”？

这三个问题在两张PPT上展出。按照原来设计的展示顺序，第一题单独放在一张PPT上，二三题放在一张上，应该是先呈现第二题，再呈现第三题。

课堂上，完成了第一个问题的处理之后，PPT上竟然先出现的是第三题。当时我心里一惊，“怎么回事？课件拷贝错了吗？谁给我改动了吗？……现在不可能改课件了，将错就错吧”。心里这样想着，我灵机一动做了这样一个过渡“Let's see another sentence said by Esther and find out its real meaning。Can you find the sentence which can be replaced by the book you are writing is similar to the one I'm reading.”，学生配合得很好，很快找到了课文中的同义句。紧接着我追问学生“What do you think of Esther when she said these words? ”，学生给出各种评价，进一步引导学生体会性格对交际的影响以及掌握良好的聊天技巧的必要性。然后再处理第二题“What’s the trouble with the salesman in Dialogue3? ”，学生给出答案后，我继续追问 “What did Esther say in this situation? ” “Did Esther’s advice cheer him up? ” “ Is it polite for Esther to say like this? ”，学生齐声回答“No.”，我顺势用问题 “No，it’s impolite and she talked about some sensitive topics. Which topics are mentioned in the dialogues? ”过渡，进入下一个环节。

三、案例分析与反思

课后我对观摩课上发生的这个小“意外”做了认真的分析与反思，找出了PPT顺序出错的原因，总结了避免和处理这种状况的办法。值得肯定的是“将错就错”的过渡更通顺了，因为第一题要求学生对Esther说过的一句话选择正确的含义，第三题也是句子释义，放在一起连续处理更符合逻辑。通过问题过渡，引导学生注意对话中 Esther不但很没礼貌，而且还提到了一些敏感的话题，进一步引导学生说出对话中涉及的话题，从而完成了上下两个环节的过渡。从学生的回应来看， 阴差阳错地把问题顺序调整之后，环节之间的过渡水到渠成，整体效果比以前的两次试课更好。但公开课上课件顺序颠倒使我感到很懊恼，根本原因在于自己不够细心、认真。第一个方面，几次试课用过的课件没有明确地标记好，导致在最后调整课件时混淆了分不清哪个是最终版；第二个方面，对调整好的课件，想当然地认为没有任何问题了，没有进行最后的播放检查；第三个方面，在把课件拷贝到最终上课用的智能黑板上时，没有把课件完整地播放一遍以检查是否存在问题。

通过这个小的案例分析，笔者总结出以下几点经验：

（1）遇到大型事务要做好周密的计划，分清任务的主次，逐项去落实；

（2）多任务要完成时，组建团队，任务分解明确分配到人；

（3）任何事情在敲定之前一定要仔细全面地检查，确保万无一失；

（4）上课过程中如果出现意外，要沉着冷静、随机应变，确保在课堂上顺利完成教学任务；

（5）树立“缺憾”之美的意识，任何一节课都有不完美之处，“不完美可能更美”；

（6）养成反思自己的课堂的习惯，并随时记录教学中的收获与失误。

总之，撰写教学案例分析有助于提高教学水平和解决教育问题的能力，“案例分析”是教师专业成长的“助推器”。

参考文献

［1］李冲锋. 教师教学科研指南［M］. 上海：华东师范大学出版社，2009.

［2］李冲锋. 课堂教学应变：案例与指导［M］. 北京：教育科学出版社，2010.

［3］胡庆芳. 课例研究，我们一起来：中小学教师指南（第二版）［M］. 北京：教育科学出版社，2014.

单元教学设计

——Learning from Nature

表2-11　单元教学设计

<table>
<tr><td>单元学习主题</td><td>Learning from Nature</td></tr>
<tr><td colspan="2">1. 单元解读
本单元的主题语境是“人与自然”，涉及的主题语境内容是人类向自然界学习。本单元从介绍人类应该向自然界的动物植物学习开始，依次呈现了人类从自然界获取灵感进行建筑设计、苏州留园、二十四节气、仿生学、五禽戏、中国诗人陶渊明和美国诗人Henry David Thoreau 对自然的热爱等相关内容，引导学生深入思考人与自然的关系，树立向大自然学习和与环境和谐相处的观念。</td></tr>
<tr><td colspan="2">2. 单元学习目标与重点难点
学生能够围绕本单元的主题语境内容，基于单元提供的说明文、论说文等多模态语篇，综合运用各种语言技能。掌握本单元有关动植物及向自然界学习、从自然界获得灵感的词汇和表达，听懂人类向大自然学习等相关话题，并恰当地使用所学词汇表达、谈论、阐述相关话题；能够初步了解建筑学家和诗人从自然界获得灵感和启发进行创作，深化对单元主题意义的理解与认识；能够运用单元所学知识，经过比较、分析并联系自身实际，积极探索自然和向自然界学习，培养不断探究、不断创新的意识；能够在自主学习、合作学习与探究式学习的过程中，运用各种策略，结合单元提供的反思性和评价性问题，不断监控、评价、反思和调整自己的学习内容和进程，激发学习兴趣，提升分析问题和解决问题的能力，提高自己的理解与表达能力，最终促进自身语言能力、文化意识、思维品质和学习能力的综合提升。</td></tr>
<tr><td colspan="2">3. 单元总课时
3课时。</td></tr>
<tr><td colspan="2">4. 单元整体教学思路
本单元主题语境围绕“人与自然”的关系展开，通过三课时的教学层层深入，最终达到完成教学内容，实现教学目标，培养学生学科素养与思维的目的。</td></tr>
</table>

续 表

<table>
<tr><td colspan="2">考虑到高中生英语学习水平以及《课程标准》对学生核心素养的基本要求，本单元我们主要采用“情景教学法”展开教学，同时通过层层设置问题，引导学生积极思考，推动学生批判性思维的养成。本单元的三个课时的教学，相互补充，相互促进，从易到难，不断推动学生思维品质的提升，具体内容如下。
第一课时：“Nature in Architecture”，学生通过第一篇文章的学习，对“人与自然”的关系有了初步的认识，从而树立人应该与自然和谐相处并且向自然学习的意识，为后面的深入学习奠定了基础。
第二课时：“Using language”，学生通过对本单元基本语法和词法知识的学习，对课文的内容和语言风格有了进一步的了解，同时积累了“人与自然”主题方面的相关词汇，通过语言和语法知识的学习，从而促进了语料的输入，为第三部的语言输出做了很好的铺垫。
第三课时：“Back to Nature”，学生在前两课时的学习基础上，对人与自然的关系有了深入的了解和感悟，通过第二篇文章的学习，大大加深了学生对本单元主题语境的理解和掌握，促进了他们领悟对田园生活的向往和对自然的热爱，树立积极健康的世界观、人生观和价值观。</td></tr>
<tr><td colspan="2">第2课时教学设计</td></tr>
<tr><td>课题</td><td>Using language</td></tr>
<tr><td>课型</td><td>新授课□　章/单元复习课□　专题复习课■
习题/试卷讲评课□　学科实践活动课□　其他□</td></tr>
<tr><td colspan="2">1. 教学内容分析
本课时围绕单元话题“人类向自然界学习”，引导学生通过学习语法知识，提升语言运用能力，进一步理解单元主题。这一部分主要内容为复习非谓语动词作主语、宾语和表语的用法。引导学生归纳总结课文中该语法知识的用法，而后通过与苏州留园和二十四节气相关的两个语言材料，进一步巩固学生对非谓语动词作主语、宾语和表语的理解和掌握。综合语言运用部分的话题为“从动物身上获得的灵感”，涉及仿生学、五禽戏等内容，帮助学生深度聚焦语言的意义和功能，在真实语境下进行思考和交际运用，全方位提升综合语言运用能力。</td></tr>
<tr><td colspan="2">2. 学习者分析
大部分学生英语基础一般，学习的积极性、自觉性不高。尽管学生在高一的学习中已经掌握了基本的语言结构和一定程度的听说读写能力，学习了非谓语动词的功能，但是由于英语基础一般，加上汉语中没有动词非谓语形式的概念，学生主动学习的逻辑思维能力欠缺，所以学生掌握动词的非谓语形式这一语法现象较为困难，需要教师及时引导他们归纳总结，更需要多加练习。好在他们学习较为认真，渴求知识的欲望旺盛，能配合教师。</td></tr>
<tr><td colspan="2">3. 学习目标确定
课程标准中指出，学生应在语篇中正确地理解和使用动词ing形式作句子中的主语、宾语和表语。本课时通过分析课文中的典型例句，复习非谓语动词作主语、宾语和表语的用法，最</td></tr>
</table>

续 表

<table>
<tr><td colspan="2">终学生要达成以下目标：正确运用非谓语动词作主语、宾语和表语完成语篇活动；听懂与仿生学相关的话题内容，并能够恰当地运用相关的词汇表达，谈论益处和表示兴趣；关注语法的语用功能，了解语言的形式和意义是统一的，并且能够在实际生活中运用这一规律。</td></tr>
<tr><td colspan="2">4. 学习重点难点
（1）非谓语动词的各种形式及其意义
（2）doing 与 to do 作主语的区别
（3）区分用 ing 作宾语与用 to do 作宾语的动词</td></tr>
<tr><td colspan="2">5. 学习活动设计</td></tr>
<tr><td>教师活动</td><td>学生活动</td></tr>
<tr><td colspan="2">环节一：Look at the sentences from the reading passage and answer the questions.</td></tr>
<tr><td>教师活动 1
引导学生结合课文内容观察例句
a. Today， architects continue to explore ways to capture the beauty of natural forms.
b. It appears to float above the water front promenade and the water that surrounds it.
c. Visitors are often amazed to find themselves in an urban building that so truly captures the beauty of natural forms.
d. Creating buildings such as these enables us to live in closer harmony with our environment.
复习非谓语动词作主语、宾语和表语的用法，作为辅助者、监督者，为学生提供补充、支持性信息。</td><td>学生活动 1
朗读四个例句，回答问题
Look at the “to do” structures in sentences（a） and（b）. Do they serve the same function in eachsentence?
In sentence（c），is the “-ed” form used as an adjective or a past participle? Why does the author use the “-ed” form other than the “-ing” form?
What is the function of the “-ing” from in sentence（d）?
分组核对答案，讨论并归纳非谓语动词作主语、宾语和表语的几种情况。</td></tr>
<tr><td colspan="2">活动意图说明：在之前的学习中，学生已经学习了非谓语动词的功能。但因为各种原因，学生掌握动词的非谓语形式这一语法现象较为困难，需要反复强化，加强练习。本单元主要复习非谓语动词在句子中充当主语、宾语和表语时的基本原则，教师结合活动一中的例句， 帮助学生进行查缺补漏、归纳总结。同时，教师注意围绕主题语境，通过问题引领让学生在运用中领会语法知识，避免过多的讲解，从而逐渐培养学生自己归纳总结语法的能力。</td></tr>
<tr><td colspan="2">环节二：Complete the passage with the correct form of the verbs in brackets.</td></tr>
<tr><td>教师活动 2
引导学生通过在真实语境中运用本单元所学语法知识，巩固强化所学语法知识。</td><td>学生活动 2
独立阅读语段，掌握大意，并根据所学知识用括号中所给动词的适当形式填空。个别学生朗读完整语段，全班核对答案。</td></tr>
</table>

续 表

	1.（draw） Inspiration from nature is a tradition that goes back centuries. 2. Nowhere is this better illustrated than in the beautiful Lingering Garden of Suzhou. The main principle of its design is （recreate） natural landscapes in miniature. First established in the Ming Dynasty， the original garden contained a rockery to symbolise Tiantai Mountain. Pine and bamboo groves were added later， along with a pond and an island. 3. Visitors would be （astonish） to find the garden modeled closely on natural features. 4. Visitors are alsosupposed （explore） itscene-by-scene. This could vary from a view of a pond and the splashing of fish， to a tree in blossom， a pagoda or a moon-shaped gate.
活动意图说明：引导学生在真实语境中运用本单元所学语法知识，巩固强化所学语法知识。	
环节三：Read the information below and write a paragraph introducing the 24 Solar Termswith the words in the box. Use the structures you have learnt in this unit where appropriate.	
教师活动 3 组织课堂，安排学生分组，点评学生所写语段内容。 Origin ●created by farmers in Ancient China ●based on Chinese lunarcalendar ●determined by the changes in the position of the sun Significance ●changes in weather mean a lot to farmers ●determine the best time to sow and harvest ●wisdom learnt from nature First term ●Beginning of Spring ●days become longer and the temperature increases	学生活动 3 Step 1 使用已给动词的适当形式，结合自己的已有知识口头介绍二十四节气，尽可能使用本单元的语法点——用动词的非谓语形式作主语、宾语和表语。 Step 2 把口头的表述改写成一个完整的语段。 Step 3 分享自己写的语段。 Step 4 尽可能多地使用本单元所学的表达和结构改写、充实自己的内容。

续 表

Cultural heritage ●added to UNESCO's List of Intangible Cultural Heritage in 2016	
活动意图说明：通过运用已给的词汇和本单元所学的语法结构，写一段文字介绍中国的二十四节气，培养学生在真实语境中使用非谓语动词的意识和能力，加深对本单元语法点的理解。	
6. 板书设计 非谓语动词形式： 不定式to do/ to be doing/ to have done/ to be done/ to have been done 作主、宾、表、定、状语 分词 现在分词doing/having done/being done/having been done 过去分词　　done 作表、定、宾补、状语 动名词 doing/ having done/ being done/ having been done 作主、宾、表、定语	
7. 解题步骤 （1）判断非谓语动作的逻辑主语，以此来确定它表示主动还是被动含义。 （2）判断非谓语动作与谓语动作的先后关系。	
8. 作业与拓展学习设计 鼓励学生开展研究，通过图书馆或网络查阅和学习与二十四节气相关的英文表达以及知识。能够介绍二十四节气中的某个节气，在真实语境中尽量运用已学的非谓语动词形式。老师点评，帮助学生更加正确、得体地使用非谓语动词形式。	
9. 特色学习资源分析、技术手段应用说明 本节课学习资源苏州留园、二十四节气来源于本单元主题语境“人与自然”的内容，让学生在真实语境中学习非谓语动词作主语、宾语、表语这一语法现象。与此同时，利用希沃白板及课件辅助教学，学生更能有效地学习。	
10. 教学反思与改进 本节课学习资源来源于单元主题语境“人与自然”的内容，让学生在真实语境中学习非谓语动词作主语、宾语、表语这一语法现象。整节课以学生自主学习归纳为主，老师组织课堂点拨为辅，充分调动了学生的学习兴趣和积极主动性。但课堂时间有限，学生对重难点的练习不够充分，需要课下再补充相应的习题。	

高中英语读说结合教学初探

一、问题与解决办法

在英语的学习中，学生往往忽视“说”这一能力的锻炼和提高。他们中的有些人觉得用英语交流难为情，自信心不强、不敢说，怕说错了被别人笑话；有些人甚至认为考试又不考，“说”是没必要的……鉴于此，为了真正转变“哑巴英语”现象，我在教学活动中为学生创设参与课堂语言交际活动的机会，组织丰富多彩的、适合学生语言水平和年龄特点的英语口语练习活动，充分发挥他们的积极性，真正做到以学生为中心；在学生的交流过程中不断用“Great/Excellent/Outstanding/You are making great progress...”这些鼓励性的话暗示学生“你们的口语很好，你们很棒”。让学生在良好的课堂氛围中轻松练口语，让学生慢慢做到“想说、敢说、乐于说”。

二、教学课型：读说结合技能课（45分钟）

读说结合课是让学生综合运用所学的词汇、语法和句型，通过读与说相结合的活动达到有效输出的目的。在这种课型中，教师可以先让学生阅读与话题相关的文章，拓宽学生的视野，扩充其文化信息，帮助其积累相关表达方式，为后续的说做好铺垫。然后，学生根据教师创设的情景进行说的训练，这样既将输入有效地变为了输出，也避免了长期以来学生对说的排斥。

本节读说技能课的教学任务包括以下几点：

（1）阅读文章 Animals in Danger，理解藏羚羊的现状。

（2）阅读相关文章，了解环境污染及人类活动对动物的影响。

（3）要求学生选择教师给出的话题进行讨论，然后发表个人看法。

三、教材分析

（一）教材处理

新课标实施以来，各版本的高中英语教材很注重体现新课标要求的词汇、语法、交际、情感体验等教学项目，是很好的教学蓝本。在教学过程中，对所使用的教材进行处理是课堂教学效果最大化的重要环节。就本节课而言，学生对濒危动物藏羚羊了解颇多，但对于世界自然基金会的概念有些模糊，因此笔者让学生在课下搜索了许多有关濒危动物的图片和信息，在分享学生的劳动成果中开始课堂，让学生当“老师”，并将“Reading and Vocabulary”“Speaking”“Culture Corner”中的内容和问题进行整合，使学生在愉悦的氛围中掌握知识，提高能力。

（二）教学目标

（1）了解藏羚羊濒临灭绝的现状，完成涉及文章内容的各项任务。

（2）运用所学知识讨论采用何种措施拯救濒危动物。

（3）帮助学生增强“拯救野生动物，保护自然环境”的意识。

（三）教学重点与难点

（1）了解世界自然基金会。

（2）运用所学知识讨论采用何种措施拯救濒危动物。

四、教学设计

（一）总体思路

经过上一节阅读课，学生掌握了很多与野生动物相关的词汇，并且课下搜索了许多有关濒危动物的图片和信息，在分享学生劳动成果中开始课堂，让学生当“老师”，增强学生的“主人翁”感，为说创造良好的氛围。由学生搜集的图片等信息自然过渡到世界自然基金会，让学生了解这一组织，了解这一组织在保护野生动物方面所做的努力。在此基础上，引导学生思索我们究竟该采取什么措施来拯救它们并以采访的形式进行表演，让学生在角色扮演中练习口语，增强真实性、趣味性、形象性。

（二）教学过程

Step 1 Revision in the course of sharing

Share the information that students have collected about the endangered animals.（Change roles with students—They are teachers. I am their student.） Show students a folded picture of a panda. Ask if someone have collected some information about it, and then share the information.

设计说明：与学生进行角色转换，分享学生的劳动成果，一方面可以回顾旧知识；另一方面可以增强学生在课堂上的主人翁意识，为接下来完成学习任务创设良好的课堂氛围。以把图片折叠的方式提升学生的注意力——“为什么将图片折叠？图片下面是什么？”为接下来的活动做铺垫。（图2–8）

WWF

图2–8　WWF

Step 2 Reading for Speaking

1. Lead-in

Unfold the picture. There are the words “WWF” at the bottom of it. Lead students to guess its meaning. The teacher shows many pictures and film extracts about the “WWF”. Then work in pairs and discuss what the “WWF” is.

设计说明：展开图片，打开学生心中暂时的疑问，同时引发其好奇心——“WWF”是什么？在此基础上，以图片与电影片段引发学生的兴趣，以讨论的形式鼓励学生发表自己的意见，激发学生的求知欲。（图2–9）

图2–9 WWF

2. Reading

Read the passage and answer the following questions.

（1）What does WWF stand for?

（2）What is the aim of the organization?

（3）When and where was it founded?

（4）Who designed the famous panda logo?

（5）What has the WWF been doing since the1980s?

（6）What did the organization did in China in 1980 and1995?

设计说明：学生在自己求知欲的带动下"主动"要求阅读，有助于提高阅读速度和阅读质量。

3. Post-reading

With the knowledge of the WWF， give a lecture on the efforts that the WWF has made to save the endangered animals.

设计说明：此活动让学生了解世界自然基金会在拯救濒危动物方面所做的努力，采用演讲形式鼓励其大胆开口，增强自信心。

Step 3 Speaking

1. Performance

T： The WWF has made great efforts. Then as the new generation， what should we do? Divide students into several groups. In the group， one is a journalist， the others are interviewees. After the preparation， give performances.

设计说明：引发学生独立思考，为学生创设真实的语境，以记者和被采访者的身份进行表演，调动学生积极性，激发其热情。

2. Appreciation

T： You have done a very good job. “Nature is kind of a loving mother， but also a butcher in cold blood. Only to obey nature in order to overcome nature. ” Now let’s appreciate the songs of Michael Jackson—heal the world and the earth song.

设计说明：借助于名言警句对学生表演进行总结，扩大其知识面。音乐的旋律震撼人们的心灵，优美的曲子往往使人记忆犹新。借助于音乐加深学生的印象，使学生在标准英语环境中提升自己的口语表达能力。

Step 4 Homework

Learn one song about protecting the environment.

设计说明：歌曲是学生感兴趣的东西，以英文歌曲带动学生养成爱说英语的习惯。

（三）教学反思

教师应创设良好的课堂氛围，设置合理的口语交际情景，在教学活动的设置上充分发挥学生的主体性，鼓励学生乐于开口，才能提高教学效果，增强学生英语交际能力，真正达到课程标准的要求。

紧抓教学元素，多元化助力素养落地

高中英语教学中文化意识薄弱问题管窥研究

一、前言

语言是文化的重要载体，高中英语教学属于语言类学科教学，在教学的过程中需要渗透文化意识，让学生在掌握英语基本知识的基础上学习英语文化知识，以此来提升英语的口语交际能力和应用能力。需要注意的是，受到多方面因素影响，我国高中英语教学中还存在着文化意识薄弱的问题，制约了英语教学的有效性，这就需要教师积极转变观念，注重文化意识的培养，以此来保证教学目标的实现。

二、高中英语教学中文化意识薄弱问题的表现

（一）教材使用不灵活

当前高中英语教材在编排中，注重文化知识和语言知识的融合，但实际成效并不明显，高中学生的跨文化交际能力往往达不到要求，文化误解情况时有发生。许多高中英语教师为了完成教学任务，往往会以教材内容顺序为基础按部就班地进行讲解，教材使用缺乏灵活性，不能挖掘教材中有内涵的文化内容，从而制约了文化教学效果的实现。教师虽然将文化教学作为教学目标之一，但文化教学的形式化现象也屡见不鲜，受到应试教育及传统观念的影响，往往更加倾向于英语知识的讲解，而对教材中呈现的文化内涵却草草带过。

（二）教学方法单一

许多高中英语教师的文化教学方法单一，大多是文化知识的讲解，难以激发学生对文化知识学习的兴趣，使得教学效果不佳。文化是一个抽象性的概念，单纯依靠教师讲解学生很难真正体会到什么是文化，也难以真正理解中西文化的差异性，不利于学生跨文化英语交际能力的提升。

（三）忽视文化差异

中西方自然环境、风俗习惯及文化语境都有着一定的差异性，高中生的思维方式和推理模式都是在中国文化和汉语语境下产生的，在学习英语的过程中，必然会受到中西文化差异的影响。而当前许多高中英语教师在教学的过程中往往忽略了文化差异。例如 politician 的意思是“政客”，指的是为了追求权力而不择手段的人，是贬义，而汉语中“政客”带有“政治家”的意思，不仅不含贬义，还有着一定褒义。中西方文化的差异必然会给学生的理解带来影响，而当前许多教师却没有对这种文化差异积极重视起来，除非涉及考试考点和任务，否则基本匆匆带过，不会对其进行深入挖掘。这种忽视文化差异不仅仅体现在教师身上，在教材上也有体现，当前大多高中英语教材缺乏对本土文化的渗透，学生往往体会不到英语对中国文化的表达，不能通过对比认识到中西文化差异，难以学以致用。

三、提升高中英语教学中文化意识的对策探讨

（一）正确理解文化，明确文化意识培养目标

上文中提到，文化是一个综合性的概念，对于英语教学来说，可以将文化界定为特定人群的生活方式和行为模式产生的价值观念协同，包括一个国家的文学艺术、行为规范、风土人情、地理、价值观念等各个方面，这与高中英语课程标准中的规定一致。教师应当深入理解文化，在此基础上分析语言与文化之间的关系，以高中英语课程标准和英语教材为基础进行文化意识目标的分解，划分重难点，以此来明确文化意识培养的方向。

例如在“United Kingdom”这一课程教学的过程中，可以确定如下文化意识培养目标：①认识和了解英格兰、北爱尔兰及苏格兰等国家的文化特点；②利用多媒体技术，以视频和图片的方式展示英国民生，图文并茂，让学生直

观地感受异国文化特征；③让学生在特定语境交流过程中理解和甄别不同的表达方式。在确定文化意识培养目标的基础上，将跨文化语言交流知识融入英语教学活动中。

（二）纠正传统观念，加强对文化教学的考查

加强对高中英语文化教学的考查是为了让教师积极重视文化教学，纠正传统的教学观念。受到教育体制的限制，在高考中对学生进行听说读写能力的全面考查是不现实的，但可以在考试制度方面进行创新，例如引入会考形式对学生听说能力进行考查，同时在单项选择题和阅读理解题中可以融入专门对英语文化知识的考查，将学生英语应用能力、考试及高中英语文化教学有机结合在一起，提升教师对英语文化教学的重视程度，从而促进文化意识培养这一教学目标的实现。

（三）深入挖掘教材，提升英语文化教学水平

教师对教材的深度挖掘和开发直接关系到文化意识培养的效果，教材是学生学习英语的重要依据，同时也是传递文化的重要渠道，教师应当坚持以教材为中心，在课堂教学中二次开发教材，以教材中的文化因素来开展文化教学，促进文化意识培养。在课堂上，文化通过生生之间及师生之间关于教材的对话来演绎和展现，教师通过对教材搭载的文化内容的挖掘来创设对话情境，以此来营造出外国文化的交际氛围，从而实现对学生文化意识的有效培养。

以教材内容和教学要求为基础，教师可以利用文学作品、文化传授及文化对比等不同的方式开展教学活动，以 Festivals 为例，教师可采取文化对比的方式， 在课前制定“中国春节与外国圣诞节的异同”等相关不同文化背景下节日庆祝方式的研究课题，在课堂上指导学生整理收集的资料，并开展小组讨论活动。最后教师可以通过引导和总结来透过节日的差异阐述中西方文化的差异，以此来唤起学生对文化差异的学习兴趣，给学生带来良好的文化学习体验。

（四）完善文化结构，提升教师基本文化素养

教师是教学活动的重要引导者、督促者和协调者，而对于文化教学来说，教师更承担着文化情境创设者的角色，在培养学生文化意识的过程中，教师首先需要具备文化学习的意识、精神和能力，主动体会英语中所承载的文化意识，形成切身感悟，以此来完善自身的文化结构，提升自身的基本文化素质，只有这样才能够更好地开展文化教学。

需要注意的是，教师文化结构的完善和文化素养的提升是一个长期学习和努力的过程，需要教师不断地探索和挖掘。尤其对于高中词汇教学来说，许多教师往往注重语篇而忽略了挖掘词汇背后的文化内涵，这不利于教师自身文化结构的完善和文化素养的提升。以 napkin 为例，在词典中的解释有“餐巾”“尿布”“常用纸制品”及“餐巾纸”等，最常用的是“餐巾”，英国人有时会用 napkin 来代表婴儿的尿布，用 table napkin 来表示区别。在教学的过程中，教师虽然不必对每一个词汇的用法和意思都进行如此透彻的解释，但作为高中英语教师，需要探索和挖掘词汇背后的文化意义，只有长期在教学实践中进行学习和探索，才能够真正实现自身文化结构的完善和文化素养的提升，才能够让教师胜任高中英语教学中“文化情境构建者”这一角色，从而实现学生文化意识的有效培养。

四、结论

文化理解、文化知识、跨文化交际的意识和能力都属于文化意识的范畴，高中英语课程标准提出要进一步提升文化行动能力，注重人文性和工具性，这就需要积极提升高中英语教学中的文化意识，但就目前来看，我国高中英语教学中还存在着文化意识薄弱的问题。要想提升文化意识，应当注重对文化意识的考查，教师则需要树立正确的文化观念，积极提升自身文化素养，善于利用和挖掘教材中的文化内容。

参考文献

[1] 孙佳，马向前. 高中英语教学学生文化意识薄弱的原因分析［J］. 中华少年，2016（17）：52–53.

[2] 吴京良. 基于高中英语教学中文化意识薄弱问题的几点思考［J］. 中学生英语（高中版），2014（30）：83.

[3] 陈芳芳. 高中英语教学中的“中国文化失语”研究［D］. 成都：四川师范大学，2014.

[4] 刘昕卓. 浅谈如何解决高中英语教学中文化意识薄弱问题［J］. 中国校外教育（基教版），2013（14）：79.

批判性阅读策略在高中英语阅读教学中的应用研究

高中英语课程标准中明确指出，实施教学的最终目的是培养学生自主学习、合作学习的能力，促使学生能够在日常生活中利用英语解决相应的问题。基于上述教学目标，高中英语教学中不仅要重视语法知识、词汇的积累，更应重视阅读教学的开展，通过阅读教学，实现学生英语应用能力的提升。一直以来，教师在英语阅读教学中并未充分重视培养学生的批判性思维能力，多数教师过度重视文章段落大意、中心思想的讲解，导致阅读教学的目的并未真正实现。基于此，本文中重点分析了高中英语阅读教学中应用批判性阅读的策略。

一、批判性阅读概述

了解批判性阅读之前，首先应了解何为批判性。关于批判性的定义，存在比较多的说法，不仅包含权威字典中的定义，更有众多学者形成的研究，例如《牛津高阶英汉双解词典》中这样描述批判性：批判性是指公正、仔细地判断人或者事物的好与坏。而有学者表示，批判性定义并不能联系先天的语言能力，但经后天培养后能够获得。批判性阅读应在批判性思维的基础上进行，是对阅读文本的高层次理解，其中既包含解释，也包含评价，便于读者对信息重要程度进行准确区分。同时，在理解文本的基础上挖掘其中的深层含义，形成自身的推论，此种推论具有逻辑性。综观多位学者对批判性及批判性阅读的描述，本文认为，所谓批判性阅读，并非指将阅读文本记忆下来，而是在阅读的过程中，通过问题、假设、分析，明确作者传达的观点、思想情感，并以自身知识为基础，经过加工式的结合，批判性地评价阅读材料，形成新的知识。

二、批判性阅读策略在高中英语阅读教学中的应用

（一）确定教学基本途径

培养学生批判性思维，最佳的平台即课堂，因此，教师在此过程中具有十分重要的作用。作为教师，要想在阅读教学过程中培养学生的批判性思维，首先自身要具备这种思维，积极地转变自身的教学理念，将“探究”“批判”贯穿整个教学活动中，发挥引导作用，促使学生逐渐树立批判性阅读的意识。在批判性阅读中，主体为学生，通过分析、判断与评价阅读材料，理解材料中的深层次含义，并内化为自身的知识，形成批判性阅读的能力。

（二）指导学生运用

明确高中英语阅读教学中应用批判性阅读策略的基本途径后，教师即可在实际教学中指导学生运用。目前，比较常用的批判性阅读策略包含6种。

第一，预览。所谓预览，是指正式开始教学之前让学生熟悉、了解阅读文本， 大致掌握文章基本内容、框架。教师可指导学生预览时注重文章中的标题、副标题、段首句、黑体字、插图等，以提升学生的预览能力。例如在“Festivals and Celebrations”教学中，教师可引导学生对文章标题及首尾段快速预览，并提出相应的问题，帮助学生从整体上了解文章内容，其后，观察文章中的插图，再提出相应的问题，由此，学生即可了解文章的大致结构及内容。

第二，评注。通常，评注有两种，一种为将文章中重点的字、词、句标出，另一种为将生词解释、文章关键词、疑惑等写在文章空白处。学生评注的开展需要比较长的时间，但经亲自评注后，学生可深刻地记忆文本信息及相关词汇，同时，可形成较为科学的阅读习惯。

第三，分析。学生理解阅读材料内容后，分析、质疑、评价文本内容的过程即批判性阅读过程。教师在开展阅读教学的过程中，应注重引导学生分析字面信息下的深层含义，并做出推理、判断，掌握作者写作文章的真正目的。例如“A Sad Love Story”，文章的主要内容为一对恋人约会时，因将约会场所弄错而产生误会，教师组织学生阅读文章后，让学生总结文章中两个主人公的性格，并总结自己的感受，之后让学生与其他同学交流，在此过程中，学生不仅

可以更好地理解文章内容，还可形成分析能力。

第四，提问。英语阅读教学过程中，教师分别于读前、读中及读后引导学生提出相应的问题，发出质疑，之后再次阅读，解决问题。其间，教师应注重自身引导作用的发挥。

第五，预测。预测，也可称为猜测，教师组织学生阅读时，可让学生根据文章内容预测教师可能提出的问题，学生在预测过程中，需要充分利用已有知识阅读信息，并经过判断后形成预测结果。

第六，评价。评价是阅读过程中教师引导学生评价文章与作者，评价内容可以包含多个方面，例如作者写作的目的、文章的深层内容等，通过评价的科学开展，促使学生形成批判性思维，提升批判性阅读能力。需要注意的是，评价并非仅包含批评，认可、延伸、对比等均属于评价的一种。

高中英语阅读教学中应用批判性阅读教学策略，可培养学生的批判意识及批判能力，深层次地理解文章内容，激发学生思维，形成科学的阅读习惯。

高中英语教学文化意识培养策略研究

语言承载着一个民族悠久的历史和文化，既是民族文化的见证，也是民族文化的最佳代言。英语是现代国际社会通用的语言，也是世界上应用范围最广的语言，并且以其强势的文化占据着世界主流意识形态。作为高中学科之一，《普通高中英语课程标准（2017能版）》也在不断强调在英语课上导入文化意识培养，从语法、翻译、阅读等不同层面指导学生学习和分析英语国家社会与文化，以此来拓宽学生视野，引导学生逐步建立起文化解读和跨文化意识，从而帮助学生提高跨文化交际能力，降低学生在交流过程中面临的文化断层与误解，以此保证学生在应用英语交流和实践时更加符合英语习惯、更加贴近实用性。

一、在阅读教学中培养学生的文化意识

阅读是语言的高度凝结，而书本又是能够跨越时间和空间的有力载体，内容包含大量的文化内涵，所以教科书正是培养学生文化意识的重要工具。阅读不仅能够帮助学生增加文化知识，从中学习大量英语文化，还能迅速提高学生的思维、理解、分析、演绎等能力。因此，教师可以充分挖掘教材中的文化信息，并且在教学时渗透，引领学生品读和鉴赏英语文化之美。

例如，笔者执教的课程“Europe”，基于文化建构意识，笔者指导学生对课文进行分层次阅读。首先笔者带领学生先略读一遍课文，让学生厘清本篇课文的基本脉络，明确文章中心思想，如文章介绍了著名的欧洲建筑物，有The Eiffel Tower、The Parthenon、The Uffizi Palace、The Sagrada Familia等，同时笔者融合历史文化为学生简要介绍这些建筑物；其次笔者为学生设置问题，让

学生带着问题从课文中寻找答案，以便提升学生文化解析能力；最后是精读阶段，笔者让学生围绕课文结构、细节、逻辑等进行解析，并且总结出不超过20个字的中心思想，以帮助学生学习欧洲国家背景和文化知识，开阔学生的视野。

二、通过分析语法对比中西方文化差异

英语属于印欧语系，而中国属于汉藏语系，尤其是中国和以英、美为代表的西方国家植根的土壤完全不同，所以无论是思维、语言，还是衍生出的文化、生活等都不相同，并且语言的语法规则、使用习惯等必然也是大不相同的。因此，教师在授课时可以从语法出发，通过为学生解析语法从而带领学生分析和比较中美文化，以此来提升学生的文化比较意识和能力。

例如，笔者教授的课程“Unexplained Mysteries of the Natural World”，本堂课主要讲解了将来进行时和被动语态的基本表达方法，课上笔者首先介绍中英语法之间的不同，如进行时可以用Be going to、Be about to do、情态动词will三种表达， 均表示将来某一时间将要发生的状况，而汉语没有时态变化，充分显示了英语形合语言和汉语意合语言之间的差异。同时，频繁使用被动语态也是中英语言存在的差异之一，因为西方人看待世界更客观，东方人相对主观，他们在描述客观规律的时候多用被动，显得自己的描述更客观，而不是自己认为的。根据语法差异，帮助学生领略西方人和东方人的思维和文化差异。

三、通过翻译培养学生的文化解析意识

跨文化意识指的是一种多元思想聚合体，通过不同民族文化的交流与互动产生，并且通过长期学习和解析其他民族文化，同本民族文化融合后产生的一种跨文化思想和意识，不仅改变了本民族文化，而且向其他民族输出了本民族文化。翻译正是一种解读和旨在推动民族文化交流的方法，所以教师基于跨文化交流意识，可以在教学时引用翻译教学，培养学生的跨文化意识。

例如，笔者教授学生的课程“Life in the future”，课上笔者不断通过例句为学生讲解文化差异，这里以句子“Every one will be given a telephone number at birth that will never change no matter where they live.”为例，可以译为“每个

人在出生时都会得到一个电话号码，无论他们住在哪里，这个号码都不会改变”。可以看出语序不同，因为英语表达大致遵循先主位后述位的模式，即先已知后未知，同时受限于英语的句法，比如不及物动词，必须采用被动才能符合主述位理论。同时，可以看出中文由于宽松的语法限制，可以自由使用主动语态，也更加符合主述位理论。因此，通过翻译帮助学生学习语言文化，无疑可以潜移默化体会到英语国家的文化建构，以不断提升学生的文化解析意识。

综上所述，语言文化并非一日所得，而是一个长期培养的过程，作为优秀的高中英语教师，我们应当以文化输入为教学基础，同时以文化输出为教学目的，在英语教学过程中不断优化教学方法，提升文化修养，通过多种方法指导学生理解文化差异，使学生能够从解析文化过程中领略文化之美，从而提高学生的语言和综合文化素养。

参考文献

［1］田春阳. 谈高中英语教学文化意识薄弱原因及对策［J］. 才智，2017（30）：141.

［2］刘佳. 跨文化意识导入在高中英语阅读教学中的应用研究［D］. 锦州：渤海大学，2017.

将黄河文化融入高中英语课堂教学方法与路径的研究

一、将黄河文化融入高中英语课堂教学的背景

《普通高中英语课程标准（2017年版2020年修订）》（以下简称《课标》）指出："教师应通过引导学生围绕真实情境和真实问题来加强学科间相互融合，促进学生核心素养的全面发展。具有真实性、综合性、实践性、开放性、主题性、自主性的英语实践课程更能帮助学生获得新课标要求的正确价值观、必备品格和关键能力。"

习近平总书记指出："黄河文化是中华文明的重要组成部分，是中华民族的根和魂。""要深入挖掘黄河文化蕴含的时代价值，讲好'黄河故事'，延续历史文脉，坚定文化自信，为实现中华民族伟大复兴的中国梦凝聚精神力量。"随着我国综合国力和文化软实力的提高，中华文化在世界上的影响力日益增强，高中英语教学不仅承担了传递文化知识的任务，而且亟须培养学生利用英语讲好黄河故事，向世界传播中华优秀传统文化的能力，进而提高学生英语学习兴趣，增强学生的民族自豪感，培养学生的家国情怀。

总之，将优秀黄河文化和黄河故事融入英语课堂教学，不仅是《课标》对提升学生英语学科核心素养，培养学生跨文化意识和批判性高阶思维的要求，也是丰富英语课堂内容，提升学生英语学习兴趣，用英语讲好中国故事，让中华优秀传统文化走向世界的必然要求。

二、将黄河文化融入高中英语课堂教学的意义

通过研究将黄河文化融入高中英语课堂教学的现状，笔者发现将黄河文化融入高中英语课堂教学具有如下现实意义。

（一）丰富高中英语教学内容，提升学生英语学习兴趣

当前普通高中英语教材主要包含外研版、人教版、沪教版、沪外教版、北师大版、译林版、冀教版和重庆大学版8版教材。为改变传统教法，减轻高中学习压力，教材编者均不同程度地将黄河文化元素融入其中。以上海外语教育出版社高中英语教材为例，其包含必修教材3本，选择性必修教材4本。经过整理和分析，笔者发现与黄河文化有关的素材共34个，其中必修教材12个，选择性必修教材22个；它们涉及黄河流域的政治、经济、教育、文化、旅游等多个方面。就文体而言，这些素材涉及文本、名言警句、图片、表格、音频、视频等多种形式。黄河文化元素融入高中英语教材能够给高中英语教学增加新鲜元素，同时这也开发了黄河文化的育人价值，实现了《课标》对高中英语教学立德树人的要求。

（二）弘扬中华优秀本土文化，提升学生文化自信

将优秀黄河文化融入英语课堂教学是弘扬中华优秀本土文化，增强国家综合国力和文化软实力，最终提升学生文化自信的必由之路。黄河文化是我们的祖先在长期的生产、生活中利用智慧积累沉淀下来的珍贵物质财富和精神财富，而高中英语教学承担着传承和发展中华优秀传统文化的伟大使命。因此，尝试将以黄河文化为代表的中华本土文化融入高中英语教学具有积极的现实意义。一方面，黄河文化元素融入高中英语课堂教学，有助于学生在英语课堂学习中了解中华优秀传统文化，为促进学生用英语讲好中国故事，促进中华优秀传统文化展现魅力，走向世界提供条件和基础。另一方面，通过英语课堂学习，学生对以黄河文化为代表的中华优秀本土文化有更深的理解，其文化认同感和民族自豪感得到加强，最终文化自信得到提升。

（三）创新英语课堂教学，提升学生核心素养

将优秀黄河文化融入高中英语教学是推进高中英语课堂教学改革，提升学生英语学科核心素养的重要途径。随着新课标对学生英语学科核心素养要求

的提高，国内大批教育专家学者和一线教师积极推进高中英语课堂教学创新。在传统重知识、轻能力的教学思路下，教师缺乏对教学内容的深挖，忽略了英语学科的育人功能，学生不能够用英语讲好中国故事，向世界展现中华优秀文化。将以黄河文化为代表的中华优秀文化融入高中英语教学，这不仅能促使教师不断优化教学内容，创新教学方法，提升学生英语学习兴趣，最终促进学生英语学科核心素养的提高。同时，它也有利于推动高中英语教学内容、结构和环境的完善，进而推动高中英语课堂教学内容的创新，促进学生英语学科核心素养的养成。

三、将黄河文化融入高中英语课堂教学的具体实施方法和路径

在新课标和语言教学理论的指导下，结合实践教学经验，笔者提出如下将黄河文化融入高中英语课堂教学的具体实施方法和路径。

（一）高中英语听力教学中黄河文化的融入

在高中英语听力教学中融入黄河文化是提升学生英语学科核心素养，促使学生用英语讲好中国故事的必由之路。在听力教学中，英语教师应整合有关黄河文化的教学素材，根据听力难度和学情对相关的音视频材料进行分类精选，进而设计教学环节，开展课堂教学。另外，教师可以充分利用多种媒介为学生补充有关黄河文化的素材，比如“21世纪报”“中国日报”等微信公众号以及VOA、BBC、《走遍美国》等英文广播节目或纪录片。在听力训练的过程中，通过学习相关素材，学生对黄河文化的内涵有了进一步的理解和认同，这为他们创新、传播和继承中华优秀本土文化奠定了基础。

以上海外语教育出版社“Unit 2 Book 2 Listening”环节为例，教材编者围绕“Chinese Kungfu”话题展开听力训练。在导入环节，通过观看与Chinese Kungfu和Tai Chi有关的视频，学生对黄河流域的武术文化得到理解和认同，为其完成听力任务做好铺垫。同时，教师可以借助网络下载与主体有关的音视频材料，加深学生对黄河流域功夫和太极文化的理解，最终培养学生运用英语向世界介绍博大精深的中华武术的能力，增强学生的民族自豪感和文化自信，真正体现了学科的育人价值。

（二）高中英语口语教学中黄河文化的融入

跨文化交际指的是文化相异的人们之间的交流，交流双方在尊重文化特殊性的前提下预留和构建一个可理解和协商的空间，最终实现沟通的目的。它专注于培养本土文化的厚重性和自主性，以及对不同文化差异性的尊重、理解和欣赏的交往品质。而英语口语能力是学生跨文化交际能力的重要前提和基础。因此，在高中英语口语教学中融入黄河文化是培养学生跨文化交际能力，向世界展现中华文化，培养学生文化自信的必然要求。

以沪外教版必修1“Unit 1 Speaking”环节为例，德国学生 Emily Chen 计划来中国旅游，要求学生向其介绍中国主要旅游城市。教材以陕西省西安市为例，以秦始皇兵马俑等名胜古迹作为载体，向外国人介绍中国黄河流域的旅游文化。教师可以开展一次“黄河沿线城市之旅”的口语教学活动，学生分组查阅资料制作 PPT 向全班介绍黄河流域主要旅游城市，包含其政治、经济、文化、美食等情况。这样学生能够对黄河流域的旅游文化有更加深刻和准确的认识，为他们用英语讲好中国故事，宣传黄河文化奠定了理论基础。同时，在将黄河文化融入高中英语口语教学之时，教师可以引导学生对比黄河流域旅游城市与华盛顿、新奥尔良、柏林、佛罗伦萨等西方国家城市的异同。在对比的过程中，学生既可以感悟到黄河文化的厚重和魅力，同时也培养了良好的跨文化交际能力。教师引导学生对不同文化予以尊重，做到用包容的心态去对待不同意识形态的文化。

除了教材资源，教师还可以充分利用网络教学资源，为学生安排与黄河文化有关的英语口语任务（配音、对话、Role-play 等），推荐涉及黄河文化的纪录片或综艺节目，使学生在轻松、愉悦的氛围下领悟黄河文化独特的魅力，最终促使优秀的黄河本土文化融入高中英语教学。

（三）高中英语阅读教学中黄河文化的融入

阅读是高中英语教学的重要组成部分，也是提升学生语言表达能力和跨文化交际能力的重要途径。在阅读过程中，学生能够拓宽视野，获得知识和技能，净化心灵和丰富情感，在高中英语阅读教学中融入黄河文化能够使学生在语言学习的过程中加深对黄河文化的探究和理解。

以译林版选择性必修1“Unit 2 Understanding Culture Through Music”阅读

课为例，教师可以设计如下教学思路引导学生在英语课堂上感悟黄河音乐文化的厚重和魅力，并在此基础上，增强学生的跨文化交际能力，培养其民族自豪感和文化自信，充分发挥英语学科的育人功能。

Step 1 Prepare before class. 本单元主题是通过音乐感受中华文化的厚重和魅力。在本单元的授课中，教师向学生提供《梁祝》《保卫黄河》《黄河大合唱》等歌曲音视频和创作背景材料，使学生初步对音乐所蕴含的文化意义有所理解和感悟，为阅读课堂的开展创设背景。

Step 2 Lead-in and Think. 根据单元主题意义，教师提出有助于培养学生批判性高阶思维的引导性问题，比如《黄河大合唱》和《保卫黄河》两首歌曲的异同，它们各自蕴含的文化意义以及对学生文化传承的启示。学生可以根据各自感兴趣的问题组合成学习小组，对教师提出的问题思考、讨论、发表意见。

Step 3 Show and Discuss. 在小组成员对自己所感兴趣的问题或话题研究完毕后，教师鼓励小组成员开展研究成果的汇报。学生可以采用演讲、辩论、PPT展示、角色扮演等多种展示形式，最后其他学生可以对小组的展示成果予以讨论并提出自己的观点。

Step 4 Evaluate and Check. 在学生展示环节结束后，教师对学生的表现予以客观性和鼓励性评价，引导学生领悟黄河文化独特的魅力。为使学生深挖单元主题意义并利用英语讲好黄河故事，教师对学生最感兴趣的模块给予拓展，引导学生通过阅读拓宽视野，积累知识和技能。为检验学生课堂学习效果，教师可设计实践性作业，如下载并欣赏与黄河文化有关的音乐，查阅资料研究其蕴含的文化意义和对文化传承的启迪。

（四）高中英语写作教学中黄河文化的融入

“说和写是听读能力的外化利用，是语言进行思想感情交流的过程，也是一个复杂的心理认知、思维创造和跨文化交际的过程。”［《普通高中英语课程标准（2017年版2020 年修订）》］在英语写作教学中融入黄河文化，学生可以通过书面形式传递黄河文化信息，感受黄河文化的厚重，表达对继承和发扬中华传统文化的愿望。

以外研版必修三第二单元中的写作教学“Writing a biography”为例，教材提供了为青蒿素的发现做出巨大贡献的屠呦呦的个人传记。在这部分的教学中，在学生阅读屠呦呦的生平传记后，教师可开展一场“黄河名人行”活动，具体为：

（1）教师为学生展示黄河流域自古至今的部分名人（孔子、张仲景、赵树理等）的视频或者文字介绍；

（2）学生选择自己喜欢的黄河名人（不局限于上述教师介绍的名人），以小组为单位查阅、搜集其喜欢的黄河名人信息，为其精心设计个人传记；

（3）学生以小组为单位展示其设计的个人传记后，教师引导其他学生讨论该传记，并提出修改建议；

（4）教师设计当堂达标和课后补偿性作业，为学生巩固课堂教学成果，培养写作技能提供帮助。

这样的写作教学任务设计，不仅体现了新课标倡导的发挥学生主体地位，培养学生批判性高阶思维的要求，也使学生在了解黄河文化名人的过程中感悟到博大精深的黄河文化及其蕴含的文化底蕴，进一步增强了学生的文化自信，充分发挥了英语学科的育人功能。

（五）高中英语其他教学课型或环节中黄河文化的融入

在语言的运用过程中，各种语言技能往往不是单独使用的，理解性技能和表达性技能可能同时使用，教师可设计听、说、读、写、看等多种技能结合的综合性语言运用活动。在综合性语言运用活动中融入贴近学生生活经验和感兴趣的黄河文化元素，创设出丰富多样的与黄河文化有关的语境，这利于激发学生参与和体验英语语言学习的兴趣，以使学生能够在英语实践活动中反思个人的生活和经历，表达个人情感和观点，在发展语言技能的同时，培养其批判性高阶思维。另外，教师也可以在高中英语教学的其他课型中融入黄河文化，比如在词汇课中补充与黄河文化有关的主题词汇；在语法课中用黄河文化元素作为语法例句。最后， 其他学者也提出了黄河文化融入高中英语教学的具体方法和路径，比如运用评价引导学生参与黄河文化育人价值的传承（王娟）；采用PQ4R教学法和线上线下相结合的任务式教学（马艳彬）；在跨文化交际培训和兴趣培养中实施本土文化导入（刘静娴）。

总之，把黄河文化融入高中英语课堂教学的具体实施方法和路径是多种多样的，这需要英语教师在平时的教学实践中根据学情采用不同的教学方法，设计不同的教学环节，激发学生学习英语的兴趣，切实培养学生利用英语讲好黄河故事的能力。

四、结语

在新课程改革的背景下，英语仅是一门语言学科，而且是文化传承和交流的工具，所以，教师要高度重视学生文化意识和文化自信的培养，切实将优秀的黄河本土文化融入高中英语教学。因此，笔者倡导在高中英语口语教学、听力教学、阅读教学、写作教学、其他课型和环节中融入黄河文化，学生在提高英语知识和技能的同时，也能够在黄河文化厚重的熏陶下提升自己的综合能力，这既能促使学生利用英语向西方国家介绍中华优秀传统文化，形成民族自豪感和高度的文化自信，同时也培养了学生良好的批判性高阶思维，最终提高其英语学科核心素养。

参考文献

［1］中华人民共和国教育部. 普通高中英语课程标准（2017年版2020年修订）［S］. 北京：人民教育出版社，2022.

［2］刘静娴. 黄河文明视域下本土文化导入大学英语教学的研究［J］. 教育信息化论坛，2022（6）：57–59.

［3］朱卫敏. 黄河文化融入河南高校英语课堂教学的实践探索［J］. 校园英语研究，2022（20）：148–150.

［4］马艳彬. 黄河文化融入高职公共英语教学的实践研究［J］. 河南司法警官职业学院学报，2022，20（2）：122–124.

［5］王娟. 初中英语阅读教学中黄河文化的育人价值开发策略研究［J］. 考试周刊，2023（11）：120–123.

［6］王月芬. 重构作业——课程视域下的单元作业［M］. 北京：教育科学出版社，2021.

黄河文化元素在高中英语听说教学中的实践运用

表2–12　高中英语听说课教学设计——黄河文化元素与高中英语教学的融合

课题	Speaking： Describing a Travel Destination.
课型	新授课□　章/单元复习课□　专题复习课□　习题/试卷讲评课□ 学科实践活动课□　其他■
1. 教学内容分析 本模块教学内容选自沪外教版必修1“Unit 3 Traveling”中的 Speaking模块。在本模块中，德国学生 Emily Chen计划来中国旅游，要求学生向其介绍中国主要的旅游城市。教材以陕西省西安市为例，以秦始皇兵马俑等名胜古迹作为文化载体，向西方国家介绍中国黄河流域物质文化和非物质文化遗产，真正做到了用英语讲好中国故事，让中华优秀传统文化走向世界。教材通过设计听说教学活动，学生运用英语介绍黄河流域文化的能力得到训练，最后教材总结了提高口语交际能力的策略——Joining in a discussion，实现了提高学生口语交际能力、培养学生跨文化意识、传承中华优秀传统文化意识的目标。	
2. 学习者分析 在经过两个多月的高中英语学习后，学生已经掌握了基本的语言知识、句型结构和口语交际策略。同时，学生具有丰富的地理区域知识、人文知识和旅游文化常识，学生对“中国旅游城市”话题兴趣十足，利于他们展开想象，运用英语自由表达个人观点和介绍中华优秀传统文化，而本模块的教学设计恰恰要求学生将其黄河流域文化知识（以西安市为例）与口语交际相结合，向西方国家介绍中国旅游城市。但是对于高一学生，由于其词汇量、高级句型结构及口语交际策略相对欠缺，他们存在一定的词汇障碍去充分介绍中国黄河流域的旅游城市。	
3. 学习目标确定 结合本单元教学主题、教学内容和学生学情，确立如下学习目标： 知识目标：通过学习教师所提供的关于黄河流域主要旅游城市的宣传介绍，学生能够了解黄河流域旅游城市，为向西方国家介绍旅游城市提供了知识支撑。	

续 表

能力目标：通过 Role-play 等口语交际活动，学生掌握口语交际的策略，提高其口语交际的能力，培养其良好的运用英语传递中华优秀传统文化的能力。
情感价值观目标：通过小组讨论和介绍中国旅游城市等环节，学生能够树立热爱和保护中华优秀传统文化的意识，增强文化自信，同时培养了他们小组协作，共同解决问题的习惯和能力。

4. 学习重点难点

结合国家课程标准和学情，确立以下学习重难点：
学习重点：学生将关于黄河流域旅游城市的知识储备和英语听说能力相结合，向德国学生 Emily Chen 介绍中国的旅游城市，并要求学生尝试将状语从句运用到介绍中，从而起到训练学生听、说句型的作用。
学习难点：通过 Role-play，joining in a discussion 等听说训练活动，学生不仅能够掌握口语交际的策略，提高口语交际能力，也利于培养他们运用英语传递中华优秀传统文化的能力，增强学生热爱中华优秀传统文化的意识，形成小组协作、共同解决问题的习惯和能力。

5. 学习评价设计

在本课时的学习中，我们采用小组教学，从知识获得、能力提升、学习态度、学习方法、思维发展、价值观念培育等方面对学生进行量化考核，其具体评价标准如下：

	优秀（80—100）	一般（60—79）	需改进（60分以下）
组内协作	小组分工合理，交流积极，能主动配合他人；每个成员都积极参与小组活动，总是按时完成任务；善于动脑，能提出自己的意见，有独特的见解，有创新意识，能灵活处理问题。	小组分工较合理，交流较积极、能配合他人；大部分成员能参与小组活动，多数时候能按时完成任务；能提出自己的意见，能较好地处理问题。	小组分工不够合理，交流欠积极，不能主动配合他人；只有几个成员能参与小组活动，需要催促才能完成任务；没有自己的意见，无独特的见解，处理问题呆板。
课堂展示	成果内容丰富、形式多样，很有新意，有实效性；展示者落落大方，面向观众，声音洪亮，语言流畅，表达准确。	成果内容不够丰富、形式较少，不具新意和实效性；展示者与观众有目光交流，声音较洪亮，语言较流畅，能说清本组的观点。	成果内容少、形式单一；展示者与观众缺少目光交流，声音小，语言表达不够准确。

续 表

6. 学习活动设计	
教师活动	学生活动
环节一：Read， watch and brainstorm.	
教师活动 1 （1）Before Class： Hand out some articles about the tourist cities along the Yellow Riverbasin. （2）Show a video about Xi'an.（Qinshihuang Mausoleum and Terracotta Warriors; Dayan Pagoda; Bell Tower and Drum Tower; Huaqing Hot Springs; Yang Rou Pao Mo.） （3）Brainstorm something related to theYellow River basin culture.	学生活动1 （1）Before Class： Read the articles about the tourist cities along the Yellow River basin and draw a mind map of the cities mentioned. （2）Watch the video about an introduction to Xi'an and learn more about its attractions. （3）Brainstorm and show： How much do you know about the tourist cities along the Yellow Riverbasin?
活动意图说明：教师提供关于黄河流域旅游城市的阅读文章和介绍西安市的短视频，学生能够初步了解黄河流域沿线旅游城市文化，为向德国学生Emily Chen介绍中国旅游城市提供了知识支撑，同时培养学生运用英语讲好中国故事，传递中华优秀传统文化的意识和能力。	
环节二：Group work.	
教师活动 2 （1）Leading-in： Establish at eaching scene： Emily Chen, a German student, has an opportunity to visit Xi'an, Hangzhou, Beijing, Nanjing or Shanghai this winter. She needs some advice from her friends on which city to choose. Xi'an is given as an example. （2）Show some pictures about the places of interest in Xi'an. （3）Divide the students into five groups and ask each group to make a list of the tourist attractions, foods, some interesting things and so on.	学生活动2 （1）Listen to what the teacher says and know about the teaching situation orscene. （2）Enjoy the pictures shown by the teacher to learn more about Xi'an. （3）Work in groups of four. Each group chooses one city out of the five above and makes a list of tourist attractions， foods or other interesting things to do in the city. Xi'an is given as an example. （4）Ask each group leader to show their works in front of the class correspondingly.
活动意图说明：教师运用情境教学法创设教学情景，要求学生通过小组合作学习列举相应城市的物质和非物质文化，同时教材将黄河流域西安市的旅游名胜作为例子，培养学生对中华优秀传统文化，尤其是对黄河流域文化的热爱，实现人与自然和谐共生。	

续 表

<table>
<tr><td colspan="2">环节三：Join in a discussion.</td></tr>
<tr><td>教师活动3
（1）Introduce the speaking strategy to students.（How to join in a discussion.）
（2）Ask each group member to join in a discussion about the city they have chosen by adopting the speaking strategy mentioned above.
（3）Give some guide and help on students' discussion if necessary.</td><td>学生活动3
Hold a discussion about the city. One of the members asks for advice, and the other members try to give advice. Use the adverbial clauses if possible. An example is given on page 45.</td></tr>
<tr><td colspan="2">活动意图说明：通过向学生传授听说学习技巧，教师指导学生加入讨论或者对话活动，鼓励学生借助介绍中国旅游城市这一话题开展对话活动。教师为学生提供关于西安市介绍的讨论，为学生开展对话活动提供了支架，这既提升了学生利用英语介绍中国文化的意识和能力，也增强了学生运用英语表达观点，进行交际的能力。</td></tr>
<tr><td colspan="2">环节四： Role-play show.</td></tr>
<tr><td>教师活动 4
（1）Ask each group to do role plays inclass to show their performance.
（2）Make some professional commentson their role-plays.</td><td>学生活动4
（1）Take turns to do role plays in class.
（2）Other groups listen and note down the citiesand their attractions.
（3）Discuss how to further improve their own role-play performance in groups.</td></tr>
<tr><td colspan="2">活动意图说明：通过 Role-play教学环节的设计，学生能够以学习小组为单位展示其语言输出。这既是实现能力和情感态度价值观教学目标的要求，也体现了对黄河流域文化的有效输出，体现了课标要求学生具备对语言知识学以致用、迁移创新的能力。</td></tr>
<tr><td colspan="2">7. 板书设计
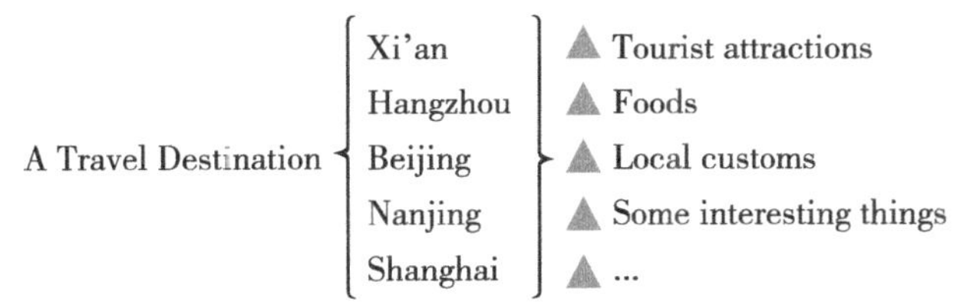
</td></tr>
</table>

续 表

8. 作业与拓展学习设计

作业设计的目的在于复习巩固，引导学生深入学习。既要面向全体，分层设计，又要考虑到检测类作业与探究类、实践类作业的有机衔接。同时，教师要及时分析作业完成情况，将其作为教学改进和个性化指导与补偿的依据。

本堂课为英语听说课，按照上述作业设计的原则和要求，引导学生进行深度学习和培养学生批判性思维，教师选取沪外教版必修1 “Unit 2 Reading and interaction” 板块作为扩展学习内容，形成如下作业和扩展学习设计：

Material:

Where history comes alive

Xi'an, China

Xi'an is no doubt one of the most popular tourist destinations in China. Every year, millions of travellers visit the Terracotta Army of Emperor Qin Shihuang about 42 kilometres from the city centre, which is one of the most amazing historic sites in the world.

As one of China's great former capitals, Xi'an grew to be the largest city in the world during the Tang Dynasty, a golden age of art and poetry. Chang'an, as it was known at the time, was the starting point of the Silk Road, which connected China to the world. It was here that Xuan Zang set out on his famous travels, which became the basis of Journey to the West. Historic sites from that time include the two Wild Goose Pagodas and the remains of the Daming Palace, which was the centre of the Tangcourt.

Today, Xi'an is a modern city, at the heart of China's Belt and Road Initiative, but its long history can be seen everywhere: it is one of the few cities in the world that still have city walls. The wall, almost 14 kilometres in length, was originally built for the purpose of defence, but nowadays, it's a great way to experience Xi'an: from here, you can get an amazing view of the city.

Florence, Italy

Florence, one of the famous historic cities in Italy, is the birthplace of many amazing ideas and discoveries!

Florence's history is alive with the memory of a time when art, culture and science were being "reborn". In the late 13th century, the Renaissance began here before spreading to the rest of Europe. At that time, Michelangelo, Leonardo da Vinci and Galileo were some of thepeople living, working and studying in Florence. During this period, they, along with other great minds, contributed valuable artworks and made important scientific discoveries.

Florence is filled with art, science and history museums and ancient buildings, as well as historic universities. You can visit many of these places to experience and admire the amazing work and discoveries that happened during the Renaissance period. An example is Michelangelo's famous statue David, which he completed between 1501 and 1504. Another must-see is the University of Florence. It was started in 1321 and many famous people studied there in the Renaissance period, including Leonardo da Vinci.

续 表

In Florence today you can experience the old and the new. Historic sites are neighbours with fancy restaurants and high-end shops. While you are trying the delicious local food, you can decide which interesting places to visit next.

Task 1: Work in pairs and discuss the questions.

(1) What possible learning opportunities would the two places offer to visitors like you and your classmates?

(2) What would you consider when you choose to visit a place? Why?

Task 2: Read the passage and find out the main features and importance of the two cities.

Main features　　　　　importance

Xi'an, China:

Florence, Italy:

Task 3: Introducing a city to foreign friends. (Using the speaking strategy)

Imagine that you are invited to be a local guide for a China-US exchange project. You are required to introduce some places to American students while arranging a tour for them.

▲ Discuss the questions in groups.

What places will you introduce?

What do you want to focus on (e. g. history, buildings, transport, food, etc.) in your description? Why?

▲ Create and practise your introduction within your group.

▲ Encourage each group to show in class next day.

9. 特色学习资源分析、技术手段应用说明

特色学习资源分析：本堂听说课是以向外国学生介绍中国旅游城市作为话题引入的，教材以黄河流域的陕西省西安市作为学习资源案例引导学生用英语讲好中国故事，传递中华优秀传统文化。以黄河流域文化作为学习主体，当前我们共有由外研、人教、沪外等8个出版社的不同高中英语教材，每一版本教材中均有关于黄河流域的不同学习资源，他们涉及黄河流域的政治、经济、教育、文化和旅游等多个方面。就文体而言，这些学习资源涉及文本、名言警句、图片、表格、音频和视频等多种形式。另外，我们从网络、高考真题、高考模拟试题、报刊和书籍等不同途径搜取关于黄河流域文化特色学习资源共计352份，为学生系统学习黄河流域文化提供了支持。这些关于黄河流域文化的特色学习资源具有共同特点：言简意赅，易读易懂，贴近实际，便于调动学生学习的积极主动性。

技术手段应用说明：在教学设计中，教师使用多种技术手段以求活动丰富多样，将抽象问题形象简单化，切实调动学生英语学习的兴趣和积极主动性：WPS，office软件综合运用提供文本学习资源；超链接技术提供其他类型的特色学习资源；音视频软件使课堂教学内容形象化和具体化；智慧课堂与希沃白板等教学软件为学生提供丰富多样的学习资源；幻灯机、投影仪、录音机等电化教学设备的使用也使得课堂教学效果有了明显的改观。多媒体技术、数字化教学等科技手段与高中英语教学紧密结合，这不仅使学生获得丰富且独具特色的学习资源，从而促进其英语学习兴趣和积极主动性得到提升，也为教师教学提供了形式多样的辅助手段，最终促进教学的专业化发展。

续 表

10. 教学反思与改进
在本课时的教学设计和教学实践中，教师能够完成设计的教学任务，学生基本达成教学目标，学生的英语听说技能得到不同程度的训练，体现了新课标对高中英语听说教学的基本要求，具体如下。 **优点：** （1）在教学设计上，能够将教材上的知识进行归纳整合，增加了可操作性，起到了事半功倍的效果；以学为中心进行教学设计，倾向于“以学生为中心”，强调自主学习、自主探究、自主发现，这对学生的创新精神和创新能力的培养具有积极促进作用。 （2）在教学过程中，教师能够将理论知识联系生活实际，要求学生以小组为单位向外国人介绍中国旅游城市，使得不同层次的学生在听说技能上均有所提高，不同的教学活动设计便于教师因材施教开展教学。 （3）在教学理念上，“学教并重”的教学理念体现了双主原则，它将两者有机结合，不仅对学生的知识技能与创新能力的训练有利，也促进了学生健康情感与价值观的培养。 **不足和改进：** （1）教学设计体现了以学为中心进行教学设计的原则，但在实际的教学过程中，笔者对教师“教”和学生“学”的关系把握不够准确，忽视了学生的自主学习、自主探究、自主复习和查缺补漏。这启迪笔者要努力钻研新课标，正确处理“教”和“学”的关系，鼓励学生自主探究，培养学生批判性思维和创新精神。 （2）在英语听说课堂教学中，笔者主要关注学生以小组为单位的口语输出，对小组整体表现做出评价，但对学生个人表现关注不够，尤其是对小组内口语能力表达较差和不够积极的小组成员缺乏指导和鼓励，不利于班级整体成绩的提高。这要求自己在今后的教学中，从专业指导和精神上对口语后进生多加关注，使他们积极、勇敢地表达自己的观点和看法。 （3）就听说课而言，教学活动多侧重于学生的“说”，但“听”的活动相对较少。这启迪笔者对听说课的教学设计，要进一步研读新课标，采用“听”“说”教学活动相结合的教学设计。

情景教学在高中英语中的实践

英语作为一门很重要的语言，在国际上有着举足轻重的地位，怎么把英语课堂讲得丰富、有趣、生动一直是老师们辛辛苦苦钻研的话题。随着社会的发展和教育改革的日益进步，英语课堂也走进了情景化课堂模式，实践也证明了，情景化课堂有利于为学生创造良好的外部环境，继而激发学生的兴趣以及对英语学习的热情，这样不仅提高了学生的英语成绩，而且锻炼了学生的英语思维，为学生的英语学习打下了良好的基础。

随着教育的改革与发展，以及现在科技发展的日新月异，还有老师们对教学质量的追求，情景教学慢慢地走进了高中英语课堂。情景教学可以改善以往高中英语课堂上死气沉沉的局面，带领学生们走进课堂、融入课堂，走进英语、融入英语。从而激发大家对学习另一种语言的兴趣，不仅可以培养学生们的英语语感，还可以激发学生学习英语的热情，提高学生的学习成绩，培养学生的英语思维能力。

一、创造良好的学习环境

对于英语教学，情景教学就是指教师教授语言时，根据某种教学目的创设生动形象的教学场景，帮助学生习得知识和技能。在没有情景教学的时候，英语课堂上往往是英语老师一个人在主导着课堂，课堂环境一般是老师讲，学生在下面听。讲说的都是老师，而学生在课堂上都沉默不语，只管听课，做笔记，除此之外，不会再干其他事情。而自从情景教学走进高中英语课堂之后，我们会发现除了老师讲课之外，情景教学加入了许多新的元素，不仅可以提高学生上课的听力，而且可以让学生集中注意力，增加往日教学里面没有的东西。可以多接触英语的环境，比如多听、多读、多写，这样可以让学生置身于学习英语的环境中，从而提高学生英语学习的水平。

二、激发学习兴趣

对于英语教学而言，由于英语不是母语，对于一般的学生来说不能很好地融入课堂，传统的课堂上，大多数的学生在英语课堂上昏昏欲睡，完全提不起劲头，进而对英语的学习逐渐丧失兴趣，久而久之成绩也会下滑，从而更加不喜欢学习英语。当情景教学融入课堂后，课堂最前面几分钟会因为视觉和听觉把学生的注意力吸引过来，大家首先在视觉上更加丰富，再加上课堂上同学们参与度的提高，把学生们也带进了一个真实的英语环境世界。由此不仅大大提高了学生的参与度，而且大大提高了学生学习英语的热情，学生更加愿意说英语，更加愿意听英语，也更加愿意融入课堂好好学习英语。

比如说老师在课堂前几分钟通过一个英文小故事把学生们带入课堂，生动丰富的事例引人入胜，这时候会激发学生进一步听下去的欲望。进而老师再把这个故事中的人物角色给学生们分配一下，学生们可以积极踊跃地报名参加扮演这些角色，这样不仅学习了英语，还让学生一直在说英语，锻炼了口语，也大大改变了我们传统式教学的“哑巴英语”的现状。又比如在课堂中通过 PPT 动画的形式来展示一个课文场景或展示一个英文单词的用法，都是从视觉效果来激发学生的兴趣的。

通过问卷调查，实证分析与检验，邓万丹研究表明：相比于传统教学法，情景教学法更注重丰富的情景导入教学，贯穿教学过程，极大地激发了学生学习英语的兴趣。

三、提高学习效率

情景教学法自从引入高中英语课堂以后，其独到的好处使得这种实践在全国各地中学展开使用。魏蕾通过对随州一中的英语教学检测，分别在实验前、实验中和实验后进行分析，研究结果表明：在情景教学法进入课堂以后，各班成绩相比中测都大有长进。这主要是因为情景教学走进英语课堂，极大地吸引了学生们的注意力，让学生们的注意力更加集中。老师如果引入的课题得当，再加上情景教学法的使用，会让学生们尽快进入学习的状态，激发学生们的兴趣，让学生们能够一直保持注意力，这种注意力不是外界强压的，而是情景教学法的生动形象能带领学生们进入学习的殿堂。情景教学法引人入胜，集中调动了学生的视觉与听觉等，这样学生能够更加积极主动地参与到课堂中来，进而提高了学习效率。

四、强化师生间的情感交流

在高中英语教学中，教师应当最大限度地强化与学生情感方面的互动和交流，尽可能地以宽容、和蔼的态度，鼓励性的语言，肯定性的神态来对待学生、激励学生，经常性地告诉学生们要“Trust yourself! ”“Don’t give up! ”，而利用情景教学就能很好地实现这一点。教师利用情景教学法来提出问题，学生能直观地了解教师所提的问题，进而也能够畅所欲言，营造一个积极发言的课堂氛围，改变传统的一言堂模式，而且也极大促进了师生间的情感交流。

五、结论

综合上述的分析，我们会发现自从情景教学法引入高中英语课堂之后，这种教学法的优良性使得更多高中进行课堂应用，而各种研究和实践也表明了这种教学方法能够为学生们学习英语创造良好的环境，激发学生们学习英语的兴趣，提高学生们学习英语的效率。由此，不仅提高了学生的英语成绩，而且激发了学生的英语学习意识与独立的英语思维思考能力，为以后英语学习的发展奠定了一个良好的基础。

参考文献

［1］焦莉. 情景教学法在高中英语情态动词教学中的应用研究［D］. 哈尔滨：哈尔滨师范大学，2018.

［2］邓万丹. 情景教学法在高中英语语法教学中的应用研究［D］. 武汉：华中师范大学，2016.

［3］魏蕾. 情景教学法在随州一中英语语法教学中的应用研究［D］. 武汉：华中师范大学，2011.

教学案

——高三英语复习的好帮手

近年来，笔者在高中英语复习教学中采用了“教学案一体化”的做法，收效甚好。现介绍如下。

一、利用教学案，梳理知识

我们所利用的教学案包括模块重点、语言点、练习三大部分。其中模块重点部分又分为单词、词组、句型和语法。这一项给学生指出了复习目标，明确了方向。除在重点部分列出的内容之外，学生还在复习课本的过程中自己按照单词、词组、句型、语法四个项目进行总结、归纳、补充学案内容。

词组栏列举重点词组，并找出这些词组的同义、近义词组或反义词组以及它们的用法。如Book 6 Module 5 Phrases： go on with （go on to do， go on doing）/come across （come upon， meet with）/cut up （cut down）/keep on doing sth.（keep sb. doing sth.，keep doing sth. ）/keep/be in touch with （get in / into touch with）/be fond of （care for， go in for）/all sorts of（all kinds of， all types of） 。

二、利用教学案，寻找规律

教学案的第二部分是语言点。在这一部分里，教学案上列出了一些重要单词、词组和句型，或讲解用法，或给出各种类型的题目，有完成句子、句型转换、英汉互译、单项填空等。这些题目都有代表性，把单词或词组的用法以题目的形式进行了总结。学生通过做这些题目可以总结出单词和词组的用法和语法项目。

例如：有关 survive 的词义辨析，通过对比以下句子学生可总结出survive有下列意义，“经过事故、战争或者疾病继续生存下来，尽管有很多问题仍然可以正常地生活，挺过来，挣扎着活下来比（某人）长寿，比（通常指亲人）活得更久”，可以做及物动词也可以做不及物动词。

① Only 12 of the 140 passengers survived.

② She survived the attack.

③ I'm sure she will survive this crisis.

④ I've had a tough few months, but I'll survive.

⑤ He survived his wife by five months.

三、利用教学案，培养能力

教学案的第三部分是练习，主要是和高考题型一致的练习，也有双基练习。利用这些练习可以训练学生掌握基础知识的能力。如：用hold back /hold up / hold on /hold out /hold down/hold off填空。

① “How long will our fresh water supplies, ______?” captain asked.

② I'll ______ for another few minutes if you like.

③ The villagers erected barriers to ______ the flood waters.

④ We shall ______ prices until the new year.

⑤ We ______ our tears when we heard the news that our team won.

⑥ The building work ______ by bad weather.

⑦ His brother tried to ______ the train but was sent to jale.

⑧ Buyers ______ until the price falls.

通过此练习，学生可以准确而又清晰地掌握 hold 与不同的介词、副词搭配时的含义。

又如：用所给的结构翻译句子，学生借助此题既复习了重点短语和句型，又提高了翻译能力。

① 几周后，他习惯了早晨早起。（be used to）

② 他因为对老师无礼而受惩罚了。（be rude to）

③中国被看作是世界上最强大的国家之一。（be known as）

④ 毫无疑问，我们迟早会依靠自己取得成功。（There's no doubt that...）

⑤ 退休后他一直住在乡下。（all the time）

通过上述题目，我们可以知道，学生须打破定式思维，根据具体题目的实际情况，分析确定答案。这样既培养了学生发现、分析、解决问题的能力，也培养了学生的灵活性和应变能力。

发挥作业批改的激励作用

作业是一种课堂教学的辅助手段，是检查学生掌握知识、理解知识及运用知识解决具体问题、培养学生思维能力的方式之一。

在作业批改中，应注意做到以下几点。

一、及时、准确地评判

学生在复习知识之后、独立完成作业中融进了自己的思考。学生将作业看成是总结，是对自己能力的检测，等待着教师的评判，一直处在兴奋之中。因此，教师及时地评判，将结果及时反馈给学生，趁热打铁，很容易引起学生的共鸣。反之，不能及时评判、反馈，学生兴奋期已过，由盼望变为失望，会挫伤学生学习本学科的积极性。

作业评改要准确，老师所打的“√”和“×”，是给学生指明方向的路标。教师错误或不准确地评判，会误导学生或使学生的理解产生歧义，更重要的是影响老师的威信，使学生认为老师工作不认真，从而丧失学习该学科的兴趣。

二、有针对性地指导

有针对性地指导学生，作业中出现差错是正常的事情，教师正好抓住契机，给学生找出出错的原因，及时指点迷津，使学生走出理解的泥沼，自我矫正，自我完善，产生“我行！”“我能成功！”的情感体验。也使学生切实感受到老师对自己的用心，以及来自老师真心的关注、关心和关怀，拉近师生距离，使学生真正信服老师。在这样的前提下，学生一般更容易、也更乐意接受来自老师的具体化的、有针对性的指导，并形成自我激励，非智力因素就更容易被调动起来。

三、热情洋溢地表扬和肯定

批改作业的过程不仅是发现问题，进行针对性指导的过程，也是找到亮点，进行表扬和肯定的过程。在出色的作业上，教师写下“Well done”“Good job”等简洁的肯定评语，或者是更加具体的“Your handwriting is beautiful.”“I really admire your efforts.”等欣赏性的评价用语，学生会体会到努力过后收获的喜悦，感受到老师对自己的认可和关注，从而进一步提升对该学科的学习兴趣和热情，激励自己精益求精，不断进步。我认为，这种情感上和精神上的激励作用，远远超过完成作业本身的价值。这种成就感也许就是学生不断学习和进步的源泉和动力。

对于不那么完美或者有问题的作业，老师也不能粗暴地画大大的“×”，像两根棍子把学生打死。应该认真去发现其合理部分，在错题的正确部分打上“√”，给予肯定，使学生认为“我还行”，在错处写上“？”使学生不禁要问“为什么呢？”，乐于思考出错的原因。评语可写“Polish this part and your composition will be perfect.”等。简短的评述中饱含惋惜中肯之情，学生定会深受感动，有所感触。作为老师，我们要尽可能地肯定学生努力的成果，给予鼓励和肯定，保护学生们的学习兴趣。

四、富有感染性的讲评

教师还要做好作业的集体讲评，集中分类表扬优秀作业、进步作业，还要经常选择有代表性的、典型的、值得学习借鉴的作业展示给全体学生，达到激励全体学生的目的。

2023年我带的是高三毕业班，5月3—4日年级组组织了一次阶段性测试，当时距离高考只剩下一个月的时间，正是高考备考最紧张的阶段，各个学科的复习时间紧、任务重，很多学生压力大，心态不稳定。我把每个同学的应用文和读后续写部分都进行了认真的批阅，标出了需要订正的地方。试卷发下去，讲评完之后，我让学生们利用课下的时间，把我标错的地方改过来，并未做什么其他的要求。第二天，当我看到办公桌上课代表收上来的试卷时，感到极为震撼和感动，赶忙找到手机将学生们的作业拍了下来，想要记录这让我深有感触的瞬间。现在，虽然孩子们已经毕业，但这些照片还一直留在我的相册里。为什么当时感到特别的触动呢？布置作业时考虑到学生们各科学习时间紧张，不想占用他们太多的时间，只要求他们改我标出来的错误。没想到的是，36位同学全部完成，其中7位同学将作文两个段落重新写了一遍，4位同学将里面的一段、一部分或者几个句子进行了二次创作。学生们用的纸张不一样，改动的方式各不相同，却都深深触动了我的心：有时候，真的发现孩子们的潜力是无限的，他们的主动性、自主性以及能达到的高度、做到的完美程度是我们无法预估的。只要我们作为老师足够用心，给予他们指导和尊重，接下来真的可以静待花开。当天上课时我就把这些同学的作品通过教室里的投影设备在班里进行了展示。从学生们的眼神、表情、语言中可以感觉到，这些同学感受到了我的肯定，其他同学也被深深地触动：任何一件事情，总有人比我们更用心，比我们做得更加完美。第二天我又收到3位同学的二次创作。

教学实践表明：传统的作业批改方式——简单地打“√”和“×”，已不能适应现代教育的要求。随着课堂教学改革的深入，作为新时代教师，在进行作业批改时，一定要向学生传达积极的情感，把作业批改的过程当作师生互动、增进交流、鼓励学生的过程。长期坚持下去，一定能够帮助构建和谐的师生关系，有效地提高教学质量。

豪恩斯坦教育目标分类视角下初中英语作业现状研究

初中英语作业是英语课堂教学中的重要组成部分，也是提高教育教学质量的重要途径之一。文献中对初中英语作业的研究只停留在一线教师作业布置的层面上，家庭作业的设计环节通常不受重视，导致家庭作业未能发挥应有的功效。

通过豪恩斯坦教育目标分类的研究，笔者发现其四个特点：关注学生的整体发展，关注学习的过程，关注学生学习的主体和关注长期目标。本研究旨在以上述豪恩斯坦目标分类学的视角探索改进初中学英语家庭作业的设计及其问题，并试图提出改进的策略。

本研究以烟台市第十中学的240名学生和4名英语教师为研究对象，通过调查问卷和访谈搜集数据，其中收回有效问卷236份，借助Excel和问卷星对数据进行了统计和分析，并且对4名英语教师的访谈进行录音并转录。具体回答如下四个方面的问题：

（1）当前初中英语作业有什么样的内容和形式?

（2）其功能和目的是什么?

（3）初中生对英语作业的态度如何?

（4）初中英语作业存在什么问题?

调查结果表明：

（1）当前初中英语作业形式较以前的形式更多样，但是内容还是以机械性抄写、背诵为主，以课本习题和试卷为主，作业的内容大多数脱离了生活实际。

（2）其目的主要是以巩固学生知识的掌握和提高学生的学习成绩为主，它能够提高学生的英语读写能力，但是在提高学生的听说能力方面有所欠缺。

（3）初中生认为现今的英语作业量和难度适中，大部分的初中生能够认真完成作业，然而学生不太关注作业的评价和反馈。

（4）以豪恩斯坦目标分类为视角发现现今的初中英语作业中没能发挥学生的主体性，对家庭作业的功能认识不全面，关于学生学习过程的意识淡薄，对学生长远发展关注不够。

一、研究的背景

作业在初中英语教学过程中起着至关重要的作用，适当的家庭作业是掌握知识、培养学生英语综合能力的有效途径。随着社会的发展和教育观念的更新，当前初中英语课堂已经凸显了学生在教学过程中的主体地位。通过阅读文献，作者发现许多研究者将家庭作业视为英语课堂的有效延伸和延续。如果家庭作业被视为课堂教学的延伸，最终为考试服务，它将失去原来的功能，变成学生的负担。尽管英语家庭作业占据了很多学生的业余时间，但它对提高学生的英语能力和培养他们的兴趣没有什么作用。在新课程改革的要求下，英语家庭作业已成为初中英语教学中相对薄弱的环节。因此，本文对初中英语家庭作业的现状进行了进一步的调查，并对初中英语作业设计方面进行了研究，这已成为英语基础教育中的一个热点问题。

二、研究目的和意义

英语学科是一门特殊的学科，是语言文化与交际能力相结合的素质教育。家庭作业的质量与学生的学习成绩和综合能力有着密切的关系，应该引起更多的重视。本文在总结国内外中小学家庭作业研究成果的基础上，设计了一项针对中小学学生家庭作业的调查，为了分析初中生英语家庭作业的现状，笔者结合豪恩斯坦的教育目标分类法改进了英语家庭作业策略，为初中英语家庭作业的设计提供了理论依据和实践指导。

三、研究的目标和方法

本文运用文献分析的方法，从作业的数量、形式、内容、评价和难度等方面充分吸收和借鉴了前人的研究成果，并主要采用问卷调查和访谈两种方法进行研究。通过对豪恩斯坦教育目标分类法的研究，本文深入探讨了教育目标分类法的内涵，提取了豪恩斯坦教育目标分类的特点，并从教育目标分类学的角度，根据设计原则改进了初中英语作业设计的方法。

四、英语作业中发现的问题

（一）很少关注学生的长期发展

综合学生问卷调查和教师访谈的结果，我们可以看出，目前初中生英语家庭作业的目的非常明确，首先是巩固课堂上学到的知识，其次是提高学生的英语使用能力，培养学生的英语学习方法、习惯和态度。英语家庭作业是对英语课堂的补充和延伸，是初中英语教学的指导思想。我们学习英语的基本目的和长期目标是将英语应用于我们的生活，从而使我们生活中的交流更加方便和顺畅。教师在设计作业时，只关注短期目标，没有冲出教学内容的范围，从长远的角度来设计作业。

（二）英语作业功能不足

通过问卷调查和对教师的访谈，我们可以看出，目前初中生的英语作业主要是书面作业，但作业类型逐渐丰富，包括试卷练习、临摹作业、调查练习作业和合作表现作业以及其他类型的家庭作业。实践型英语作业和合作型英语作业的比例表明，当前初中英语家庭作业更注重学习内容与现实生活的结合，注重知识的实际应用。它也更好地反映了英语作为一种语言的交际需求和与当代人密切相关的特点，它可以在更大程度上提高学生的综合语言能力。然而，背诵作业仍然占据着家庭作业的很大比例，因为课文背诵模式对提高学生的阅读能力起着重要作用。

本文在总结国内外中小学研究成果的基础上，提出了中小学研究的目的，理论研究结合豪恩斯坦的教育目标分类法，提出初中英语家庭作业的设计原则。本文通过对学生和教师的访谈，研究了初中英语家庭作业的实施现状，分析了初中英语作业的形式与内容、目的与功能以及学生对英语作业的态度与认知。英语是世界通用语言。由于语言环境的差异，我国学生在学习英语方面存在一定的局限性。英语作业设计不应忽视学生的学习自信。教师不仅要注意速度和质量，还要注重作业的准确性、针对性和批判性。此外，在巩固知识的同时，英语家庭作业应该帮助学生识别学习实践中的困难。学生不仅要学会学习，还要学会思考、生活和生存。当前，教师不仅要树立新的教育理念，还要真正熟悉和理解初中英语作业的培养方向和要素，并有能力设计和安排科学有效的家庭作业。只有这样，才能真正提高基础英语的教学效率，为素质教育的发展做出重要贡献。

参考文献

[1] 马兰，盛群力. 教育目标分类新架构——豪恩斯坦教学系统观与目标分类整合模式述评 [J]. 中国电化教育，2005（7）：20-24.

[2] 谈振华. 课堂教学理论读本 [M]. 北京：社会科学文献出版社，2000.

[3] 任宝贵. 高中生英语家庭作业时间与英语学习成绩的相关分析 [J]. 中小学英语教学与研究，2006（4）：13-16.

对接高考题型，多极化提升考试成绩

借助词汇线索巧解“七选五”

近几年，随着高考全国卷试题的普及，高考英语试题中的“七选五”越来越被广大师生重视。《考试说明》中对该题型的命题目的表述为“主要考查考生对文章的整体内容和结构以及上下文逻辑意义的理解和掌握”。这就要求考生不仅要有对语篇结构和意义的整体理解能力，同时还要有相应的阅读技能，才能做到排除模棱两可的2个干扰选项，把从原文中挖出来的选项正确填入文章。

任何文章的作者在谈论某个话题时，与话题相关的词语必定会以原词、同义词或近义词等形式在上下文中重复出现，词语复现是语篇衔接的一个重要手段，而“七选五”正是为了考查语篇衔接。并且高考命题者在命制“七选五”时往往借助词汇线索、结构线索、逻辑关系等来挖空，因此利用词语线索解“七选五”会大大提升答对率。以下借助2016—2019年高考英语试题全国I卷的“七选五”试题，从四个方面来谈一谈词汇线索在解答“七选五”试题中的具体应用。

一、同词复现，答案自显

一段讲一个内容，同段同词是“七选五”文章的一大特点，高考命题者往往遵循“首尾相衔”的原则，利用这一特点来挖空，设空处句子的开头和空前句子的末尾词汇一致或者设空处句子的末尾和空后句子的开头词汇一致。例如：

2016高考英语全国I卷39题，“To read the message of a real code, you must have a code book. 39 For example, ‘bridge’ might stand for ‘mee’ and ‘out’ might stand for ‘me’.”。先看空前的句子，句子末尾是a code book，同样依据词汇线索先考虑“首尾相衔”的原则去寻找答案，选项F. “With a code book, you might write down words that would stand for other words. ”的开头正是a code book，结合句义确定正确答案F。

二、段首段尾，寻找关键

“七选五”试题的命题者在挖空时往往注重整篇文章或空前后句子中的关键词。挖空在段首时，本句往往起承上启下的作用，是本段落的主题句，句中会包含本文或本段的关键词；挖空在段尾时，本句往往具有概括性总结整段的内容或阐述作者观点的作用，句中也会包含本文或本段的关键词。例如：

2019高考英语全国I卷37题，“37 If the air you’re breathing is clean... then the air is filled with life-giving, energizing oxygen. ”。高考“七选五”的文章往往有个特点“一段讲一个事”，本段陈述了呼吸洁净的室外空气使身体受益。37题挖空在段首，段首句对整段起到概括的作用，往往包含关键词，而本文的关键词就是“fresh air”，因此A项“Fresh air cleans our lungs. ”符合语境。

三、同义反义，互帮互助

英语前言后语之间往往有同义词、近义词、近义表达语的重复使用，命题者会利用这一点来挖空，这也正是我们解题的一个很好的判断线索。广义上讲上义词、下义词和同一范畴词都是特殊的同义/近义词。接下来看几个例子：

2019高考英语全国I卷40题，“40 While the sun’s rays can age and harm our skin, they also give is beneficial Vitamin D. ”。本题挖空在句首，从结构线索讲本句应为段落主题句，是对整段内容的总结，本段陈述了阳光对人体的好处，因此“ D. Another side benefit of getting fresh air is sunlight. ”符合本段的主题意义。从词汇线索的角度，下句关键词“ the sun’s rays”对“sunlight”的重复也是解题的重要依据，同义词相替达到上下句之间的“首尾相衔”。

四、主语代词，线索显露

英语表达中的代词出现的频率极高，代词的作用是指代前面提及的名词、短语或句子等，巧妙利用这样的指代关系和根据代词的单复数差异可以准确而快速地解题。

2018高考英语全国I卷39题，“Medium color choices are generally furniture pieces such as... 39 They require a bigger commitment than smaller ones，...”。空前句子主语为“Medium color choices”，空后句子主语为 They，且本句中出现了“than smaller ones”，由此推断 they 指代的是“Medium color choices”，和上文“small color choices”形成对比，所以空处句子主语应和上下句主语一致，答案确定为“G. Color choices in this range are a step up from the small ones in two majorways.”。

2017高考英语全国I卷39题，“ 39 We have done a lot of it since.”。39 题挖空在段首，空后句子主语为“We”，指代的肯定为指人的复数名词。依据代词指代一致的原则，选项中只有“F. After the trip, my family became quite interested in camping.”符合。很显然F项中的“my family”就是“We”指代的内容。

从以上高考题的分析可见，高考命题者在命制“七选五”时往往借助词汇线索，知道了这一命题原则就掌握了借助词汇线索解题的策略，我们在解题时就可以更有针对性，从而更准确地确定答案。平时阅读课教学中要渗透“七选五”解题策略，通过识别语篇和选项的关键词，厘清空格前后句之间的关系，找到准确的信息点，有效辨别和选择选项。词汇（vocabulary）是基础，理解（understanding）是关键，策略（strategy）是技巧，练习是保障。相信有了词汇做基础，加上理解，辅以答题技巧，一步一个脚印，学生在“七选五”题型上一定会取得好的成绩!

参考文献

［1］中华人民共和国教育部. 普通高中英语课程标准（2017年版）［S］. 北京：人民教育出版社，2018.

［2］李冲锋. 教学技能应用指导［M］. 上海：华东师范大学出版社，2007.

英语阅读中词义的猜测与推断

高中英语教学大纲要求：“高中生能快速阅读生词率不超过3%的文章。阅读时，对同根词或多义词要能准确地掌握其在文中的意思，正确地理解文章。”为了达到此要求，我们很有必要在教学中注意培养学生根据语境推测词义和理解句子的能力。

一、通过上下文的暗示或解释来判断词义

（1）A “property” in Australiaisa（MET89）

A. house　　B. school　　C. farm　　D. radio

单看此题我们选不出property 的意思，但如果看一下文章中的这两句话，“Their father has a big property. In Australia they call a farm a property. ”，就不难看出property 此处指farm。所以答案选C。

（2）The underlined words “geothermal energy” in the third paragragh mean.（NMET94）

A. renewable source　　B. underground source

C. heat inside the earth　　D. temperature of the earth

返回该文第二段有这样一段话，“One form of these is geothermal energy. In certain parts of the world the temperature of the earth increases thirty degrees centigrade with each kilometre down. At six kilometers, therefore, it rises to nearly two hundred degrees. To get the heat, water is pumped down into the rocks and back up to the surface. ”。根据此段内容分析，利用地下岩的热量是更新能源的办法之一，由此可猜出该短语的意思是heat inside the earth，所以正确答案为C。

（3）The modern age of medicine began with the stethoscope, an instrument for listening to a patient's heartbeat and breathing. 本句中下划线的这个单词对高中学生来说是个生词，从单词本身推断不出单词的意思。但从句子结构分析，句子中“an instrument for listening to a patient's heartbeat and breathing”是stethoscope的同位语，此同位语给出了“stethoscope”的确切词义，即“听诊器”。

二、根据上下文的同义或反义对比猜测词义

（1）He is usually prompt for all his classes， but today he was late for the traffic jam. “prompt”生词与“but he was late”形成一个对比结构：但今天由于交通阻塞而迟到了，可知他常常是“准时的”。

（2）What did Lory Luxmoore mean when he said “I'm on high”？（NMET99）

A. I'm rich.　　B. I'm famous.

C. I'm excited.　　D. I'm lucky.

本句出现在最后一段当日记本找到后，Luxmoore told reporters，“I have felt sick since then. ”与“I'm on high” 形成明显对比。很显然，日记找到后，Luxmoore 很高兴，很兴奋。所以答案应选 C。

（3）As the sun is the central body of the solar system, so is the nucleus to the core of the atom.

此句中“the core of the atom”与“the central body of the solar system”构成同义对比结构。通过这一对比，推断出“core”乃中心体之意。整句可翻译为：正如太阳是太阳系中的中心体一样，原子核也是原子的中心。

三、根据构词法猜测词义

（1）“Everyone throws up his hands in disgust and impatience.”此句中的“impatience”大纲没有，但我们学过patient，根据形容词important向名词importance转化的构词法，可推出patience是patient的名词，im-是否定义的前缀，因此impatience 为“不耐烦”之义。故这一句的意思为：众人纷纷举手表示厌恶和不耐烦。

（2）“I founded the first anti-slavery society on this continent.”此句中的“anti-slavery” 一词很少见，但同学们都见过Anti-Japanese war 这一词组，从此词组中猜出“Anti-”是表示“反对” “抵制”之意的前缀。可见anti-slavery“为反奴隶制”之意。本句译文：本大陆上第一个反对奴隶制协会就是我创建的。

四、从上下文逻辑关系中推理和判断词义

（1）He sounded quite nervous and he had been talking for a minute or so before I understood anything. Even then all I could make out was that someone called Milly had a very bad accident.

The under lined words “make out” means______.（NMET94. C）

A. expect B. understand

C. see clearly D. hearclearly

“make out”在此文中不能按通常意思来翻译。根据上文猜测，此词为“弄清楚，弄明白”的意思。故 B 为正确答案。

（2）The riders will leave Tian An Men Square and ride the first 35 kilometers as a training leg. Then the next 55 kilo metre leg will be the first competitive part of the tour.

The underlined word “leg” in Bicycle tour and race probably means ______.

A. race B. practice

C. part of training D. part of tour

“leg”是我们常见的词，但按通常翻译，此文不通，读完这句话我们不难看出：自行车赛分热身训练阶段和正式比赛阶段。而无论哪个阶段都用“leg”一词，这样ABC 答案的意思均不符合要求，只有 D 才是正确答案。

总之，只有进行大量的阅读训练，才能掌握和熟练运用识词猜词的方法；只有形成良好的阅读习惯，才能大大提高英语的阅读速度和效率。

语篇填空之提示词为动词的解题策略

语篇填空旨在阅读理解的基础上，考查考生对语法和语言知识的掌握情况；从句子结构、语法形式、词汇的本义和转义、词汇前后缀的变化、语境语篇的线索及标志词等方面测试学生的整体语篇能力；主要考查动词时态、语态，非谓语动词形式，词性转换和比较级等（通过提示词功能变换题型）；还考查冠词、代词、介词、连词、情态动词和固定搭配等（通过纯空格逻辑分析题型）。

新课标全国Ⅰ卷自从2015年以来，两种题型的比例均为7：3，而第一种提示词功能变换题型中考查最为密集的是动词。很多学生对动词用法的判断非常混乱，常常出现不知所措的局面。如何去处理提示词为动词的题型呢？我们可以先观察观察近几年的高考题中出现的这种题型。

2015年出现了4处提示词为动词的情况，2016年也出现了4处，而2017年出现了5处，由此可见，提示词为动词的考查方式没有下降的趋势，反而呈现上升的趋势。那么如何解决这样的题型呢？一般来说，语篇填空中的提示词为动词时，可以分为三种情况：①谓语（注意“三要素”——时态、语态、主谓一致）；②非谓语（V-ing——主动、进行，V-ed——被动、完成，to do三种基本形式）；③词性转换。

首先需要分析该空格属于以上哪一种情况。谓语和非谓语的区分可以根据“一山不容二虎”的原则，即一个句子（无论主句还是从句）必须有且只有一个谓语（除非有and、but等连词连接动词谓语）。分析句子成分发现，缺少谓语，则动词使用谓语形式。若不缺少谓语，则用非谓语形式或词性转换。

我们以2005年61题为例讲解第一种情况——作谓语。“It was raining lightly

when I 61. arrived （arrive） in Yangshuo just before dawn. But I didn't care.”该句“was raining lightly”是主句的谓语，看到引导词when 可以确定后面是个从句，也需要一个谓语，但是句子中并未出现其他谓语形式，所以确定，空格处应该选用谓语形式。

而谓语形式需要注意“三要素”——时态、语态、主谓一致。通过前面的was 和句子意思确定时态为过去式。arrive是不及物动词，无宾语形式也不存在被动结构，再考虑到句意，只能用主动语态。最后考虑主谓一致问题，答案为arrived。

2015年67题，2016年62题，2017年64题、67题的解题方案类同以上步骤，在此不再赘述。

我们再以2005年68题为例讲解第二种情况——非谓语。“A study of travelers 68. conducted（conduct） by the website TripAdvisor names Yangshuo as one of the top 10 destinations in the world.”该句子比较长，所以较难分析句子成分，但是仔细查看后，没有发现并列连词和引导词，也没有潜在的隐含的引导词，所以可以看出这是一个简单句。根据“一山不容二虎”，该句只有一个谓语。但是部分学生比较粗心，没有看出names在此处为动词，所以判断失误，将conduct填写为谓语形式。一旦判断出conduct在此处是非谓语形式，则可以根据后面的by以及句子意思，轻松选择过去分词conducted（过去分词表示被动、完成）。

再以2015年70题为例。“Abercrombje &Kent, a travel company in Hong Kong, says it 69. regularly （regular） arranges quick getaways here for people 70. living （live） in Shanghai and Hong Kong.”该句子虽然长，但是很容易看出says后是宾语从句，省略了引导词that。仔细查看后，发现宾语从句中已经有谓语动词arranges，所以live用非谓语形式，live与前面的people是主动关系，所以用living。

最后一种情况是动词的词性转换，我们以2016年61题为例。“But for tourists like me, pandas are its top 61.（attract）.”该句子中，空格前为its top，可以看出its是形容词性物主代词，译为“……的”，后面缺少名词，所以attract用名词形式attraction。再看一下2017年69题，“However， be 69. careful （care） not to go to extremes.”空格前是be动词，根据系动词后用形容词作表语，care改为其形容词形式careful。

以上是对语篇填空题型中提示词为动词时的考点和解题策略的分析。对以上技巧和策略熟练掌握并且应用一定会帮助学生找到解题思路并且提高正答率。

语篇型语法填空题命题及其解题技巧

以语篇来对学生的语法知识进行检验是语篇型语法填空题的考试重点。这种类型的考题，问题不再停留在句子层面。语法性填空题和传统的考题类型是不同的，因此下面对语篇型语法填空题命题及其解题技巧进行研究。

一、语篇型语法填空题命题特点研究

首先，在进行语法填空题选材的时候更多地和学生的实际生活结合了起来，很多文章是记叙文和夹叙夹议的类型，题材中的很多话题都是考生比较熟悉的。其次，语法填空题通常采用纯空格题和提示性填空题的考查方式。最后，语篇型语法填空题考查内容如下：在试卷中给出一篇200词左右的语言材料，这篇材料通常为对话或者短文，在这篇材料中通常留出10个空白，在一些空白的后面给考生提供所填单词的基本形式，考生在进行解答的时候应当以上下文的内容为根据在空白处填上正确的内容，空白处所填写的内容不应多于三个单词，同时还要保证单词的正确形式。考试说明中的样题中有四处空白给出了提示词，其余的空白需要考生根据上下文填上相应的词，因此这种题型就要求考生熟练掌握相应的语法知识，有较强的语言阅读能力。使用短文中的语法实际应用替代了原有的单选题那种单独句子中的单独的语法考查。这种灵活的考查方式对于考生的词汇量、语篇的语感以及句子成分的分析提出了更高的要求。由语篇或对话的大语境考查替代了单句的小语境考查，在考查方式和内容上实现了创新。语篇型语法填空题中给出提示的填空题主要是实词，包括谓语动词的时态和语态、非谓语动词、形容词和副词的比较级和最高级、词性转换等。而未给出提示词的题目主要考查虚词，包括冠词、介词、代词和连词四类词。

二、语篇型语法填空题解题技巧研究

考生需要以全局的观点对语篇型语法填空题进行解答，在解题的时候首先要对文章的内容和主体进行全面的掌握，在理解文章大语境的基础上才能通过合理地运用所学语法及词汇知识进行解题。下面将结合近年来的相关英语考试真题进行语篇型语法填空题解题技巧方面的研究。

下面是广东省2013年的高考真题：

The sun was setting when my car（break） down near a remote and poorvillage.

One day, Nick invited his friends to supper. He was cooking some delicious food in the kitchen. Suddenly, he（find） that he had run out of salt.

解题技巧：英语当中的主句和从句的主谓语结构中通常只包含一个谓语，对于主句或从句中没有谓语动词的情况应该在空格内填入谓语动词，对于谓语动词的考查主要集中在时态和语态上，因此考生在解题的时候要充分考虑时态和语态。

All able -bodied young men took uparmsand（fight ）against the invaders.

解题技巧：在该题的解答中，由于题目中已经有了谓语动词，因此空格中填的词应当与句中已存在的谓语主语一致。对于中间有连词连接的情况应该填写并列谓语。同时也要充分地考虑时态和语态。

With a lot of papers（type）, he has no time to watch TV.

The headmaster went into the lab,（follow）by the foreign guests. He suddenly appeared in class one day,（wear） sunglasses.

解题技巧：对于句子中存在谓语动词，但是没有并列连词与已给出的动词构成并列关系的情况，应当使用非谓语动词，确定使用非谓语动词以后就要考虑使用to do形式、doing形式还是done形式。如果表示将来和目的就要使用to do形式，表示主动和进行就要使用doing形式，表示被动和完成的话就要使用done形式。

从上面的解题技巧的研究中可以看出采取适当的方法很容易做好语法填空题。学生应当在对题型特点充分了解的基础上掌握相应的解题方法和技巧，并且有针对性地进行平时的训练和学习，这样才能在考试中拿到高分。教师在教学的过程中应当多给学生安排一些语法填空训练，在设计语法题目的时候也要有针对性。例如可以用填空题替代翻译句子，使学生填写空白处的词语；利用语法填空题对课文进行改编，在对课文的基础知识进行巩固的基础上循序渐进地掌握这种题型的解题技巧，这样就能够帮助学生不断地攻克语篇型语法填空题的难点，更加有效地备战高考。

总之，对语篇型语法填空题命题及其解题技巧进行深入的研究能帮助考生更加有效地进行答题。

参考文献

[1] 戴秀平. 语法填空题的特点及做题技巧 [J]. 考试周刊，2014（62）：7.

时空如何巧妙地转换

——一点关于读后续写的思考

在阅卷过程中，教师发现大部分学生的思路是，第一段就描写 Mindy 看到新闻后，反思自己做得不好，想去帮助流浪汉，接着坐车去买东西。第二段写 the driver 很感动，也一起去帮助流浪汉。

学生的写作存在以下几个问题：一是没有读懂 a real hero 的意义，续写中要突出流浪汉救人的过程。二是在时空上认识有偏差，流浪汉救人的经过应该是借助 TV news 说出来的。三是学生对于 common sense 没有把握到位，是旁观者会流泪，还是被救者更会流泪？四是帮助别人是不是一个由个体意识到群体意识的过程？

所以，学生读完文本和两个段首句，应该能采取“反向设计法”来倒推设计思路。先从“The driver was moved to tears.”说起，说明第一段要出现 the driver 这个人，结合第一段首句“One night when Mindy was watching the TV news， the words ‘Homeless hero saves a man and a child! ’appeared.”，学生要能想到第一段最后是 the driver 被救了上来。那么，第一段中间部分就要是流浪汉救人的动作，这样一开始就是 the car 落水的镜头。当然需要点明“The whole case was reported.”就是暗示读者，接下来的描述还是发生在 TV news里面。第二段就接着写“The driver was moved to tears”后，如何表示感谢，这还是在 TV news 里面。接着学生要展示 Mindy 的转变，先是意识到自己原来的做法不对，接着知错就改，付出行动，去公园帮助流浪汉（注意，笔者认为在新闻报道中，应该出现流浪汉的名字——这是对人起码的尊重——于是，笔者设计的 Tom 这个名字）。到了公园，发现凡是看了新闻报道的人都来看望 Tom 了——由个体行为，扩展到群体行为。在笔者的下水文里面，时空的转换是这样的：故事先是发生在新闻报道中，接着是 Mindy 的家中，最后是公园。也预示着由个人行为到大众行为的转变。笔者分别使用了下面的描写来提示时空的转换："The whole case was reported."——新闻报道里；"Having known the whole story，half regret，half shame，she made up her mind to do something for Tom."——Mindy 家里；"When Mindy arrived at the park."——公园里。

笔者认为，教师在领着学生解读文本时，应该着力培养学生准事件之间的内在逻辑的能力。这种关键能力是可以培养的。

How to form persistence

——核心素养背景下阅读理解精析（2021年1月浙江高考C）

2021年1月浙江高考C篇阅读理解的主题是人与自我——父亲对培养孩子毅力的影响，是一篇说明文。语言地道，长难句对学生理解文本有一定影响，且主题意义很积极，适合再次精读。于是笔者在学生完成第一次做题任务后，引导学生做了精读。

一、篇章结构

《普通高中英语课程标准（2017年版）》指出，语篇中段与段的关系以及语篇各部分与语篇主题之间的关系，属于语篇的宏观组织结构（第26页）。学习语篇知识是发展语言运用能力的基础。语篇知识在语言理解与表达过程中具有重要作用。笔者带领学生分析语篇结构，形成了下面的思维导图（图2–10），有助于学生把握和理解整篇文章。

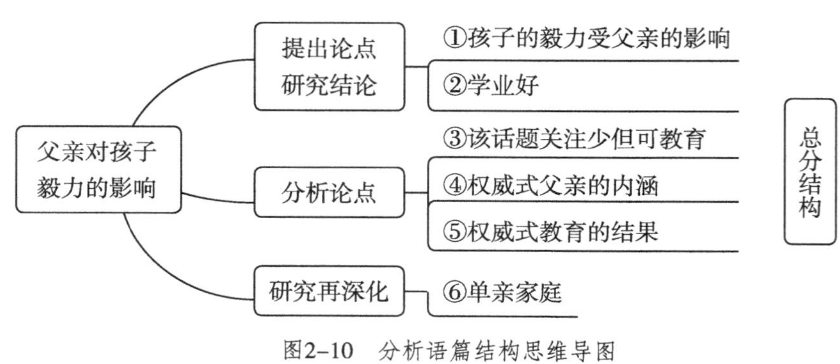

图2–10　分析语篇结构思维导图

二、句式结构

《普通高中英语课程标准（2017年版）》指出，句子内部的语法结构、词语搭配、指代关系、句子的信息展开方式等，属于语篇的微观组织结构。所以引导学生学会分析句式结构，正确判断句子内部的成分与作用，是英语核心素养语言能力的要求。

句式1：A key skill set for success is persistence（毅力）, characteristic that researchers say is heavily influenced by fathers.

分析：researchers say（研究者说）是插入语；a characteristic 是persistence（毅力）的同位语；“that researchers say is heavily influenced by fathers”是定语从句，先行词为persistence （毅力），that代替毅力在从句中做主语。句意：毅力是成功的一大关键素质，研究者认为孩子这方面的特质很大程度上受父亲的影响。

句式2：A key finding is that over time, children raised by an authoritative father were significantly more likely to develop persistence, which leads to better outcomes in school.

分析：（1）“raised by an authoritative father”过去分词做后置定语，修饰children，与孩子的关系是被抚养，而且抚养完了，表示被动完成。

（2）be likely to do 可能做某事；significantly adv.“重要地，较大地”。

（3）“which leads to better outcomes in school”which引导的是从句，先行词是什么？which代替先行词在从句中做主语。lead to=result in=cause导致结果。

（4）outcome 合成词“后果，结果”。

句意：日后，那些家庭中的孩子养成坚韧个性的概率远高于平均值，这使得他们在学校中表现突出。

句式3：Yet the researchers suggest that single parents still may play a role in teaching the benefits of persistence, which is an avenue of future research.

分析：（1）suggest 在本句话中是“暗示，表明”，后加that 引导的宾语从句，从句中主语是parents 谓语是may play。

（2）suggest还有“建议”的意思，后加that引导的宾语从句，从句中的谓语动词用should加动词原形，should可以省略。suggestion是可数名词“建议”。单句填空：“I suggest that we（leave） early for the airport. His pale face suggested that（be） ill.”。

（3）词块play a role in；an avenue of；avenue n. 大街；林荫大道；（达到某物的）途径，手段，方法，渠道。文本中是“a choice or way of making progress towards sth”选择；途径；手段。

句意：不过研究者认为单身父亲在培养孩子毅力时发挥关键的影响。这也是下一步研究的方向。

三、语言知识

《普通高中英语课程标准（2017年版）》指出，高中阶段的词汇教学除了引导学生更深入地理解和更广泛地运用已学词汇外，重点是在语境中培养学生的词块意识，并通过广泛阅读，进一步扩大学生的词汇量，提高学生运用词汇准确理解和确切表达意义的能力。运用构词法知识，扩大词汇量，结合各种主题语境，积累词块，深度学习词语，在表达各种信息时提高词语使用的准确性和丰富性。笔者结合文章，帮着学生整理了以下词汇知识和词块。

（1）合成词：outcome 结果；后果。above-average adj. 高于平均水平的。

（2）派生词：persistence［pə'sɪstəns］*n.* 坚持；毅力。词根 persis［pə'sɪst］*v.* 坚持；执意；继续。characteristic［ˌkærəktə'rɪstɪk］*n.* 特点；特性；特色；*adj.* 典型的；特有的。词根 Character *n.* 个性；品质；字符。

（3）后缀词：authoritative 英 ［ɔː'θɒrətətɪv］*adj.* 权威性的；命令式的。authoritarian［ɔːˌθɒrɪˈteərɪən］权利主义者。词根 authority *n.* 权力；官方；当局；职权；权威。

（4）转化词：stress 名词用作动词，表示强调。

（5）熟词生义：avenue *n.*（a choice or way of making progress towards sth .）选择；途径；手段；determine 认为；key 关键；follow *v.*（to watch or listen to sb/sth very carefully）关注，追踪。

（6）词块：arrived at；led to；key to；authoritative parenting style；above-average levels； lay a role in；centered on ；be based on； aimed to ；ignore tone's demands；tend to。

通过这三步层层分析，笔者期望能帮助学生在备考过程中形成英语思维，以词汇为切入口，以分析句式、把握篇章结构为训练工具，引导学生分析语篇宏观组织结构、强化语篇意识，使学生能聚焦词汇结构、词块等具体技能，逐渐形成英语思维。

核心素养教学之停车场里的viewing

《普通高中英语课程标准（2017年版）》提出：语言技能分理解性技能和表达性技能，具体包括听、说、读、看（viewing）、写等，学生基于语篇所开展的学习活动即是基于这些语言技能，理解语篇和对语篇做出回应的活动。

《核心素养导向的课堂教学》中对教学情景化的作用做了如下描述：第一，情景可以有效刺激学生，不仅使学习过程成为对知识本身的接受，更会使学生产生情感的共鸣；第二，情景可以使枯燥乏味的知识产生丰富的附着点和切实的生长点，让教育具有深刻的意义；第三，情景增加了学习活动的生动性、趣味性、直观性，让学生在理论知识与应用实践的交互碰撞中真正理解知识、提升能力。

我在教授一篇完形填空时，就尝试着运用了情景化教学。文章的大意是作者“我”在超市停车场的车里等女儿时，观察（observe）到两位逛超市的女士，一位穿着考究（well-dressed，in high heels），开着豪华越野车（a huge new sports car）；一位衣着简陋（cheap），开着破车（burning-oil & disrepair car）带着四个女儿。出超市时，“sports car lady”变得“annoyed”“slid into”“out of patience”；而“cheap”女士把买的饼干分给孩子们时，孩子们“They smiled like they were the most priceless gifts in the world.”。

第一句“You can learn a lot by just sitting in a parking lot.”，学生们就能体验到这个生活场景，然后对于“衣着考究”女士和“衣着简陋”女士也似曾相识，这样学生的情绪一下子就调动了起来。接着在讲述部分选项时，我稍做引导，学生就能反应过来。例如，第5小题，A. out of condition B. out of trouble C. out of date D. out of place，我告诉学生，out of的基本含义是：“在……之外”“接触”“脱离”“没有”“缺乏”等，他们就能推测出以上四个选项的意思。第11题，A. unpacking B. checking C. paying D. unfolding，学生把unpacking和unfolding两个词混淆了，于是我给学生展示了这两个词的英语释义，“unpack： to take things out of a suitcase， bag， etc；unfold：to spread open or flat sth that has previously been folded，or to become open and flat”。我接着引导学生关注上文语境“They had a week’s groceries in the ircart. ”，学生最终确定选择unpacking。同时，让学生回忆自己到超市购物后，把物品从购物车里取出的情景，结合所学词汇，让他们用三句话来描述。有的同学写了下面的句子“Last weekend, I as well as my mother went shopping happily. After paying the items, we pushed the cart to the parking lot and unpacked my favorites. ”，这几个易混淆的词汇就搞定了。

在与学生共同学习了具体语言知识后，我再次引导学生思考文章最后的句子“There are many kinds of riches in life， but the most valuable one should be love. May you fill all your days with love. ”。我们要用心来观察、体验和思考日常生活中的 love，妈妈做的一道菜，爸爸的一句叮咛，老师的一个眼神，同学的一个帮助，陌生人的一句谢谢，都包含着爱意。

情景化教学需要与学生的实际生活紧密相连，我们教师需要通过联系生活创设情景。现实生活是教学的源泉，教学只有联系生活，走进生活，才能使人真正体验和理解知识的内在意义与价值。

教学随笔

英语核心素养之语篇分析初探

——以一篇英语文本为例

《普通高中英语课程标准（2017年版）》（以下简称《课标》）指出，语篇是表达意义的语言单位。语篇中各要素之间存在复杂的关系，如句与句、段与段、标题与正文、文字与图表之间的关系。这些关系涉及语篇的微观和宏观组织结构。句子内部的语法结构、词语搭配、指代关系、句子的信息展开方式等，属于语篇的微观组织结构。语篇中段与段的关系以及语篇各部分与语篇主题之间的关系，则属于语篇的宏观组织结构。（第26页）

在分析语篇的宏观组织结构上，我们需要关注语篇类型、语篇格式、语篇中段与段的关系以及语篇各部分之间的关系，也就是要关注和理解语篇中的信息排列顺序。还需要注意，语篇是语言学习的主要载体，是英语教学的基础资源。它赋予语言学习以主题、情境和内容，并以其特有的内在逻辑结构、文体特征和语言形式，组织、呈现信息，服务主题意义的表达。语篇学习是发展语言运用能力的基础。（杨正仁）

近日笔者在与学生共同学习一篇文章时就关注了文本语篇的宏观组织结构。这是一篇说明文，主题语境是环境与自然，介绍从植物中提取矿物质的研究以及分析其利弊。在学生读完后，笔者带领学生从文本的呈现形式即语篇结构做了展示。

通过对语篇中各个部分的总结与展示，使学生对于像“What is the best title for the passage？”这类考试中必考的题目有了较强的把握能力。同时，使学生在英语学科素养中思维的逻辑性有了提升，使学生分析和解决问题的能力得到了训练。

分析了语篇的宏观组织结构，还需要从微观组织结构带领学生进行学习和分析。《课标》对于构词法做了下面的要求：①运用构词知识，扩大词汇量，结合各种主题语境，积累语块，深度学习词语，在表达各种信息时提高词语使用的准确性和丰富性；②在具体教学中，教师要引导学生利用词语的结构和文本的语境理解词语的意思，借助词典等资源，学习词语的用法，并大胆使用新的词语表达自己的意思。那么，什么是构词法？词根是构词的基本词素，带有主要的词汇信息，通常可以揭示单词的词源义。词根多来源于拉丁语和希腊语，因此大多数词根并非独立的英语单词，单独成词的词叫base word，加前后缀后，变成派生词，进而构成词族（word family）（合成词、转化词、缩写词、简写词）。学习构词法对于理解单词、扩大词汇量有着十分重要的作用。

本篇文本中就有 phytomining 和 drawback 两个合成词，对学生来讲是有一定难度的。笔者引导学生先对文本中给出的英英解释进行解读“... tointroduce phytomining（harvesting minerals from plants）...”，从“harvesting minerals from plants”中就可以推测出phytomining的意思就是“从植物中提取矿物质”。然后进一步引导学生对其进行了分析，phytomining是由phyto和mine组成，而phyto是希腊语plant的意思，接着给学生扩展了phytochemical（植物化学物质）、phytochemistry（植物化学）、phytology（植物学）等词汇，让学生进一步体验其合成词。对drawback进行分析，由draw和back组成，其中draw有“拖、拉”的意思，back是“向后的”，“向后拖拉一个人”，就是对某人不利的意思，引申成“不利因素，缺点”这样一解释，学生们豁然开朗。还有词缀构词，undo、regrow、deforest，其中 un-和re-比较常见，de-较为陌生，于是笔者与学生一起通过查字典等方式，明白了de-的含义“去掉，变坏，离开，变慢，向下，使……成为，加强”，还给学生列举了其他的一些词汇：

destruction 破坏（de+struct 结构；建造+ion→弄坏结构→破坏）

desalt 除去盐分（de+salt 盐→去掉盐分）

deforest 砍伐森林（de+forest 森林→去掉森林）

devalue 降低价值（de+value 价值→去掉价值）

depress 压制，压抑（de+press 压→向下压→压制）

detrain 下火车（de+train 火车→下火车）

decelerate 减速（de+celer 速度+ate→使速度变慢）

defame 诽谤，中伤（de+fame 名声→名声变坏→诽谤）

delimit 划定界限（de+limit 限定→加强限定）

depict 描绘（de+pict 图画→成为图画→描绘）

design 设计；计划（de+sign 做标志→设计）

definition 定义；清晰（de+fin 界限 +tion→划出界限→定义）

著名教育心理学家维果茨基曾说过："词汇是人类意识的缩影。"如果了解了创造词汇的逻辑，学生们就能明白词汇为什么这么拼写，为什么是这个词义。可以从语篇对读者的思想和行为的影响、语篇产生的背景或者语境、语篇的衔接性和连贯性等方面来分析，至于需要从哪些方面进行分析要看文本的具体情况。

浅谈高中基础年级英语教学经验

时光荏苒，弹指一挥间，这已经是我步入教师行列的第9个年头了，从2014年到2023年，我也从初出茅庐的大学毕业生，成长为一名带过4届学生、3届高三的“老教师”了。在这9年里，我有6年的时间从事高一和高二基础年级的英语教学工作，看着稚嫩的初中毕业生步入高中校园，与他们一同经历高一和高二基础年级的英语学习之路，见证他们的成长，真的是既幸福又有成就感。回顾这几年的英语教学经历，有值得反思的教训，也有成功的经验。在此我总结一下自己的经验和体会，愿自己一路反思，一路成长，遇见更好的自己。

一、词汇教学

词汇学习是英语学习的基础，有了一定的词汇量才能看懂句子和文章，应对考试中的各种题型。作为英语老师，如何在有限的时间中，高效教学，督促学生进行单词的记忆和巩固就显得尤为重要。在日常教学之中，我尤其注意从以下两方面来进行高效的英语词汇教学。

（一）词汇讲解

高中英语词汇量很大，如何高效地进行词汇的讲解，又能激发学生自主学习的意识，从而达到良好的教学效果，是英语词汇教学的关键。第一，注意派生词的讲解，借助前缀和后缀组成的单词非常多，从高一开始让学生了解、熟悉前缀和后缀，熟记由词缀构成的常见派生词，有利于单词记忆，更有利于高三词汇复习和高考语法填空题的解答。同时，避免了孤立地记忆单词。在学生的记忆中形成一个单词网。第二，同义词或者是近义词。在对教材文章或者是习题进行讲解时，可以让学生进行头脑风暴，想出一些同义词或者是近义词，可以是单个的单词或者是一个短语。第三，一词多义或是旧词生义。给出不同的语境，让学生熟悉单词不同的意思，培养学生根据语境推断词义的能力。可以找阅读中的片段或句子，也可以是词典上的例句。这样的练习对于完形填空题的解答效果很好。第四，词组的讲解。词组的复现率非常高，所以通过不停地总结、回忆以及输出，词组的记忆得到极大的巩固。做题时遇到涉及词组的一些题目时，学生的答对率也会有明显提高。

（二）词汇记忆

对于授课教师来说，通过认真备课能够实现高效的单词讲解，但是，如何把我们所教授的内容内化成为学生掌握的知识点，这是我们每个老师都面临的一大难题。尤其是对于不是很好的学校的生源，学生的英语基础也就更为薄弱，很多同学对待英语学习也没有足够的兴趣。因此，要使这部分同学在高考中取得较好的英语成绩，更需要我们老师的督促。所以我认为，对待单词记忆这一方面，我们必须对学生严格要求。要求学生记过、背过、写过重点单词、短语、句型以及每个单词扩充的词性变化、常见搭配和词块等，形成扎实的知识网络，也可以通过思维导图的形式来帮助学生记忆和梳理，以及检查学生掌握情况。其余需要识记的单词要求学生记住其意思，在日常检测时除了最基本的听写，还可以通过句子、文章等进行检测，重视和培养学生通过语境和现有词汇猜测词义的能力。

二、阅读教学

增加阅读量，实现精读和泛读相结合。我们平时在对学生进行词汇教学和检查的同时也需要进行大量的阅读来进行阅读实践，提高语言的综合理解能力。在平时的课堂教学之中，我采用的是泛读与精读相结合的教学方式。学生进行泛读训练往往是在课下完成的。通过大量的阅读，学生能够提高对语言的敏感度，对于不同话题的文章进行广泛的涉猎。而精读环节，就需要我们老师进行认真指导。我们要把握精读的重点内容，可以从学生的泛读文本中选择一两段进行精读赏析，或者是挑选句子进行精读。这需要我们在备课的过程中提前设置关于精读部分的一些问题。问题设置应该多样化，并逐层深入，我们可以设置一些推断词义的题目。对于一些比较长、句子结构比较复杂的句子，可以让学生进行句子分析，找出句子的主干以及句子中的从句。在此基础上，再引导学生对这个句子进行准确的理解和翻译。此外，在精读过程中，也可以使用精读文本来检测学生是否掌握了之前我们所讲的一些词汇、句型、搭配或者是短语。总之，精读和泛读相结合，才能帮助学生积累英语知识，更好地形成学生的英语核心素养，强化和提高学生的英语语言分析应用能力。

三、小组合作学习

新课标中突出强调了学生在课堂上的主体地位，而教师应当成为学生学习的引导者和指导者。在传统模式之下，一节课都由我们进行知识的灌输和填鸭式的教学，学生的课堂参与度较低。为了改变这一情况，课堂教学活动设计应该多样化。在一节课的课堂教学之中，既要有老师的讲解，也要有学生自己的独立思考，还要有小组合作的探究学习。因此，组建学习小组十分必要，根据学生在教室内的座位，临近的4—6个同学组成英语学习小组，然后，我再根据对每个组内学生的英语水平、性格特点以及语言表达能力的了解，对少数同学进行调整。确保每个组学生整体的英语水平和实力大体相当。在各小组内部，都有英语水平高、中、低三个层次的学生，并且注意性格互补。这样每个小组都能运转起来，小组内成员取长补短、相互帮助、共同提高。开展小组合作教学模式，丰富了课堂教学活动，激发了学生们的学习热情，提高了学习自主性，锻炼了表达能力，增进了学生之间的相互了解。通过交流互动，小组内解决了很多问题和困惑，极大地提高了课堂效率。

四、激发学习兴趣

采取多样化的方式激励学生参与、融入课堂学习活动之中。一节课要达到良好的教学效果，教师要进行多样化的教学活动，给学生设置不同的学习任务。此外，还要注意劳逸结合。这里我所说的“劳”，指的是进行英语学习活动，而逸指的是适当的暂停、休息和娱乐活动。我们学校每个年级英语连排课一周两次左右，加上周末，相当于三次左右。联排课意味着学生要连续地进行90分钟的英语学习。虽然中间有大约10分钟的课间休息，但是，长时间进行同一学科的学习会使学生丧失新鲜感，学习兴趣不高。因此，我们要适当地安排课程任务，掌握课堂节奏，调节学生们的整体状态。我一直坚持每次连排课的第二节课刚刚上课时都进行一项活动，比如让学生们学唱一首英文歌。这几年学唱的歌曲都是耳熟能详、发音准确地道、容易学的歌曲，如*My Love*，*The Day You Went Away*，*Take Me to Your Heart*，*Nothing Gonna Change My Love for You*等。通过学生们的反应来看，他们对此活动还是相当喜欢的，每次我忘记的时候，他们就会主动提醒我。然后这项工作就需要我们提前在网络上搜索一些比较好的歌曲，最好是以MV的形式呈现。我还会把歌词打印出来，人手一份。这样学生更能够听明白歌词，并且可以进行跟唱。2020—2021学年高二时我教的两个班级差别比较大，这里的差别指的是两个班男女生性别的差别。当时我任教的高二（2）班，这个班级有40位女生，3位男生，女生占绝大多数，另一个班级是高二（4）班，这个班是33个男生，11个女生，男生占了大部分，所以我当时选择的歌曲也是不一样的。每次在唱英文歌这一环节结束后，学生们会以饱满的学习热情投入接下来的学习之中。此外，我们也可以根据教学所学内容为学生设置一些比较具有娱乐性的英语学习活动。比如，外研版高一新教材必修一第二单元学习完"Like Father，Like Son"这篇文章，我们在讲解时可以让学生进行课本剧表演，除了act out the play之外，我还让学生欣赏了歌曲*Dance with My Father*，优美的旋律、经典的唱功、感人的歌词，触动心灵，使学生深受感动，对深沉的父爱也有了更深的感触。

五、换位思考

作为一名教师，我认为很重要的一点，就是我们要有换位思考、与学生共情的能力和意识。常常提醒自己站在学生的角度来想一下，我们该如何进行课堂教学， 如何对待学生。我时常问自己三个问题，第一个问题：这一节课学生能从我的课上学到什么？如果我是班级里的一名学生，我希望这一节课我能积累到一定的知识，也希望老师能够把作业中存在的问题进行细致到位的讲解，更希望老师能倾听我的想法或困惑，给予我重视、关爱和尊重。第二个问题：这一节课学生在课堂上是什么状态，是处于一种紧张、忙碌、充实、期待的学习状态，还是处于一种走马观花、自由散漫的状态？如果我是一名学生，我希望我的老师可以随时关注我的学习状态，当我走神时、注意力不集中时，老师可以给我适当的提醒。第三个问题：在今天的这堂课上，在最近几天的课堂上，我的每个学生是否感受到了我对他的关注和重视？每个老师任教的班级不同，每个班级里面的学生学习成绩不同、个性不同。但每位学生都有进步的渴望，也都承载着每一个家庭的希望。作为老师，应该尊重、公平对待每一个学生，不抛弃、不放弃每一位学生。力的作用是相互的，相信孩子们能感知到我们对他们的重视，从而重视我们的课堂。

李镇西老师在《自己培养自己》一书中强调：真正富有教育之爱的老师必须拥有厚重的文化内涵、丰富的科学素养和超人的育人艺术。这些最后都体现于教师如何上课，如何个性化地对待每一位学生之中。任重道远，接下来我将继续一步一个脚印，不断学习、充实自己，助力学生成长。

参考文献

[1] 高兵兵.基于核心素养的高中英语阅读教学之策略探讨[J].中学生英语，2020（44）：5.
[2] 潘文兰.高中英语小组合作学习的有效途径探究[J].中学生英语，2022（44）：9.
[3] 吕闰冬.高中英语写作教学中思维训练的有效开展分析[J].中学生英语，2020（44）：25.

教学如歌，课堂从节奏中走来

——浅议英语课堂教学节奏

滨州市高中英语优质课评选活动在邹平一中举行，笔者有幸前往观摩了参赛选手的课堂教学，真的应了“课堂教学是一门艺术”这句话。那精湛的艺术化的教学魅力深深地感染了在场的每一个人。他们究竟是凭借什么感动了学生，又使听课教师报以赞许呢？要回答这个问题，恐怕是仁者见仁，智者见智。而笔者认为，要搞好课堂教学这门艺术，必须用变化有致、和谐流畅的课堂教学节奏来调度，方能使它像一首优美的乐章，里面每一个跳动的音符使人感到身心愉悦。那么何为教学节奏？节奏即对时间的把握程度，教学节奏即对课堂时间的把握，是教节奏与学节奏有机结合而成的一种组织型节奏。课堂时间把握是否有张有弛，教学环节是否环环相扣，教学高潮是否此起彼伏，均在很大程度上取决于教学节奏是否把握得好。从这个意义上讲，一堂好的课肯定是一堂很有节奏感的课 ，一堂课的成功与否很大程度上取决于是否有美的节奏感。

现在，笔者试从以下四个方面来谈一下高中英语课堂教学的节奏问题。

一、整体流程应起伏有波澜

教学过程贵在曲折起伏，跌宕有致，富于变化，引人入胜，如表2-13所示。

表2–13　高中英语课堂教学的教学过程

教学进程	Pre-reading	While-reading	Post-reading
时间安排	10分钟	20分钟	15分钟
教学内容	Greetings Enjoy a flash Pictures to learn new words	Scanning Fast-reading Ask and answer Intensive-reading	Close test Quick response Free talk and report Summary

下面以笔者所听的必修五“Module 5 The Great Sports Personality”中的阅读课教学为例，分析如表2–14所示。

表2–14　阅读课教学分析

教学功能	导入新课，激发兴趣，运用动画、图片等形式为新旧知识建立联系，为新课教学做准备。	展开教学，运用多种形式引导学生掌握新知识和技能。运用图片等手段重新调整学生的注意力。	总结学法，延伸思维；有效地反馈教学信息，当堂消化教学内容；小组讨论汇报，深化并升华教学内容。
节奏强度变化	弱—渐强	强—弱	弱—强

课堂犹如一出戏，情景不能脱节，情节与情节之间是否环环相扣，过渡自然，这要看教师这个总导演如何操控和把握。一堂课中，教师应根据教学内容及师生活动随机应变，机智地创设不同的教学小亮点、教学舒缓区，从而增强教学跌宕起伏的节奏感。

二、教学内容应收展有限度

仍以本课为例，本模块的中心话题是“The Great Sports Personality”，“Reading”（阅读）部分介绍了一位体育体操运动员。这篇文章展现了这位体操运动员所取得的成就和作为商人所取得的成功，目的在于让学生初步了解他，激发学生的学习积极性和上进心，对学生进行情感教育。在对教学内容的整体处理方面，多位教师通过“展—收—展”的方式加以引导。首先是“展”的操作，老师对教学内容展开任务型教学，让学生对课文内容进行层层阅读，由浅到深地去理解课文。基本模式是：

（1）“Scanning or listening.”主要是让学生获取文章主旨大意或结构。

（2）“Fast reading.”给学生阅读任务，匹配段落大意或者是判断句子对错，让学生通过扫读、快读课文来获取所需信息。旨在培养学生快速阅读，寻找关键信息的能力.。

（3）“Intensive Reading.”让学生分段阅读，每一段或者几段配以相应的练习题，例如：完成表格、回答问题、补全句子或者是单项选择题等。这样可以帮助学生厘清文章脉络，使学生逐层加深对文章的理解，提高学生深入分析、归纳、综合等阅读理解能力。

随着学生对文章的深入理解，教学内容便层层展开。接下来，几位老师通过“summary”或“consolization”对课文内容回顾归纳，及时地小结课堂教学。例如，有位授课人就用了短文填空的形式来复习课文，学生合上课本完成此题。真是展得有度，收得恰到好处。最后，老师们通过“Discussion”或“Free talk”等形式把教学内容再度展开。在这个环节上邢淑新老师做得非常好。做完总结之后，她提出了三个问题“①Why is Lining so successful？②What quality does he have？③How to be successful？”，把课堂流程推向高潮。学生热烈地争论，争先恐后地给出答案。最后这位老师做总结，成功需要什么：attitude+interest+determination=success，而它们的第一个字母合在一起是AIDS这个单词。同学们情不自禁地给予了热烈的掌声，听课的老师们也纷纷赞许。

总之，课堂上教师展得合理，收得及时，重点突出，学生才能思路清晰，感知连贯。自然就提高了教学效率，增强了课堂教学的艺术情趣。

三、师生语言应快慢有变化

传授知识的媒介是语言，语言的美与不美，直接影响教学效果。教师的语速不宜过慢，否则学生注意力容易分散，产生疲倦。也不宜过快，否则使学生长期处于没听懂的状态，会渐渐地失去信心和兴趣，久而久之产生厌学情绪。

教师的语音语调也要做到抑扬顿挫。教师要激起学生的热情，首先自己得先有激情，要投入。音调要高亢激昂，语音清晰富有感染力。如同海浪潮水，时而波涛汹涌，澎湃激昂，时而小溪潺潺，娓娓动人。如果教师能运用如此富有节奏美的语言， 学生便可以在这种抑扬顿挫的声音美和错落有致的变化美中轻松愉快地接受知识。

作为一种课堂教学艺术，教学语言的节奏美，对课堂氛围的营造，对教学效果的提高都有着重要的影响。

在所观摩的九节优质课中，有关这个方面的三个情景令笔者记忆犹新。某位教师在课前组织了一个小活动，在大屏幕上展现了一段歌谣似的文字“Hand in hand, we are together. Hand in hand, we support each other. ... Hand in hand, anything is possible. ”，其清晰流畅、节奏欢快、抑扬顿挫的语音语调喷薄而出，学生们纷纷张口竞相模仿，台下听众掌声雷动，课堂从节奏中走来。另一位教师在呈现新单词时，用升降调两种语调进行领读，如 logo↗，logo↘；slogen↗，slogen↘； sportswear↗， sportswear↘，效果很好。又有一位教师模仿笑星憨豆先生播报了中央新闻有关体操队员的一个片段，学生情绪高涨，精力集中，带着浓厚的兴趣进入了课堂，这位教师也就成功地导入了新课。这就是语言的魅力，而有节奏的语言更有魅力，它会让你的课堂呈现无穷的色彩。让我们一起关注我们的课堂语言吧，该快则快、该慢则慢、慢中有快、快慢结合，让有节奏的课堂语言更具魅力，从而使我们的课堂生动有趣。

四、教学活动应动静有交替

在所观摩的优质课中，执教老师分别通过 pair work（双人活动）、group work（小组活动）、discussion（讨论）、ask and answer（问答）、debate（辩论）、interview（采访）、report（汇报）等形式，使课堂教学呈现一派“动”的景象；而其间，安排学生听录音，默读课文，找主题句，总结文章大意，做巩固性练习等，又是一派“静”的景象。这也正好呼应了前面所提到的整体流程的强弱节奏问题。

当然，上面所提到的四个方面的教学节奏问题其实是你中有我，我中有你，始终是一个和谐统一的整体。能否创造出这种和谐的氛围，利用起伏的节奏进行课堂调控是成功的关键，是提高教学效益的重要因素。观摩优秀的课堂教学是一种享受，但同时也是一种压力。你要学着去借鉴、取舍，再加上我们教师自身条件各不相同，学生实际情况也千差万别，面临的挑战是可想而知的。但很显然，英语课堂教学节奏存在于每一节课自始至终的渐变中，体现出一种流动美。作为一名英语教师，应综合考虑和巧妙安排，使构成英语教学的各个要素之间搭配合理，穿插得体，衔接有序，融洽统一。这样就构成了英语课堂整体节奏的和谐美。课堂教学中教师应努力把握规律性和重复性的教学变化节奏，增强教学的艺术感染力，从而提高英语课堂教学的效率。

听话要听音

——你注意到学生说话的语气与表情了吗？

今天的“三名”培训会上，孙教授说了这样一句话：我们很多老师不应该用“不语言的方法”教语言，而应该用语言来教，也就是使师生交流、生生交流。在交流时，我们教师要注意观察学生的语气表情。通过他们的语气表情，我们就能准确捕获学生的情绪是什么样的。

看下面的两个故事。故事一：

12月17日。今天天气很冷。小李来上课时情绪饱满，充满活力。和他一起到的还有其他四个男孩儿。小李用十分响亮的声音说：“教室里只有我们五个男孩儿。”这是自2月开学以来我听到的小李发出的最响亮的声音。

感悟：学生用什么声音说话，往往具有相当重要的意义，这是学生的自我认知和生活方式的表达，也是学生今天心情的表露。我们可以乘机利用学生的好情绪做一下教育工作。

故事二：

3月3日，我在教室内听课。老师提问小王时，他竟然连问题都没有听清楚。回答不出问题，他自己主动站到了教室最后面。过了一会儿，我一回头，发现小王面无表情，目光微垂，很明显他的心思没有在老师讲的课上。课后，我把小王叫到一边，问他为什么回答不出老师的问题。他依然表情僵硬，用蚊子般的声音说：“不知道。”我联系到质量检测成绩，大概就能猜测出原因了。

于是我让他回了教室，没有训斥他。晚上我请家长到校交流，只有一个话题：请家长至少列出孩子的三个优点。一开始家长说孩子没有优点。我说：

“别急，你只管说，我听一听。”家长一边说，我一边记。家长说完后，我说：“从你的描述中，我帮你总结了孩子的六个优点。”他很惊讶。我说：“从你的描述中，孩子很开朗，喜欢运动，听你的话，周一到周五从不玩手机，周末先做作业再出去玩，帮家长做饭。”家长先是惊讶，接着连连点头。

我再次找到小王，把家长列出的优点告诉了他，他的表情由漠然，到惊讶，最后有些不好意思地笑了。

感悟：学生的表情和语气背后有着各种各样的原因，不用一刀切地批评，不用想当然地训斥，有时候，换一种方式，会有意想不到的效果。

线上教学思考

2020年（农历庚子年）春节后，我们的学生开始“居家学习”，从2月9日到4月底学生返校，滨州市沾化区第二中学师生一起经历了一段“在线教育”。

学校开始利用网络平台开展教学工作。对于学生来说，这是新的“back to school”，而对我们学校和教师群体而言却是前所未有的挑战，意味着我们需要不断摸索行之有效的教学模式和班级管理方式。在那段时间，作为班主任和英语任课教师，每天从早晨忙到晚上，感觉比学生在校时更加忙碌。本文主要从以下几个方面对线上教学进行探索。

一、学科教学方面

传统的面对面授课被录课、视频直播课取代，我们批改作业用的也不再是一支笔，而是一部手机、一台电脑。在此形势下，教师需要做的不仅仅是如何备好一节课，更需要思考如何高质量、高效率地通过网络平台上好一节课，如何督促学生落实学习任务，保持学习兴趣，每天能扎扎实实地有所学。作为一名英语教师和班主任，我努力扮演好学生的服务者和督促者的角色，用细心和责任心抓好细节，激发学生学习兴趣，提高教学效果。

（一）利用腾讯会议这一应用软件进行直播上课，与学生进行有效的互动和交流

上好一堂课，充分备课是基础，网上授课更是如此，学生容易被手机、电脑上其他的消息、游戏软件、聊天软件等分心，专注度不高。因此，更应该精细备课，打造高效课堂。此外，网络授课时多对学生进行检查或提问，是提高学生认真程度的行之有效的方法之一。返校后在与学生的沟通中，很多学生坦

言，线上学习时学习效果较好的只有一两门科目，而这些科目的共同点是：授课教师管理严格， 每节课都进行检查和提问。这让学生听课更有动力，也能感觉到来自老师的关注。

（二）利用微信小管家这一小程序进行作业打卡，为学生量身定制学习任务

这个软件很实用，发布作业、批改和反馈都很方便。我们能很直观地看到作业提交情况并及时提醒没交作业的同学。在批阅作业时，我常会将优秀的笔记下载下来，发到微信家长群，这样能激励一部分同学，也能使其他学生看到差距，不断追赶。此外，我们也可以批改布置的习题或作文，了解学生的掌握情况，这样我们在发布答案时就可以讲解一下有问题的地方。我们可以采用图片或者录音的方式。对于英语学习而言，每天保持一定的语言输入是必不可少的。在校时，早读是学生们读英语、背诵的主要时间。在居家学习时，老师可以在小管家中设置英语早读打卡任务，需要预习或朗读文章时可以以录音的方式打卡，也可以设置单词听写任务，我一般要求学生们写过单词之后，由家长听写，录制全过程，然后学生进行核对，把出错的单词改完后再拍照片。在有些家长不能听写时，学生们也能自觉地写下汉语意思后自己默写。关于段落背诵，学生们要做到闭眼背诵，录制全过程视频。如果是课文里的知识点背诵就比较零碎，学生们可以把知识点先整理在笔记本上，看着提示复述录制视频。

（三）利用电话、微信或 QQ 等各种方式与学生及家长进行交流，这是让学生保持良好学习状态的加油站

《学记》中“亲其师，信其道；尊其师，奉其教；敬其师，效其行”这句话告诉我们，学生只有在亲近、尊敬自己的师长时，才会相信、学习老师所教的知识，也会因为喜欢一个老师而喜欢上一门学科。学生们居家学习没有在学校学习时良好的氛围、严格紧凑的时间安排，有的同学自律性差，父母也不重视并监督，就很可能会出现成绩上的滑坡。但大多数孩子还是想学习的，所以我们要让学生感受到来自老师的关爱，多对孩子们的作业给予反馈和正向激励，给予学法指导。老师通过各种方式与学生交流，并经常与家长沟通。我记得刚开始让家长听写单词时，落实得很不好，大部分家长都不参与，所以学生们只反馈照片，这样就不能了解学生是否真正掌握了这些单词。于是我就把部分家长参与听写录制的视频反馈到群里，慢慢地，绝大多数同学的家长都能给孩子听写。我相信多沟通也可以使家长感受到老师的用心，协助我们落实学科教学任务。

二、班级管理方面

我们面对的班集体不再是以前的一间教室里的几十个学生，而是无法面对面接触到的几十个学生、几十个家庭。环境变了，但我坚守的信念始终如一“严在当严处，爱在细微中”。学生管理工作离不开严格的制度，但是让学生发自内心地认同班主任的管理，就必须与学生进行深入交流。走进学生的内心，拉近师生关系，让学生切实感受到老师的关爱。我用一颗父母之心对待每一个学生，关心他们的学习和生活，理解宽容他们身上的小毛病，哪怕最严厉的批评和惩罚都是建立在关爱的基础上的，因此学生们都能心悦诚服地承认错误，并加以改正。主要从以下几个方面强化班级管理。

（一）采用多种方式，引导学生树立积极向上的世界观、人生观和价值观

居家学习期间，我常常在班级群内分享正面、积极的故事、视频，增强学生的家国情怀和责任意识。针对居家学习期间学生与家长矛盾增多、不重视班级教师直播课等问题，我精心准备了以感恩为主题的班会课，邀请家长和孩子一起参加，通过换位思考、互动交流等方式，使学生更能理解家长对孩子无私的爱和殷切的期望，也使家长更加了解孩子内心的想法，增进了彼此之间的理解，有效缓解了亲子矛盾。针对部分学生学习不踏实、好高骛远等问题，组织学生一起观看了北大新生的访谈，观看结束之后请部分学生谈感想。通过此活动，学生们学到了实用的学习方法，树立了学习信心，更加坚信学习没有捷径，唯有脚踏实地、持之以恒。线上考试结束后，安排居家学习期间取得进步的学生谈自己的经验和做法，使学生之间相互学习借鉴，形成了比学赶超的良好氛围。

（二）多花时间陪伴学生，给学生更多的关爱

居家学习期间，我与学生商定每天早上7点到8点为早读时间，统一要求集合时间，视频早读，出声诵读，班级学生每天一人轮流值班管理。在对学生严格要求的同时，班主任也要以身作则，为学生树立榜样。我坚持每天陪伴学生学习，并经常性地查看学生自习的状态，发现学生学习上存在的问题并及时解决，对于迟到、早退等问题及时与学生取得联系。

（三）重视赏识教育，发现学生身上的闪光点

多观察，通过多种途径了解学生的学习和生活，对发现的问题有针对性地进行交流。耐心、细心、爱心并重，多理解、多鼓励、少批评，把学生当成有独立思想的个体，了解他们内心的想法，深入交流。对于学习能力强的学生，我常鼓励他们更上一层楼，并关注他们的全面发展；对于学习遇到困难的学生，我鼓励他们慢慢进步；对于学困生，我帮助他们端正学习态度；对于心理负担重的学生要给予更多的关爱，适当安排适合的班级管理职务，让每个学生都能找到在班集体中的存在感和成就感。

三、不足以及困难

（一）在集体备课方面

由于疫情限制，老师们只能居家办公，集体备课只能通过腾讯会议进行，比起面对面的课件展示、交流和讨论，还是有一些局限性，预习学案、试题的印制方面也面临着一些现实性的困难。

（二）在学生活动设计、团建方面也面临着困难和挑战

学科教学目标的达成需要设计及落实学生活动，班会课目标的达成更需要学生活动，必要时还需要开展各种形式的团建活动。线上教学期间，由于空间限制，话剧表演、趣味运动会等需要学生间进行合作的活动，开展起来难度较大。

线上教学是不断学习、摸索和落实的过程，也是带着责任心、坚持陪伴学生的过程。一分耕耘一分收获，在返校之后的月考以及期末考试中，我担任班主任的班级学生成绩突出。我担任英语教学的班级，普通班的成绩无论是平均分还是高分率，都超过学校实验班的成绩。尤其是新学年学生分班时，不仅学生们恋恋不舍，甚至有家长找到我，想要追随我进入我带的新班级，让我很是感动。

突如其来的疫情，迫使全国、全球许多国家进行线上教学，这是挑战也是机遇。我们取得了一定成效，也积累了经验教训。当前，我们早已回归到正常的线下教学，但我们必须了解的是，伴随着社会发展进程的不断推进和互联网传播的影响，线上教学也必将成为今后学校教学的有效补充，为学生成长成才助力，这无疑需要我们不断探索和推进。

感觉很美的课

有一次有幸到一所乡村学校听课，学生起立问好后，老师就开始讲课。教室里十分安静，只有老师讲课的声音。两分钟时间不到，忽然听到小鸟的叫声，起初，我没在意，后来声音渐大，我抬头一看，只见教室房梁上有几只麻雀，不断地跳来跳去。

上课的老师也发现了，边讲课文边走到教室门边，随手将房门打开，希望快活的麻雀能够悄悄地离去，不再影响上课。然而小鸟们并没有领会老师的意图，仍然在跳跃着，甚至飞来飞去。学生们很安静，小鸟的胆子就更大了起来，叽叽喳喳，比赛一样欢快地叫着。我在教室的最后面，因为不会影响学生，仔细一看，竟有五只麻雀。小鸟也像人一样，数量一多，胆子就大，只是组织纪律差了一点，此起彼伏的叫声，影响了上课。

我观察全班同学，并没有一人去看小鸟。听课十分认真，眼睛注视着黑板，或者是注视着老师的一举一动，小鸟的歌唱，成了他们听课的伴奏。此景多像校园里树下长椅上三两个学生读书，小鸟在树上欢快跳跃的美景，在教室内却是十分难见的。学生遇到问题，分小组讨论，有的争得面红耳赤，更无人去理睬小鸟。到黑板前汇报学习成果时，学生们纷纷举手，希望能够得到展示的机会。老师的表扬与鼓励，使学生得意扬扬，每个学生绽开花一样的笑容。接下来的角色扮演环节，学生准备充分，表演得绘声绘色，吸引了大家的注意力，还有谁去注意小鸟呢。在这里，同学们成了课堂上的主角。最后老师安排同学们读关于友情的一首短诗，同学们声音洪亮，情绪饱满，此时再也听不到小鸟的叫声了。我看了一下，一只只麻雀躲在房梁的空隙里，胆怯地转动着头，观察着下面的学生们，也像是在欣赏一样。

因为教室的门敞开着，小鸟还飞进飞出，教室里的小鸟最多时竟达七只。到下课时，受到师生冷落的小鸟们，多数已经飞走，只剩下两只了。

小鸟叫声正欢时，我看了一下一同听课的老师们，有的表现出如我一般的惊喜之情，有的则不时皱一下眉。其实我还是很喜欢这种和谐的场面的，小鸟并没有影响我们上课。想起以前读过的蒋子龙先生的散文，十分向往里面记述的画面。“在密密的吊兰叶子下面，养着小鸟，刚出生的小鸟能够从笼子的空隙中飞出来，在屋子里飞来飞去，有时落在主人的肩上，有时又落在主人的头上，甚至在主人写作时，小鸟落在书桌上，用嘴啄主人的钢笔。”那是怎样的一种惬意啊!

很佩服那天的学生。我在他们这个年龄的时候，偶尔看到有麻雀飞到教室里，肯定会眼睛追随着鸟儿。尤其是那时的男孩子，兜里常常装一副弹弓，那是专门用来打鸟的，像这样的场景早就会按捺不住，展示一下身手了。也佩服上课的老师，是那么地细心和大气。打开门，希望小鸟能够知趣地离开，不影响她上课，对赖着不走的小鸟能够包容，能够熟视无睹，看同学们是听你的还是听我的。若是我又会怎样处理呢？停下来，让同学们把小鸟赶走？那将是怎样的一片混乱，过后又是怎样的一片狼藉，那样既耽误了时间，也没有了教学的心境。

听了这节课，感觉很美。

学科核心素养导向的高中英语教学研究

一、前言

在全球经济一体化的背景下，英语作为一种交流工具，其重要性不言自明。因此，高中教师要重视高中英语的教学，才能有效地培养学生的英语素养。同时，也可以帮助学生提升自己的英语素养，从而为将来的社会发展奠定良好的基础。本论文旨在探讨在英语教学的基础上，如何在高中英语课程中进行核心能力的培养。

二、核心素养背景下的高中英语教学

教师开展英语课堂教学时，应对其核心素养的内涵进行准确的认识，只有如此，才能使其在英语教学中充分地融入学生的核心素养。由此，可以有效地培养学生英语的基本素养。英语教师培养学生的英语核心能力，其首要目标是让他们能够将所学到的理论应用到实际的生活中去，而不是推动教师有效地执行教师对教学活动的各种工作。在高中英语课堂上，教师可以通过培养人文意识、思维品质和英语学习的综合素养来培养学生英语的基本素养，通过正确的学习方式，让他们在英语教学中能够熟练地运用基本的英语，并在一定程度上提高他们的生存技能，同时也有助于学生在社交中不断地、健康地成长。

三、在核心知识引领下的高中英语教学策略

（一）增进情感体验，加强人文意识

针对学生来说，促进学生人文知识的加强，是他们能否深入了解英语内容和提升英语阅读质量的关键因素。所以，老师在教学中应通过各种有效的教

学策略的实施，进行学生文化素养的训练，促进学生文化素养能力的提高。老师在课堂过程中针对教材内容进行深入探讨，将英语句子、单词后面所隐含的英语内容向学生诠释，帮助他们对英国文化在英语交际中所扮演的角色产生了解，借此也能帮助他们把自己所了解的英语内容、人文知识有机结合，促进他们健全英语学习框架，为他们英语核心素养的建立打下基础。然后再通过多媒体教学的应用，把英语校园文化向他们呈现，有助于他们对英语的学习形成进一步认识。其次，老师应指导他们读关于中国学生与英国学生交换生活的作品，鼓励和指导他们对英国高中生活与中国高中生活的差异之处进行比对，老师还应以此为依据指导他们根据文章结构对中国高中生活进行多角度的阐述。他们借助英语阅读项目的进行，会对不同文化背景进行认识，针对本篇作品也可进行深入的反思和阅读体验，除了能实现他们对本土文学的了解之外，也能促进他们文学眼界的开阔，促进他们文化素养能力的提高。在高中英语教学中，教学情景的创设尤为重要，通过科学合理的教育情景的设计，除能提高学生英语认知能力之外，在学生英语核心素养的提高方面，还能发挥很大效果。课后的活动设计和课堂提问，均是与老师进行课堂互动时最有效的教学策略。所以，老师在课堂教学上应以实际状况为基础，结合课程特点，设置适当的情景，才能整体提高学生的英语理解能力、口语表达水平、写作能力，真正提升英语课堂教学质量。

（二）拓展课外阅读，提升学生学习能力

新的课程标准还建议在高中英语教学中，要注重大量的英语学习，充实自己的词汇，使自己的知识结构更加完整，这是提高学生英语整体能力的一个重要环节。但是，要想增加学生的阅读量，仅有45分钟的时间很难满足他们的学习需要。因此，在高中英语课堂上，教师要倡导并指导学生进行阅读等教学活动，使之符合新课标的基本要求。此外，在课外阅读活动中，学生本身也可以培养良好的阅读习惯，从而逐步提高阅读水平。只有养成良好的阅读习惯，才能逐渐培养出终身阅读的能力。为使学生能够更好地开展课外阅读，可以从学生的认知特点、身体活动规律等方面着手，通过适当的课外读物来提高他们的英语素养，同时也可以帮助他们加深对课文的理解，提高学生的英语思维能力。另外，教师要引导学生在英语阅读中进行阅读训练，以提高自己的词汇量。在翻译过程中，遇到不熟悉的词汇时，教师要引导学生用联想的方式来推测生词的大概意思。只有使学生更加熟练地掌握相应的学习方法，才能有效地提高学生的英语写作能力。教师也可以通过课堂上的活动来测试学生的课外阅读效果，如教师通过这种方法来引导学生的课外阅读：在交流环节，教师可以让同学们分享他们在阅读课外书籍中的心得体会，并将自己喜爱的读物介绍给同学。教师也应该在阅读分享会结束时对班级的阅读状况进行评估，并对他们的阅读兴趣做出相应的调整。

（三）创新教学理念，提升思维能力

个人思维特质的基础是思维素养，而个人思维素养主要分为发散式思维和创新性思维。基本素养引导下的高中英语教学要求教师应注重素养的全面提升，着重强调思维素养的训练，把教育思维、教学方法的创新视为关键。因此，教师们需从如下两个方面入手。教师对教材内容进行了全面调研，把课堂教学设计的重心确定为促进学生思维发展，并借此进行了课堂教学方案设计的进一步完善。

（四）创设教学情景，提高英语能力

一般情形下，英语技能是学生通过写作、阅读、表达、听力等手段在一定环境中进行自我思维表现的技能。由此可见，高中英语教学在提升他们口语水平的同时，也应促进他们的英语表达、英语写作技能得到发展。教师在高中英语教学中，要促进他们口语水平的提升，就必须根据教学完成相应环境的创造，给他们创造英语的环境，只有这样才能切实发展他们的口语技能，促进他们英语核心素养的培养。

四、结语

综上所述，学生核心素养训练对他们的成长来说具有重大作用，所以教师们在高中课堂教学活动中，应把促进学生的核心素养培养视为重点课程任务、重要课堂教学目标。教师应通过积极创设良好课堂教学环境、创新课堂思维、拓展学生课外阅读、 增进情感体验等途径，实现学生英语技能、思维素养、学习意识、人文能力的全面提高，从而真正促进学生思维与基础素养的形成。

参考文献

[1] 张小芳. 核心素养视域下的高中英语教学探讨 [J]. 文理导航，2020（13）：40.

[2] 杨荣. 探析核心素养下的高中英语教学策略研究 [J]. 女报（家庭素养教育），2020（4）：94.

[3] 席文鹏. 核心素养下的中学英语教学研究 [J]. 中华少年，2020（2）：150，153.

第三篇

怀童真心态，做快乐的教师

“把羽毛球给小弟弟玩一玩”

——如何帮助孩子体验“共情”

《核心素养的中国实践》一书中提出，核心素养是知识、技能和态度等的综合表现。孩子核心素养的养成不可能只靠学校和老师，不可能只靠课堂，我们家庭也要积极探索和行动，帮助孩子在生活中培养必备品质和内在特征。

有天下午天气很好，阳光明媚，无风，我带着孩子在公园里打羽毛球，当我们正玩得起劲时，旁边走来一个四五岁的小男孩，在一旁看我们打球，看得也很起劲，妈妈叫了几次都不愿意走。于是借着捡羽毛球的时间，我悄声对孩子说：“你悄悄观察一下旁边看我们打球的小弟弟。”孩子说：“注意到了，他咬着手指，眼睛直勾勾地盯着羽毛球，应该是很想玩吧。”我鼓励道：“嗯，你观察得很仔细，那我们应该咋办？”孩子不假思索地说：“给小弟弟玩一会儿吧！”我说：“好。那咱们把羽毛球给他送过去。”我们把羽毛球拿给小弟弟让他玩一会儿，小男孩很高兴，拿着球拍，喊着妈妈一起，连蹦带跳地玩了起来。孩子和我在一边休息，她一直微笑地看着小男孩在高兴地“打球”。

《由内而外的教养》一书中提到，如果人际交往中能出现共鸣，也就能出现鼓舞人心的融洽感受。这种共鸣是我们在人际交往过程中出现的回忆、想法、感受和意象。在此过程中，心里持续的共鸣感受可以看作我们的内心连在一起的体现。孩子能体验到小男孩对于羽毛球的渴望，这种情绪上的共鸣通过“我们把羽毛球拿给小弟弟让他玩一会儿”和“她一直微笑地看着小男孩在高兴地‘打球’”强化了。

沈祖芸老师说过这样一句话：学习出现在哪里，资源就出现在哪里！把羽毛球“给小弟弟玩一会儿”就是与孩子在一起学习，学习理解他人的情绪，学习主动帮助别人。这件很普通的小事件是一种真实的生活情景，让孩子记录下来，就成了孩子以后写作的一种资源。

“成功”父亲的标准，我符合吗？

今天读《巨人的工具》（*Tools of Titans*）看到这样一段话：“（一位父亲）成功的判断标准就是：你的孩子是否记得你是最好的父亲。所谓最好的父亲不是能满足孩子所有物质要求的父亲，而是要看孩子们是否能够在某一天向你敞开心扉，是否能在任何他们需要你的时刻给你打电话，以及你是不是他们第一个寻求建议的人。”

这段话让我想了很多。于是在送孩子上学的路上，我说：“今天我看到几句话，想与你分享一下。”她很感兴趣，问：“什么呀？”我说：“这段话是这样说的：一个父亲是否成功的标准是要能满足孩子的物质要求，更要看孩子是否能够经常向他敞开心扉，告诉他学习生活中的一些事情，与他分享自己的快乐与悲伤，是否能在任何孩子需要他的时刻给他打电话，以及他是不是孩子第一个寻求建议的人。我就在想啊，我是吗？是一个‘成功’的爸爸吗？”

她没有立即回答，而是先想了一下，接着，很肯定地说：“是！”注意，孩子没有立即回答我的问题，而是想了一下，说明她不会人云亦云，已经会在开口前先自己思考了。

其实我是很心虚的。我接着与她交流：“你能这么说，我感觉很高兴。当然，这只是直到现在，我在你心目中还是‘成功’的。可是随着你的成长，到了初中、高中、大学，那时我还符合成功的标准吗？这是我自己问自己的。我觉得我需要跟你的步伐保持一致，我的心态要年轻，我的观点和思想需要是开放的，不能拘泥于所谓的‘经验主义’或者‘书本主义’，要与你还有咱家的实际情况结合起来考虑问题。你还记得你经常看的《斗罗大陆》吗？以前我对这本书是全盘否定的，但是当我发现你对这本书和它的动漫版很感兴趣时，我没有立即否定，而是到网上去看看评价，甚至我也看了其中一部分章节，发现它里面有亲情、友情和爱情等价值观的引领，也就不再全盘否定了。”

到了家长止步线，我们两个竟然异口同声地说：“Have a good time！”然后我们都笑了。看着她轻快的步伐和走向学校的身影，我突然觉得“孩子是父母的天使”，这句话说得真好！我深深地体味到：在孩子的成长过程中，父母看到了自己的影子；在孩子的成长过程中，父母拥有了再次成长的机会；在孩子的成长过程中，父母感受到了生命的力量……是孩子让我们在每天的工作生活中提高自己的学习力、思考力、行动力，是孩子成就了我们，是孩子让我们的人生更加完整，更加精彩！

虽然不成功，但感觉很好

在寒假里，我买了孩子一直很向往的空气炸锅，孩子在学习之余就忙着做各种自己喜欢的小点心。她先是与妈妈一起上网搜查蛋挞需要的原材料，列好清单到超市买回来；然后搜了三个版本的做蛋挞的流程，比较后，选择适合我们所购原料的做法；再根据空气炸锅的容量，计算好每一种原料大约需要的量。孩子在妈妈的协助下兴致勃勃地开始准备，每一个步骤都很用心，也很有耐心。尤其是在分离蛋黄和蛋清时，眼睛瞪得大大的，孩子右手拿着小勺，勺子里面是蛋黄，慢慢地倾斜，把蛋清慢慢滑出去。那种专注劲，就像勺子里面盛的是自己的生命。然后摆好蛋挞皮，用小勺把搅拌好的液体一勺一勺舀到蛋挞皮里面，放好，设定好空气炸锅的时间和温度。

等做好了，拿出来一看，还不错，卖相很好看，她迫不及待地咬了一口，就急着让妈妈快尝一尝。妈妈尝了，夸奖道："颜色很好看，味道也不错，外酥里嫩！"孩子开心极了。

接着第二天，她又在网上看到了做小饼干的流程，列好清单，计算好用量，自己开始忙活起来。舀面粉，量奶粉，分离蛋黄（这次需要蛋清），放糖，搅拌，然后放到模具里面，烤了起来。

等到了时间，拿出来一看，容器里面的小饼干像是被台风刮过一样，东倒西歪，还有两个底朝上，更关键的是饼干已经看不出模样了，都烤糊了。

看着这些"焦黑饼干"，孩子有些沮丧。妈妈过来，让孩子坐下，与孩子一起探讨为什么会出现这种情况。妈妈鼓励道："想一想你所做的，看一看烤完后的，哪些方面要改进？"孩子想了一下，说："做饼干的原料弄得太稀，在烤制时没有成形。"妈妈表扬道："嗯，不错，思考得很好。还有就是时间设置得有点长。那我们下次就要注意啦。”孩子使劲点头：“嗯嗯嗯，虽然没成功，但感觉不错。咱们找出了问题出在什么地方啊！”

我在一边静静地看着听着，孩子最后这句话给我很大感触，就是啊，在孩子成长的过程中，不可能事事如意，不可能事事顺利，关键是孩子在遭遇不成功时自己的感觉和认识。当听到孩子说“虽然没成功，但感觉不错”时，我悄悄地抹了一下眼睛。

生活中有顺境也有逆境，要教会孩子以平常的、乐观的心态对待生活中任何事情的成与败，家长对生活的态度很大程度上影响孩子的认识，患得患失、斤斤计较的家长常常有拥有同样品质的孩子。

挫折教育，说白了就是使孩子不仅能从别人和外界的给予中得到幸福，而且能从内心深处激发出一种寻找幸福的本能。只有这样才能在任何挫折面前泰然处之，永远乐观。

父与子：阅读是一种家庭传统

阅读，在我们家是一种家庭传统。我的父亲、我以及我的女儿，我们这三代人被阅读这根看似普通却弥足珍贵的线给串在了一起。

我的父亲是20世纪70年代末的高中生，一手持锄，一手持书。两年的高中生活之后，他像大部分的高中生一样默默地回家务农，然后在爷爷奶奶的操持下娶妻生子，不久之后我就出生了。日出而作日落而息的农村生活使父亲变得粗壮，也变黑了。可是唯一没有变的就是依然喜爱读书。晚饭后，在昏暗的煤油灯下，父亲贪婪地读着那些在村小学能找到的发着腐味的书。母亲常常埋怨道："就知道看书，连锅也不知道刷。"阴雨天是父亲的节日——往炕上一靠，拿起一本书，看个昏天暗地。

等我长大后，我经常和父亲聊起读书的事，他常常是呵呵一笑，说："唉，你还不明白啊。"然后不再说话，一脸悠然，两眼深思。"我怎么不明白？"我不服。可是我真的不明白，因为我体会不到，直到我高中毕业，第五次读路遥先生的《平凡的世界》，第五次读到孙少平高中毕业回家务农那一部分时，我才恍然大悟：父亲也曾经是千千万万个"孙少平"中的一个啊。

如果说，父亲年轻时读书是为了用另一种方式来弥补自己的梦想，麻醉自己的思想，那么等到我和弟弟的出生、长大、工作之后，父亲的读书就成了一种爱好，一种"一手持锄"生活的另一种诠释。

而父亲的读书则深深地影响了我。我便一手持书，一手牵着女儿。

在父亲的影响下，我在小学三年级时第一次自己"看完了"我人生中的第一本书《封神演义》。说是"看完"，其实应该是连看带猜、连猜带蒙地"看完"的。我小时候的书籍有这么几个来源：父亲的高中课本，父亲借的书，这些一般是囫囵吞枣式的阅读；还有同龄人的连环画，为了能抢先借到一本连环画，我宁可不吃饭，在人家的天井中等着，一直等到母亲喊我吃饭的骂声；还有就是学校发的《当代小学生》和《校园文艺》，每次拿到新的《当代小学生》和《校园文艺》我都会迫不及待地先看一遍，然后再慢慢地看第二遍、第三遍……直到新书的到来。看过的书，我会仔细地、按照时间顺序放好，直到我大学毕业，这些书还静静地躺在我的书箱底，完好无损，似乎还散发着那诱人的墨香。

及为人父，我依然沉醉于读书。这时我知道了“亲子阅读”，我的阅读也开始发生了变化。想想女儿出生前，我就经常拿着书坐在妻子的身边，和妻子一起读书，这可能就是所谓的胎教吧。女儿渐渐地长大，我就开始为女儿买书。

身教重于言教，只有热爱读书的家长才能培养出爱读书的孩子。女儿则一手牵着我，一手牵着故事。

女儿上幼儿园了，这时的她更加喜欢读书。我给女儿订了一年的《幼儿画报》，每次有新的《幼儿画报》到家时，她就会忘记了吃饭，忘记了玩耍，把所有的书都搂在怀里，自己躲到一边，轻轻地拿出一本，慢慢地一边翻着一边说着：“这是红袋鼠，这是火帽子……咦，他穿了绿色的衣服……”等到她自己翻完之后，就大声地说道：“爸爸妈妈，谁愿意陪我读书，请举手。”此时，我就配合地高举双手，女儿就高兴地跑过来，边跑边喊：“讲故事喽，讲故事喽！”女儿刚刚上学，很容易感冒。每次去医院检查，她就会提条件：“爸爸妈妈，我打针不哭，可是我要买一本故事书。”真的，她打针时，一手紧紧地拿着故事书，一手伸给医生，一脸的平静。女儿每天睡觉前要我或妻子给她讲故事。我每次都问她：“讲几个呀？”她伸着小手，一脸认真地说：“讲五个故事。”故事讲完了，她还会自己趴在被窝里翻一会儿书，一边翻着，一边嘴里嘟囔着。等到困了，把书往枕头边一放，就睡着了。睡梦中，女儿应该做了个甜美的梦吧，你看，她的嘴角在上翘，她在笑啊！

三代人，一根线。这根阅读之线把我的父亲、我和我的女儿连在了一起，形成了我们家的阅读传统。这个传统将会继续下去。

教育，有时候是一种等待

教育往往要在缓慢的过程中才能沉淀下一些有用的东西。

——佐藤学

一、女儿，从“不合群”到“站上领奖台”

看到站在领奖台上的女儿，我的眼睛湿润了。朦胧中，我似乎又看到女儿小时候的一幕幕。

曾几何时，夜已很深了，可是女儿还没有睡意，精神抖擞地东望西望。大人已经比较疲惫，睡意阵阵袭来。一会儿宝宝就开始吵闹了，哭声嘹亮，似有天大的不满，无论你怎么去哄，她都不理不睬，只是一个劲地哭喊，让你不由得升起火气，于是开始吼她，甚至会拍她几下。可是一个仅仅五个月大的孩子能知道什么。结果是哭声越来越响亮、刺耳，而我的火气也是越来越大，有点要爆炸的感觉。最后妈妈来接过去，慢慢地拍着，慢慢地哼唱着，慢慢地走动着，女儿才慢慢地停止哭声，一抽一泣的，极为委屈。慢慢地拱在母亲的怀里入睡了。其实，在孩子第一声啼哭开始的时候，成长就开始了。

女儿开始学习走路了。经常地，只见妈妈放开女儿，在几步之遥处停下来，拍着双手，面带微笑望着颤巍巍的孩子说：“宝宝，过来！”孩子面露惧色，双腿发颤，双手打开，试着迈开脚步，却又难以挪动。妈妈并没有上去搀扶，依然在原处微笑着、等待着，鼓励着孩子勇敢尝试。孩子几次努力之后，终于大胆地挪动脚步，扑向妈妈的怀抱。其实，从孩子迈开第一个脚步的时候，教育也就开始了。

女儿上幼儿园了。第一次送孩子上学，当我们离去的时候，她没有哭，只是充满好奇地到处张望。可是，大约一个月之后，孩子的老师就约我们单独聊了聊。聊完后我们很着急：孩子在幼儿园里排队时总是把自己排在小男孩那一队（幼儿园排队分为小男孩一队和小女孩一队）；对于老师指令性的语言不理解；不愿意与小朋友一起玩；上厕所时自己不大会脱裤子……我们有一些慌张，有一些着急。可是等我们冷静下来，仔细一想：上学前，女儿一个人就是我们全部的世界，她就是我们世界的中心；上学后，班里有35个孩子，她只是一个班级的三十五分之一，孩子进入幼儿园到现在才刚刚一个月的时间，孩子就是孩子，你能期望她在这么短的时间内完全跟上一个新世界的节奏吗？显然不能。于是我们没有盲目地着急，更没有训斥、说教孩子。我们只是在静静地等待，在等待中，我们与孩子加强了交流，多抽时间来陪伴孩子，与孩子一起做游戏，陪着孩子一起读书，陪着孩子一起“胡说八道”，陪着孩子一起“十万个为什么”……孩子还是那么地快乐，还是那么地愿意上学。

渐渐地，孩子变得更加开朗，开始把学校里发生的事向我们诉说，“今天相雨璇穿了新凉鞋”“今天我把自己的奶给一个刚来的小朋友喝了”“今天老师说我的衣服漂亮了”……

一天女儿的李老师发来消息：

今天下午吃完点心后的休息时间里，曹文栋、郑熙诺、相雨璇、何昕冉、张峻豪为大家演唱了歌曲，有几个小朋友变得勇敢了，大家都为他们送去了鼓励的掌声！

你好！何昕冉这次能够勇敢地举手上来，我们感觉很高兴，给了她这次锻炼的机会。虽然歌曲只唱了两句，没有完成，但比起以前已经进步很大了。或许我们要求得过高了，还是要多给孩子一些机会和时间！

今天，女儿站在了领奖台上，或许，她现在还不明白这个时刻对她的影响。等她长大以后，就会发现原来第一次领奖改变了爸爸妈妈，也在悄然改变着自己。我们对女儿有了新的认识——孩子又长大了。同时，也证明了爸爸妈妈的教育理念：教育是慢的艺术，教育是一个循环往复的过程，教育需要等待。

二、学生，教育有时候是一种等待

我记起了我的学生段同学，一个离异家庭的孩子，一个来自外市、结交了许多社会上“好哥们儿”的孩子，一个曾经夜不归宿、让母亲痛哭流涕的孩子。在新高一开学不到一个月的时间里，她把学校大大小小所有的纪律都违反了。在分别与她和她的母亲交流后，我觉得应该给她机会和时间，让她慢慢地转变。于是，对她我选择等待和交流，选择了像“给车轮上螺丝钉”一样来要求她。慢慢地，她不再违纪；慢慢地，她学习成绩开始缓慢上升。在高三的时候，她在“三驾马车·语文周报杯”第五届全国中小学生写作大赛现场决赛中，荣获“中国校园小作家”称号。

教育是慢的艺术，教育有时候是一种等待。

一位爸爸的选择

下午到兴趣班接孩子放学。到了下课的时间，孩子们还没有出来。很多家长站在路边等着。

大约过了5分钟，一个大约3年级的小女孩，手里拿着自己画的儿童画作品，一脸灿烂的笑容，蹦蹦跳跳地来到爸爸的身前。

突然一声怒吼："咋才出来！？我看你还能拖拉到啥时候！！"

看着爸爸满脸的怒气，女孩像被雨打湿了翅膀而落在地上的蝴蝶，笑容不见了，明亮的眼神一下子暗淡了，让人不由得心里一疼。

爸爸的脚步匆匆而去，女孩慢慢地跟在后面，留下一道寂寞的身影。过一会儿，孩子出来了，很高兴地搂着我的肩膀。我向她一笑。

在回家的路上，我小心翼翼地问："在你的记忆里，爸爸有没有因为你放学出来晚而训你啊？"我用眼角的余光偷偷地观察着她的表情。她想了一下："没有。"

我眼睛一亮："真的？嘿嘿，那就好，那就好。"我悬着的心，放下了。这个场景让我想到很多。

面对孩子的一些事情，我们家长如何在一瞬间做出恰当的选择，如何选择恰当的语言、恰当的表情，是一个值得我们家长一直关注、思索的课题。

与孩子一起成长，我们家长要小心翼翼。

陪伴时光

周六下午，是你练习毛笔字的时间。得知县里举行中小学书法大赛，我也想让你写一幅毛笔字。一开始你不大情愿（对于比赛类的事情，你总是很佛系），我就打开老师发给我的语音让你听：昕冉最近字写得很好看啊，进步很大。你的脸上有了喜色。

到了放学时间，我到练字教室去接你，发现你正在专心地写一幅长字。我和老师在一边聊天："孩子自从疫情之后，就像变了一个人一样，感觉突然长大了许多，写毛笔字的时候，知道思考如何写得更好看了，写字也很放得开了，不再拘谨。她比小王认真多了，别看小王比她学得早，但是现在写字不如她好。"我们边聊边等你。写完下楼，你一副很轻松的样子，没有像往常一样叫苦叫累。

在回家的路上，我说："看，老师表扬你了吧。做任何事的时候，都需要用心、思考，才能专注，才能做好。"你使劲点头。

"今天做得不错，给你点奖励，想要啥或者想做什么？""那就去买杯奶茶吧。"

"好！"

你很高兴地点了一杯奶茶，然后指着柜台边上高高的椅子说："我很想坐这个椅子，咱们坐在这里，看阿姨做奶茶吧。"

咱们坐在那里边看边聊，都是你说我听，你兴致很高。

奶茶做好了，你插上吸管，先让我尝一下，我轻轻地吸了一口，夸赞道："不错，你选的很好喝！"

你笑得很开心。你喝着奶茶，我静静地看着你，很享受这段时光。

我问道："你还记得我上次问的那个问题吗？就是爸爸每天接送你，你有什么感觉啊？我是指咱们父女在一起的这些时光，你有何感觉。"

"很放松，很高兴，很幸福，很喜欢和你在一起的时光。""哈哈，我也是这种感觉。很喜欢和你在一起的时光。"

第四篇

怀奉献心态，做有情怀教师

普通高中班级管理柔性化改革策略的分析

一、引言

在高中班级的管理过程中，柔性管理可避免刚性管理产生的不足，适应高中生的心理发展特点，形成良好的师生关系，提高班集体的凝聚力。因此，教师应不断提高自身的管理素质，优化柔性管理方案，促进学生身心共同发展。

二、普通高中班级管理柔性化的意义

首先，柔性化管理利于提高班级凝聚力。在以往刚性管理的方式下，虽然班级管理秩序较好，但是没有充分关注学生的心理感受，硬性要求学生做不喜欢的事情，缺乏合理的情感激励，不利于学生对教师工作的理解，从而在班级内没有归属感，这样不能提高班集体的凝聚力。使用柔性管理方式，教师能利用更多时间了解学生内心的想法，充分根据学生特点，按照其差异性进行差异化管理，使其更好地配合班级的管理工作，促进班级整体发展。

其次，符合高中生的心理发育特点。由于高中生的世界观还没有完全形成，同时处于青春期，情绪波动较为明显。教师在管理过程中，采取柔性管理符合学生的心理发育特点，同时保护其自尊心，以课下交谈的方式对其思想进行积极引导，促使其以正确的心态面对实际问题。

最后，高中生的学业压力较大，严苛的管理方式不利于学生的心理发展，同时情感上的需求没有被重视，导致学生产生被忽视的感觉。此时，使用柔性管理方式，能够充分了解学生的情感需求，及时对学生进行情感上的激励，规范学生的行为，引导其思想，促进师生关系的良性发展。

三、普通高中班级管理柔性化改革策略

（一）提高管理者的柔性管理素质

班级管理者对柔性管理的理解，是班级管理制度改革的关键所在，同时也是做好班级管理工作的重点部分，只有管理者对柔性管理有明确的认识，并且知道这种管理方式能为班级的管理工作带来的效果，才能在实际的管理工作中采取更好的柔性管理策略。对此，要求管理者首先应提高自身的管理素质，不断更新自身的管理理念，以新的管理方式做好班级的柔性管理工作，以自身行为为班级学生树立典范。转变教师原来在班级高高在上的位置，和学生之间进行更多的交流，培养和学生之间的感情，这样学生自然会理解教师，并愿意配合其班级管理工作，与教师共同努力，共同建立更和谐的班集体。

例如，当前高中生的作业量较大，学生学习压力大，此时，教师应针对学生日常的课堂表现以及作业完成情况，和学生展开沟通。通过和学生的沟通，为成绩水平不同的学生制定分层的作业任务，确保学生每天的作业数量合理，能自主完成，如果作业量超过了学生的能力水平，可以适当选择完成。与此同时，还应制定相应的处罚措施，当学生不能完成特定的作业任务时，或者出现抄袭他人作业的情况，应对其进行处罚，若作业完成质量较好，可以适当奖励。使用刚柔并济的管理方式，可激励学生按时完成每日作业任务，促进学生之间互相监督，进而提高学习效率。

（二）不断加强对学生的思想教育

对于高中班级的柔性管理的改革，要求教师对学生有博爱之情，决不能根据学生的成绩差异对其区别对待。在柔性化的管理改革过程中，应充分了解学生的基本情况，如：学生的性格特点、学习能力、学习状态等，针对其在学习过程中的实际状态，对其产生问题的原因进行分析，不断加强对学生的思想教育，促使其掌握有效的学习方法。在此过程中，应采取柔性的课下沟通方式，保护学生的自尊心，促使其以积极的态度面对学习。

例如：高中生正处于青春期，叛逆心理较强，同时世界观还没有完全形成，在此阶段很可能出现早恋的现象。如果班级出现此种情况，教师应注意管理方式，如果只采取刚性的打压方式，会激起学生的逆反心理，出现“不服

管”的现象。此时，教师应采取柔性管理方式，课下和其进行沟通，并对其思想进行正确的引导，使其明确在这个时期产生喜欢他人的想法是正常的现象，但是学生时期的重点工作是学习，应该和同学以正常心态相处，将这种喜欢转化成学习的动力，让自己变得更优秀，和喜欢的人共同进步。引导学生形成正确的世界观，从而促使其将更多的精力投入学习当中。

（三）柔性激励提高班级凝聚力

在班级柔性管理改革过程中，教师应将学生的一切放在心中，充分关心学生在生活和学习中面临的问题，同时关注学生在情感方面的需要，使用柔性的情感激励，正确引导学生的行为，从而提高班集体的凝聚力。

例如，高中生都渴望被尊重、理解，在情感方面希望得到教师的认同。对此，教师在平时的管理工作中，应不断和学生沟通，以便了解其心中真实的想法，充分关心其心理感受，不断发现其在生活和学习中面临的问题，并采取有效的方式帮助其解决问题。在此过程中要充分关注学生的情感需求，如果学生的利益受到损害，要大胆直言，敢于保护学生的权益。同时，学生在其他方面表现优异时，应对其进行表扬，促进学生以更积极的态度表现自己。因此，在柔性管理改革过程中，教师要不断加强对学生的关注，了解其情感需求，使用柔性的激励方式，促进学生更好的表现，增强学生的班级归属感，提高班集体的凝聚力。

（四）柔性化班级管理手段

教师的管理效果取决于管理手段和管理内容，若这两个环节哪一个出现了错误，将会降低总体的管理效果。所以，教师在管理班级的过程中一定要根据学生现阶段的性格特征创新管理手段。教师可从以下四个方面出发创新柔性管理手段。

一是管理班级时的批评。俗话说：“良药苦口利于病，忠言逆耳利于行。”由于高中生的责任心和自尊心较强，过度的批评会使学生产生逆反心理，站在教师的对立面。所以，教师应该将批评的方式进行改善，突出柔性化的重要性，让学生在批评中反思自身的行为，感受到老师的温暖。例如：当高中生发生了严重违反学校纪律规范的行为时，教师先要对学生采用适当的语言进行严厉的批评，批评过后应该与学生心平气和地交谈，让学生知道他犯错误的原因和问题的严重性，给学生留一个美好的结尾。不要采用“如果下次再这样，我就找你家长”“下次再犯错咱们新账旧账一起算”这样的语言进行教育。

二是沟通的柔性化管理。在管理班级的过程中，经常会出现这种情况：教师的积极性很高，对学生要求非常严格，但学生处于被动状态，厌学心理较强。这种环境下的师生关系过于紧张，容易发生各种各样的冲突。产生这种情况的原因是老师与学生间的沟通存在问题。因此，老师必须更改自身的交流方式，与学生像朋友一样谈心，鼓励学生对自身的教学不足点进行评价，以积极的心态去听取学生给予的意见，真正拉近学生与教师之间的距离。例如，老师可以利用微信、QQ等多媒体平台建立沟通群，鼓励学生在群组中进行交流，并且不限制交流的内容，只要是正向的即可。可以是自己喜欢的明星、自己喜欢听的歌曲或者讨论电视剧的情节，等等，老师要参与学生之间的交流，改善学生对老师固有的观念，获得良好的沟通效果。

三是弹性化管理班级。高中生的班级管理与小学和初中不同，不能再采用较严格的管理制度，就像放风筝一样，不能够一直放或者一直收，一收一拉才能够让风筝飞得更远。因此，老师应该将没有妥协余地的管理内容严格要求，例如学生的学习时间和课堂纪律等，这些是班级风气及文化的体现，必须要严格执行。但对于一些小的细节，老师可以适量放宽要求，重视学生的想法，让班级干部自主地进行管理，例如班会的节目、学校校庆的节目及运动会的参与项目，等等。

四是情感化管理班级。这种方法就是以教师的情感为出发点，发出各种信号提升班级成员间的感情，调动学生对事物的处理能力，优化学习效率。人的一生都与情感有关，能够真实地反映出人对事物的想法和行为。因此，教师要从情感出发，用情感来激励学生敞开心扉，锻炼学生各方面的能力，继而应对生活和学习中的各项难题。例如，老师可以利用课前三分钟，每天让学生背诵一句名言，感悟名人的思想内涵。长此以往，学生在强烈的熏陶下，优化了自身的思想，强化了柔性化班级管理的效果。

四、结论

综上所述，在高中班级的管理过程中，柔性管理方式有重要意义，因此，在对此管理方式的改革过程中，教师应通过提高自身的柔性管理素质，不断加强对学生的思想教育，以柔性激励提高班级凝聚力等方式优化管理过程，引导学生形成正确的世界观，提高班级管理水平。

参考文献

［1］王鹏. 高中班级管理模式创新与新型学习共同体构建［J］. 学周刊，2017（25）：173–174.

［2］邬学敏. 基于“无为而治”思想的中学班级管理模式探究［D］. 宁波：宁波大学，2017.

［3］孙群力. 普通高中班级管理柔性化改革策略研究［J］. 课程教育研究，2017（4）：174–175.

浅谈高中班主任工作中的心理健康教育

一、引言

心理健康教育指的是以提高学生心理素质水平为出发点，对社会所需人格进行培养的教育活动。面临高考压力的高中生，在人际交往、健全人格、学习心理等方面，往往存在着不同程度的问题，因此，作为引路人的高中班主任，应当在日常工作中，从心理问题的预防、发现和解决等方面出发，帮助学生提高自身的心理素质水平。具体来说，就是以高中生在心理活动上呈现出的规律为依据，对不同的措施或办法加以应用，为学生的心理健康提供保障。

二、提高师生间交流与沟通的效率

心理健康教育要想取得良好的效果，需要班主任针对不同学生的特点，制定相应的交流和沟通策略，只有拉近师生间的距离，班主任才能够及时发现学生存在的心理问题，为后续思想教育工作的开展奠定良好的基础。以内向、不愿与同学交流的学生为例，班主任应与学生父母取得联系，帮助父母了解学生存在的问题，让学生感受到父母的关怀，在此基础上，班主任再给予学生鼓励，往往可以取得事半功倍的效果。由此而延伸出的一个观点，就是家庭对学生心理健康的影响，也就是说，班主任应当联合家长，为学生提供和谐的校园和家庭环境，通过家访、电话访谈等形式，定期与家长沟通，掌握学生在家的表现，再对后续的心理健康教育方案进行调整，确保其能够取得应有的效果。

三、塑造积极向上的班主任形象

高中班主任给学生带来的影响是十分深远的，因此，班主任应当从性格、心理品质等方面出发，对自身形象进行塑造，以此给学生带来积极、正面的影响。实践表明，应用该法所开展的心理健康教育，往往可以取得全面、持久的效果。如果班主任穿戴整洁，就会给学生一种积极生活的态度，学生也能够更加正能量地面对生活；如果班主任始终呈现出乐观的心态，学生对待学习、生活中所遇到的难题的态度，也能够在潜移默化的影响下，变得更加积极。当然，自信、坚强的性格，敬业、忠诚的精神，真诚、坦率的品格，均会给学生带来无形的影响。除此之外，班主任在对班级内的冲突进行处理时，应始终站在公平、公正的角度，这也是需要高中班主任引起重视的部分。

四、定期召开与心理健康相关的班会

作为贯穿小学、初中和高中的保留节目，主题班会在心理健康教育的过程中，同样发挥着十分重要的作用，班主任可以定期召开以“心理健康”为主要内容的班会，对每位学生呈现出的心理健康情况，进行回顾和总结，再为学生提供反思的时间和平台，使其能够对自身存在的问题具有更加准确的认知，从而在接下来的学习生活中，对重心进行调整。另外，班会的主题还可以向考试心理教育、挫折教育等方面延伸，学生在掌握应对挫折、困难和问题的方法后，出现挫折感的概率会大大降低，承受能力也会随之提升。对学生而言，只有敢于面对问题并承担责任，才能够变得更加坚强、积极、有毅力。召开主题班会时，班主任应做到以下几点：首先，适当引入角色扮演、信任游戏等，使班会形式变得更加多元化，避免“一言堂”情况出现；其次，保证所选定的主题具有针对性，以班级情况和学生的心理特点为依据，对班会主题进行拓展，将具有时代感的信息融入其中，这样做的目的，主要是引发学生在心理和情感上的共鸣；最后，注重结果的反馈，在班会中引入游戏的目的，主要是帮助学生了解心理健康的重要性，从而对自身的心理健康情况进行反馈。

五、在班级内营造轻松、和谐的心理氛围

从本质上来说，班级氛围与心理氛围存在较高的重合度，正是因为如此，营造班级氛围同样可以被视为营造心理氛围，这给学生的心理健康带来的影响是不容忽视的。在对心理氛围进行营造时，以下两方面内容，需要班主任引起重视：其一，内部环境的营造，例如，班主任可以为学生提供和谐的班级氛围，使身处其中的学生，主动与他人展开交往，班级团结程度也会因此而得到大幅提升；其二，外部环境的营造，例如，搭建以心理健康书籍为主的班级图书角，将名人名言悬挂在墙壁上等，这样做同样能够通过营造积极的心理环境的方式，给学生带来正面影响。简而言之，高中班主任应充分利用自身所扮演的角色具有的便利性，疏导学生的情绪，缓解学生的压力，为学生提供轻松、健康的学习和成长环境，从而提高面向学生所开展的心理健康教育的效率。

六、结论

综上所述，随着认知水平的提高，心理健康的重要性开始为人们所熟知，心理健康教育也因此成了高中班主任开展日常工作的主要内容，其重要性不言而喻。因此，高中班主任只有采取切实有效的策略，对学生的心理健康进行疏导，使其养成积极、乐观的心态，在此基础上，对学生的意志品质加以强化，帮助学生尽快适应社会，才能使学生身心全面发展的目标得到实现，希望本文可以在某些方面为班主任提供帮助。

参考文献

［1］蔡汪洋，王磊，蔡烁. 浅谈班主任工作中的“学生心理健康教育”［J］. 科教导刊（中旬刊），2018（29）：167-168.

［2］陈平. 谈高中班主任在工作中的心理健康教育［J］. 华夏教师，2018（11）：80.

摘星后

——从“三星级班级”到“二星级班级”

今天公布了年级部第二期“星级班级”的积分结果，一共25个班级，昕博（22）班获得“二星级班级”。

仪式结束后，我留下全体同学，请一位同学拿着“奖牌”到队伍前面谈一谈感受，他低着头说：“很丢人，不光荣。”

于是，我让班委思考自己的工作，然后上台当众做“批评与自我批评”。

劳动委员：以前对卫生过于乐观，总觉得卫生不需要管，看到数据后很震惊。以后会履行好自己的职责，带好头，督促好。

学习委员：班级期中考试成绩不好，与我们的课堂表现、课间表现有很大关系。例如：语文课上回答问题不积极；课间忙着睡觉；自习课前5分钟安静不了；作业完成不积极……这都是我们自己的表现，这些表现就暗示着咱们的成绩不会太好。所以，在接下来的时间，我们要在课堂上积极回应老师，对于不懂的问题，要主动问老师，也需要多给中游的学生讲解各种问题，一起提升成绩。

文艺委员：对自己严格要求，主动值好班，与同学们一起提升成绩。

生活委员：对于咱们的宿舍卫生，扣了分，咱们应会有“不好意思，甚至有点丢人”的感觉。所以呢，凡事多上点心，值日生主动早起，舍友主动提醒，通力合作，咱们的宿舍卫生最起码能做到不扣分，然后，才能加分。

纪律委员：我们自习课前的课间纪律不好，很多人打打闹闹，吵吵跳跳，导致上课5分钟都很难安静下来。以后我会经常提醒大家时间，会提出纪律要求，会与大家一起保持安静。

体育委员1：跑操时，我会改掉我稍微不注意就跑快的坏习惯。我会在第二排这个位置，大家跟上我的哨子的节奏。

体育委员2：这是我从上学以来待过的最好的班级，没有之一。我们所有同学之间关系都很好，不拉帮结派，没有山头。我们都有归属感和荣誉感，这次从三星降到二星，不一定是坏事，这对咱们是一个很大的提醒，然后咱们再努力把星赢过来。当然，这不只是班委和班主任的事，也是咱们每一位同学的事。因为我们都很重要。

班长：前面的班委分析得很好，我来总结一下。

（1）睡眠是最大的困扰。很多同学晚上熬夜学习，以为自己身体不错，第二天不困，其实不然。

（2）学习应有钻研难题的劲头。不能只做会的和简单的题目。

（3）学习氛围应营造好。语文的课堂氛围比较差。这个事得靠所有同学，不是一两个人能做好的。

（4）教室卫生。在咱班考试的同学，都说咱教室是“猪圈”。还有政治组陈老师监考时，给咱们清扫教室，比较丢人。

（5）多帮助同学学习，多给同学讲题，才能双赢。这个道理，老师讲很多次了，大家也明白。

（6）更好的执行力。我们对年级部、老师的要求和建议，要积极完成，还要做好。我总结，“知耻而后勇”，接下来看各位的行动。

基于核心素养背景下班级文化建设策略初探

一、基于核心素养背景下，班级文化建设的背景

教育部《关于全面深化课程改革落实立德树人根本任务的意见》中明确了“核心素养”的含义，即学生应具备的适应终身发展和社会发展需要的必备品格和关键能力。换言之，核心素养紧紧着眼于“能力”和“品质”。核心素养是可养成、可塑造、可持续发展的。作为学生成长的第一现场，班级在学生成长中起着不容忽视的重要作用。而班级文化是班主任利用和创设班级的精神氛围、文化制度、文化环境等来熏陶和培育学生文化人格的影响活动，班级文化环境对学生个性的成长具有潜移默化的教育影响力和感染力。一个文化良性发展的班级能够为学生成长营造积极有益的成长环境。

二、基于核心素养背景下，班级文化建设策略

（一）定班名，成班训，塑造积极进取的班级文化精神

中国学生发展核心素养指出：学生要有人文底蕴。主要是个体在学习、理解、运用人文领域知识和技能等方面所形成的基本能力、情感态度和价值取向。班名，是班级精神文化的集中体现，这种精神文化的体现不仅仅是班名所承载的内涵，更是在班名确立的过程中形成的民主、自由、平等的班级文化氛围。班名使学生能积极主动参与班级事务，是班集体凝聚力和向心力形成的过程，是对班级归属感和认同感形成的过程，更是作为未来公民必须具备的民主意识和责任意识培养的过程。此外，还有班徽、班旗、班歌、班服、班级口号、班级公约等，它们构成一个有机的班级文化整体。

于是，在班级学生全员参与，提出方案名称、集体讨论、投票决定等一系

列活动之后，我班的班名确定为：“昕博班”。它有两层含义：

（1）昕博，《说文解字》曰：昕，旦明，日将出也；博，“博纳百川”也。班徽是“xinbo”中“x”“b”的变形，如一个拉得很满的弓，取“弯弓射大雕”之意。这象征着我们昕博班每个同学的高中生活都很充实、圆满，并能让自己的人生之“箭”激射而出。人生就如爬坡，这个标志又如一个人在人生的道路上努力向前。

（2）“昕”是我女儿名字的第二个字，“博”代表了博兴。

第一种含义侧重于向外，第二种含义侧重于我的内心，昕博班就是我的另一个“孩子”，一个由许多孩子组成的“大孩子”。

然后，我们设计了班训：惜父母之辛，为尊严而搏！当然还有班级格言：让家人因为我的存在而感到幸福！

（二）用活动，树榜样，施激励，形成积极的班级文化精神

我们昕博班文化的载体就是学校活动+班级活动。

在2015年高三的备战高考活动中，或借助学校活动，或自行设计活动，昕博班的文化开始形成。

激励的作用永远大于批评。高三第一次模拟考试前，学生们在对以前月考梳理总结的基础上，再次设定考试目标。对于完成所设定的目标的学生，给予请家长到校与孩子合影留念的表彰。班委在班内发起评选自习纪律优秀小组、学习成绩进步小组、优秀宿舍等一系列活动，使自习课秩序良好、学习积极性提高、宿舍秩序井然。

众所周知，卷面的整洁与否在高考中起着至关重要的作用。为了解决每次月考中学生出现的答卷不规范、书写不整洁的问题，我们设立了“班主任专项奖”，例如“班主任专项奖之卷面整洁奖”……像这样的激励在昕博班每个人身上都有不同程度的体现，他们在昕博班的备考活动中找到了自我，充实了自我，希望他们能在以后的学习生活中不断地完善自我！

（三）美墙壁，饰教室，形成、传播、强化班级文化精神

班级文化是在一定的媒体作用下创造起来的，所谓“班级媒体”，是指在班级传播信息的工具。它是多种多样的，包括班级公示栏、班徽、班级格言、班歌、班级日报、班级日志、班训、班级公约、班级墙报等。正如李镇西老师所说的：缔造完美教室，强调的是一种班级文化的建设，一种集体精神的滋养；这样的环境里，每一面墙壁，每一张课桌，每一把椅子，每一个物件，都打上了浓浓的主观性——表达着高远的追求，洋溢着高雅的气质，蕴含着高尚的灵魂，彰显着鲜活的生命。所以，这一些“班级媒体”受到班级学生关注，这一些形成文字、公布于众的东西，能迅速地在全班范围内影响学生。

利用班级正能量墙，我们每周或更换一些贴近现在学生实际情况、学生们都很喜欢和熟悉的句子，或根据学生每周学习的困惑，张贴指导学习的小窍门、小贴士，使学生在学习中能切实使用。在备战高考的过程中，用彩纸打印每月日历，贴在班级内，每天有一名同学，把我们的班级标志画到上面，并写下自己的名字，代表了每位同学的备考历程。

这些班级文化现象通过不同的班级媒体，形成独特的“墙壁文化”，形成“班级的眼睛”，营造良好的班级文化氛围，陶冶学生的性情、意志。

三、基于核心素养背景下，班级文化的实施效果

经过几年的班级文化建设和改进，班级取得了长足的进步，各种成绩与荣誉纷沓而至，班级文化在以下几个方面取得了很好的效果。

（1）规范效果是指班级文化具有规范学生言行的重要作用。班级文化是班级学生价值取向的反映，它所反映出来的行为模式为大多数学生所认同。昕博班的学生从刚开始的懒散、口无遮拦、抱怨这抱怨那，到遇到问题或困难，大家都会伸出援助之手，一起共克时艰。每个学生都能对老师彬彬有礼，对同学友爱和善，对家长关心体贴。

（2）陶冶效果是指班级文化对学生具有的潜移默化的浸染作用。班级文化具有潜隐性，其隐性层面的文化因素，包括班级学生的价值观、人生观、道德观等。昕博（6）班的班长梁亚文同学在第一次考研失利时，给我打电话，她向我诉说了自己的伤心，可是还没来得及等我劝说，她就告诉我，昕博精神一直在她内心里，“人生就如爬坡，这个标志犹如一个人在人生的道路上努力向前”，这些文字已经内化成她性格的一部分，鼓励她奋力前行。

（3）同化效果是指班级文化对班级成员具有同化其思想观念、行为方式的作用，这是班级社会功能的重要体现。班级文化的同化功能的心理基础，就

是班级成员之间的从众、服从、感染、认同、模仿和暗示等心理效应。昕博班的张凯刚进班级时，总是独自一人，学习中遇到问题或困难，也不问老师和同学，喜欢一个人“憋”着。在昕博班学习生活了一年多，他慢慢地变得积极主动了，教室里、办公室里每天都有他向老师请教问题的身影。高三百日誓师大会上，他第一个主动到台上与主持人互动做游戏。

基于核心素养背景下，我们变教学视角为教育视角，关注人、教育人、成就人。转变教育理念，重拾教育热情。班级之魂，文以铸之；学生之魂，文以化之。

在期待中与你共成长

苏霍姆林斯基曾经说过：不要急于处罚学生，要好好想一想，是什么促使他出现这种或那种过失的。要是设身处地为孩子们想一想，那么就可相信他们会通过自身的努力来改正错误的。创设一种场景，使学生能体会到自己的问题所在，进而指导学生如何去做正确的事。

十几年的班主任工作经历，有太多太多的故事。这些经历让我与同学们在期待中共同成长。

我的教育小故事一

静悄悄的自习课上，小林四下瞧了瞧，发现老师没注意，就轻轻地拿出面包，偷偷地咬了一口，正慢慢地嚼着，一抬头，发现我正微笑地看着他。他下意识地手一缩，把面包扔到了地上。

我轻轻地走过去，示意他拿着面包跟我出教室。我悄悄地说："去我的办公室。"

"拿个椅子，坐下吧。"他有些迟疑，我再次说，"没事，坐下吧。"

他坐了。我把面包递给他，说："把面包吃掉。"他迟疑着，我一面给倒水，一面笑着说："吃啊。"他大口地吃起来。我把水递给他，说："慢慢吃，喝点水。"

等他吃完后，我说："把椅子挪近一下。咱们一块探讨一个问题，好吗？"他茫然地点头。

"上午你上自习课期间上厕所，是因为肚子疼，对吧？"他点头。"那为什么肚子疼呢？”

“不按时吃饭。”他想了想说。

“对了！不按时吃饭，偷偷地吃一口面包，喝一口凉水，既影响心情，又影响身体。”我进一步解释道，“偷偷地吃，怕老师发现，心情紧张，惴惴不安，影响消化，进而影响身体。”他点头。

“以后怎么办？”“按时吃饭。”

“还要吃热菜、馒头，喝稀饭。”

他使劲地点头。

……

我的教育小故事二

这是一封学生的来信：

老师，您好！

告诉您一个秘密。我从小怕老师。这种记忆是在幼儿园留下的，我见了老师就怕得要命。

慢慢地熬过小学和初中。

到了高中，一开始，我对老师的印象依旧糟糕。直到我被任命为您的数学课代表之后，发生了几件事，从此，我对老师的印象有了天翻地覆的变化。

一次，在下午6：00放学后的晚饭时间，我去办公室数试卷。正好您也在批阅作业，看到我后，您就微笑着问我有没有吃饭，我说吃了。您不相信，说：“在吃饭时间来数试卷，哪有时间吃饭呢？来，我这里有好吃的，咱们一块儿分享一下。”您不容分说就把我拉到了办公桌前。

那一刻，我体验到了妈妈般的温暖，我的心融化了。

还有一次，您花了很长时间准备了一节数学公开课，在上课时，我们都很认真地听讲，积极参与组织的活动。在一个回答问题的环节中，当您把一个比较难的问题抛给了我，然后微笑着注视着我，眼睛里满是期待时，我备受鼓励，稳了稳心神，我流畅地给出了答案，您的眼睛里满是赞许。

那一刻，我体会到了被信任的感觉，我的心感动了。

在过去的十几年里，我觉得我一直学习生活在“孤独”的阴影之中，正是您的出现，我才开始改变。

谢谢您，老师。

我的教育小故事三

小琪同学随着妈妈改嫁了，在她高一时，妈妈与继父生了一个妹妹。从此，小琪就像变了一个人一样，处处跟妈妈对着干。尤其是高三，她与妈妈的关系更糟糕，母女时常发生“世界大战”，她认为妈妈不关心她，不爱她，心里没有她。

于是我与小琪妈妈商定：妈妈在家时刻关注孩子的情绪状态，有异常时，立刻告诉我，由我来做工作。

一次，妈妈说期中考试前这几天她一直闷闷不乐，胃口也没有以前好。于是晚饭后，我邀请小琪一块儿在学校的小树林里散步、聊天，讲我高中时的故事，引得她哈哈直笑。预备铃响了，小琪迈着轻快的步子回到教室。下晚自习后，她给我留了一张纸条，上面写着：老师，谢谢您的开导。

我微笑着把纸条收好。

以后，只要小琪学习状态不好时，或者有困惑时，我就会及时地找她交流，与她一起解决困难。还时不时地从侧面与她交流她妈妈对她的关心和期待。

高考时，小琪发挥得很好，考上了自己心仪的医科大学。

高考后，我请小琪吃饭。她说：“老师，您真厉害，每次我情绪不好时，您都能知道，然后找我交流，我就会很快调整好。您太厉害了！”我微笑着问道：“你真的认为我很厉害？每次都能看出你情绪不对吗？”

她疑惑地瞪着我，“难道……”

“对啊，是有人提前向我透露情况了的！是你妈妈。她一直在默默地关注着你，一旦你遇到困难，她会第一时间告诉我，然后，我就很‘神奇’地看出你的问题，找你交流。”

小琪瞬间泪流满面……

从此，小琪与妈妈的关系彻底改变了。

这些年的班主任工作，让我深刻地认识到班主任作为学生成长过程中一位很重要的见证者和参与者，其教育理念和方式有着举足轻重的作用。陶行知先生说过“生活即教育”，而生活是由一个个具体的场景组成的。就让我们在核心素养的背景之下，及时发现学生的身上存在的优点和问题，然后善于利用一个个机会，为学生创造一个积极的场景，帮学生破除认知片面的坚冰，让学生得到温暖和信任，让学生在场景中重新认识世界，认识自我，塑造自我，成全自我，成就未来。

纸　条

——跨越代沟的桥梁

教育是美丽的——美在理解，美在机智，美在创新。

——李镇西

2010年下半学期我有幸成了一名美术特长班班主任。说实话，一开始我很是迷茫，不知道如何开展工作。吕天元老师告诉我，你想把特长班的工作做好，必须从内心里真的喜欢他们，爱护他们，而不能应付了事。那么，怎么样去做才能对学生产生真情实感呢？我想起了李镇西老师的一句话，“用‘学生的眼光’去观察，用‘学生的耳朵’去倾听，用‘学生的大脑’去思考，用‘学生的情感’去热爱，用‘学生的兴趣’去探寻……”也就是于永正老师所提倡的“蹲下来看学生”。

一开始来到刚刚组成的新班级，对学生不太了解，我就选择了“多看，少说”的原则，俗话说得好“知己知彼，方能百战百胜”。我发现我班的学生都很聪明，但是各种行为学习习惯很差，自制力差，更让人头疼的是对老师开班会提过的要求转眼就忘。既然说没法留在他们的脑子里，那么我写行吗？写什么呢？要知道现在的学生最讨厌的就是那些大话、空话、泛泛而谈的话，想要言之有物那就得用眼去观察，用心去体会。

【案例一】

张亮，男，成绩很差，行为习惯不好，不管有什么事情都放在自己的心里，从不和别人交流，无论什么时间他都在睡觉，被许多老师概括为“不可救药，可任其自生自灭”。而我从他同桌那里了解到，小学和初中的张亮是一个很优秀的学生，而就在初三时，不知什么原因使他突然放弃了，就成了现在的这副样子。既然以前他曾经是个优秀的学生，那么他身上一定还有原来的优点，只是他把它们埋藏得很深，我需要耐心等待。

有一次，我让学生读单词，轮到他时我没有犹豫直接点名，让他读。而这次他竟然读对了5个单词，我很是惊讶，当场表扬了他。课后我写给他一张小纸条：

阿亮（我喜欢这样来称呼我的学生）：

你今天的表现让我很惊讶！你单词读得要比很多同学都好！你让我认识了一个全新的阿亮！我期待着明天的你比今天表现得更好！

杰哥

2010年3月19日

事后，我了解到，他看了我的纸条之后，竟然将纸条小心翼翼地叠好放到钱包里，并且对他的同桌说要将纸条拿给父亲看看。从那以后，他上课就很少睡觉了。还有一次，我们班在看了邹越的演讲《让生命充满爱》之后，每个人都将自己的感想写下来由我替他们保存。张亮写道：“爸爸妈妈，我爱你们！我对我以前的所作所为感到后悔！我会给你们争气的！”我马上给他写了一张小纸条：

阿亮：

虽然只有短短的几句话，可它们的分量却有千斤之重，因为它真实地反映了一个孩子的内心情感，一个曾经优秀过的“待优秀”孩子的真心话！用行动做给父母看！

杰哥

2010年3月26日

还有一次在进行专业训练时，张亮表现得极为有耐心，并且能很专心地坐在那里作画。专业老师对他进行了长达5分钟的表扬。我知道后马上写了一张纸条给他：

阿亮：

这次专业训练的表现棒极了！“坐功”是我们美术生所必需的。希望你越“坐”越优秀！

杰哥

2010年4月6日

张亮表现得越来越好，于是我开始让其承担一些班级工作，例如，先让其成为代理舍长，经过考察后改为舍长。

【案例二】

周琦，女，与父母的关系一直很紧张，对父母的不尊敬导致了其对老师的不尊重。而周琦的父亲经常给我打电话，询问孩子的学习生活情况。我突然有个想法，周琦父亲的关心应该让她知道一下：

小琦：

自从你上高中以来，你父亲经常给我打电话，询问你的学习生活情况。他是我所见到的父亲中打电话最为频繁的一位！这说明了什么呢？这说明父亲对你的担心，但那更是关心！因为关心才会担心！

杰哥

2010年3月28日

后来他父亲打来电话告诉我，这次周琦回家给他们买了礼物呢！父亲满是高兴的语气。再后来，宿舍的舍长告诉我周琦现在变得可积极了，每天都帮助同学打扫卫生。我于是就表扬道：

小琦：

现在的你变化可大了！你宿舍里的舍友经常夸你。在帮助别人的同时你也完善了自己的人格—— 一种踏实、肯干而又努力的人格！好好表现！

杰哥

2010年4月9日

【案例分析】

经过这半个学期的实践，我发现纸条还有这样的好处：

第一，留言提高工作效率。班主任平时工作非常忙，学生的时间也很宝贵，如果与学生面对面交谈可能会出现“三分钟热度”的现象。但是通过纸条可以避免这些问题，因为用纸条“交谈”，可以节约师生的时间，而且纸条也易于保存。

第二，留言会使师生更亲近。班主任与学生面对面的谈话当然必要，但是，有时候，书写反而更容易表达真实的情感。在班主任的留言中，学生也会看到一个更加真实的老师。这样师生间的心理距离于无形中缩短了。

第三，留言有助于弥补言语的偏差。写以前可以对班主任想对学生说的话进行充分的思考和措辞，以求达到最有力的教育效果。

有教师可能觉得每天都写，工作量要加大，事实正好相反。留言实际上是一种沟通的方式，而沟通更是管理的一个重要内容。有人甚至说，所谓管理，就是沟通。通过留言，师生之间的很多矛盾可以化解，将问题消弭于无形，而不是事发之后疲于应付，这是更为高明的班级管理方式。

向康熙学习管理

在电视剧《雍正王朝》中有这样一个片段：

四皇子胤禛奉旨追缴国库借款，众官员凭着资历和功绩抗旨不还借款。被胤禛追急了，众官员一起到宫门前，跪哭着要见皇帝，惊动了康熙。康熙把他们领到园子里之后，说李德全（康熙的贴身太监）“你歇着去”，李德全说：“您这儿不能没有人伺候。”康熙微笑着朝着众官员说：“有什么事，他们就不能伺候朕了？”众官员纷纷说：“我们能伺候，能伺候，愿意伺候……”康熙笑了，笑得很开心。

康熙带着众官员到了园子里，找了一个石凳子坐下，说：“好了，这里没有外人了，咱们君臣几个坐下聊聊。坐！坐！”康熙坐在石凳子上，众官员在对面席地而坐。康熙微笑着，娓娓道来：“朕一生自信，自信人生一百年，会当纵横九万里。除鳌拜，平三藩，平噶尔丹，收复台湾，和俄国老毛子干，咱们从来没怕过……”说到这里，康熙停了一下，声音低沉了下来，一脸的忧郁，“就在前不久，黄河发了大水，决了好几个大口子，上百万人流离失所啊……”众官员纷纷痛哭流涕，表示愿意还欠款。

通过这个片段我们不难看出千古一帝康熙做思想工作的独特方式。有三个地方值得我们注意。一是康熙选择的谈话的地点——园子，一个供人游玩和散心的地方。贵为皇帝的康熙并没有到金銮殿去同臣子们谈心，也没有到上书房（宰相办公的地方）去。二是康熙的两句话：“有什么事，他们就不能伺候朕了？”和“好了，这里没有外人了，咱们君臣几个坐下聊聊。坐！坐！”。三是康熙的面部表情：微笑，一直在微笑。康熙不但是一个出色的皇帝，也是一个出色的“心理咨询师”，他用“四两拨千斤”的方式结束了在众人看来是一个似乎不能完成的事情。

我们老师要经常与学生谈话交流，我一开始对于谈话交流的理解是：在自习课时间，把学生叫到办公室，老师端坐在办公椅上，学生或坐或站，由“学习”这个话题开始，老师的嘴里应该说一些“好好学习，感恩父母”之类的大道理，时间是一节课。

可是自从我看了康熙同他的臣子谈话的镜头之后，我豁然开朗了：交流，可以利用一切可以利用的时间、地点，可以与学生交流任何他们感兴趣的话题，可以一句、两句，也可以四句、五句，完全不必拘泥于所谓的形式。当我在餐厅值班时，可以漫步到学生身边，很随意地问：“吃的什么好吃的呀？”“饭菜还可口吗？”“一碗米饭能吃饱吗？”学生则纷纷把筷子递给我，“老师，吃点吧！来，尝尝，老师。”于是，在不经意间就完成了一次与学生的交流。

教育，应该像杜甫先生所说的“随风潜入夜，润物细无声”，应该平和、实际，而非做作。教育者还应该有一颗细腻的心灵，善于敏锐地捕捉住每一次的教育机会，哪怕是一丝丝。教育者应该相信教育学生好比一个饭量是七个馒头的人吃饭，吃第一个馒头，他不会饱，吃第二个也不会饱……直到第七个，他才会饱。但是，只吃第七个能饱吗？当然不能。我们可以这样认为，前六个馒头是量变，到第七个才发生质变——饱了。所以，教育需要积累，需要在生活中积累，这就需要细腻的心灵。

教学生做一只在“金字塔底”旅行的“蜗牛”

——有感于“学习金字塔”理论

虽然有个广为流传的故事告诉我们，蜗牛经过自己的努力也能爬到金字塔的顶端，可是我觉得在学习金字塔的理论下，我们应该让学生成为在金字塔底旅行的“蜗牛”。

——题记

【经典案例一】

黄金拍档——师徒结对子

前几天翻开笔记本，看到会议记录里周局长讲了一个“扑克原理”：为什么无论男女老少、大人小孩都喜欢打扑克？为什么打扑克到通宵而不觉得累？为什么有人对打扑克能到痴迷的地步？打扑克有四个特点：一是，人人都能学会，易学；二是，54张扑克牌发到手的每次都没有重复，所以每次都是新鲜的；三是，打一次扑克大约需要10分钟左右，周期短；四是，也是最重要的是每次牌一结束就有结果，反馈及时。

那么，能不能让我们的教学也拥有打扑克的特点呢？我结合25班的特点，实行了“英语师徒结对子”。通过平时观察每位同学的上课表现，再结合课代表的意见，我先确定出“徒弟”，然后由“徒弟”自己去找“师父”，力求一位“师父”带一位“徒弟”。并对“师父”和“徒弟”提出基本要求：①“师父”带好头，以身作则；②“师父”要对徒弟负责，要尽力帮助“徒弟”克服其所遇到的困难；③“徒弟”要服从“师父”的要求，完成“师父”给布置的任务；④遇到困难，“徒弟”要主动请教“师父”。表4-1是我就师徒结对子所做的表格，这张表格每节课都要随身携带，当堂给出等级，一周总结表彰一次。

表4-1　2009级25班英语师徒结对子

M	S	笔记	作业	课堂表现			得分	备注
				读/写单词	背课文	回答问题		
刘文庭	王　健	—	—	—	—	—		
岳笑笑	杨　娜	—	—	—	—	—		

注：1. 其中M代表master，即师父；S代表student，即徒弟。
2. 各部分均分为优、良、一般三个等级，当堂记录，并公布结果。一周总结一次每对师徒所得的“优”的个数，并评出优秀师徒。

此项活动一出，学生们的积极性立即被调动了起来。读单词，写单词，主动回答问题，当然也有几位同学持观望态度：看你能坚持多长时间？我明白，一周一次的总结表彰必须坚持下去。所以，10月25—29日这一周的课一结束，我就立即对这五天的记录做了总结统计，确定了获奖名单，并购买了奖品：一人一根阿尔卑斯棒棒糖。当我拿着奖品一走进教室，学生们就高兴地开始鼓掌。我把奖品发放完毕，就请获奖的同学准备一下获奖感言，上台把自己的想法和感受与大家分享一下。

下面是部分获奖学生的获奖感言：

王健：今夜星光灿烂，今夜25班蓬荜生辉。我非常激动（这比获得奥斯卡奖还激动）。首先祝贺我们获奖的所有同学，我们靠自己的努力赢得了这份奖品，虽然轻，但是意义深刻，这意味着我们在英语的学习上有进步了。没有获奖的同学也不要灰心，应该在接下来的学习中更加努力。

杨娜：首先，获得了此次的奖励，我很是高兴。通过此次活动，我发现一个人的力量再大，也大不过集体的力量。我会好好地珍惜这个集体，谢谢。

【经典案例二】

让学生动起来——英语课外实践性作业

自去年开始，我们英语教研组就在做一个课题：“高中英语课外实践性作业的设置。”长期以来，由于受应试教育的影响，作业形式单调，书面作业似乎是其唯一的形式，毫无新鲜感可言，更谈不上趣味性，致使众多学生逐渐形成不良的作业习惯，部分学生失去学习兴趣。实践性作业是用亲身感受来获取知识，用自身行为去践行知识，并用知识来解决实际问题，使知识由理论向实践迁移。它有别于知识性作业，不是单纯的“纸上谈兵”。它在丰富精神生活的同时，也为学生适应社会发展的需要与个人发展的需要做好准备。

我们分别为学生设置了如下的课外作业：口头作业、视听作业、日常生活中的英语、书面作业（英文贺卡设计、英文海报设计、英文书签设计）……

我们英语组的张艳老师就给学生设置了“英语电影配音学生活动”，从认知（knowing）阶段、理解（understanding）阶段、综合运用（practise，learn，use）阶段和创造（create）阶段这四个方面，在教师指导下，通过感知、体验、参与和合作的方式，通过任务型教学途径，发展学生自主学习的能力和合作学习的精神，从而促进学生综合运用语言能力的发展。课后利用活动进行巩固教学正是实现这一目标的好方法。

还有陈俐俐老师带领学生开展了“日常生活中的英语——广告中的英语”的搜集、整理和学习活动。在贸易全球化的今天，越来越多的海外商品挤入国内市场，打开电视、收听广播、浏览网页，精妙的英语广告无处不在。作为中学英语教师，我们不仅要引导学生掌握好课本上的知识，还要指导他们使其具备综合素质。认真研究和掌握广告英语的语言特色，有助于把握英语发展的脉搏，跟上语言发展的步伐，扩大视野，提高英语的理解力和鉴赏力。

总之，高中英语教学要面向全体学生，为学生的全面发展和终身发展奠定基础。

高三学生考试焦虑的成因、表现及调节策略研究

考试焦虑，指的是考生在考试之前或者考试过程中表现出来的焦虑情绪，是一种因为考试而导致的心理障碍。作为一名高三的老师，除了关注学生的学习成绩外，更应该关心学生的身心健康。基于此，笔者结合个人理论学习成果和教学实践经验，对于高三学生考试焦虑的成因、表现及调节策略加以总结，并与大家交流分享。

一、高三学生考试焦虑的成因

高三学生考试焦虑的成因包括外部因素和内部因素两个方面。

（一）外部因素

1. 师长的过分关注

步入高三，教师和家长都会比以往更加关注学生的学习成绩，这份关注会在无形中转化成压力，使学生惧怕考试，产生考试焦虑。

2. 学业的激烈竞争

高三是很多学生的“发力期”，大家都将个人精力投注到学习当中，往往导致同学之间的学习竞争压力骤然变大，班级氛围也会变得紧张而严肃。在这种环境下，容易造成一些学生的考试焦虑。

（二）内部因素

1. 缺乏自我调节能力

对于高三学生来说，在身体上和心理上承受较大的压力是必然的。然而，

有些学生缺乏心理调节能力，导致情绪大量堆积，产生严重的考试焦虑。

2. 缺乏自我认知能力

部分高三学生对于自身的学习能力和学习水平缺乏正确的认知，设定了过高的学习目标。当自身心理预期跟实际学习成绩产生落差的时候，会导致这些学生产生强烈的挫败感，造成考试焦虑。

3. 缺乏自我完善能力

高三学生产生考试焦虑最根本也最常见的原因概括起来无外乎两点："考不好"和"学不会"。学生在学习方法和学习习惯等方面存在的不足导致他们缺乏自我完善和提升的能力，在"学习始终不得法"和"成绩始终不提升"的双重压力下，难免产生考试焦虑。

二、高三学生考试焦虑的表现

高三学生的考试焦虑一般通过以下方式得以表现。

（一）呈现疯狂学习状态

所谓疯狂学习，指的是学生为了克服自身在考试过程中和面临考试结果时的恐慌和愧疚心理，而进行大量的无效学习的状态。陷入疯狂学习的学生，往往在学习过程中头脑并不清醒、注意力也并不集中，他们在身体极度疲惫和精神极度萎靡的状态下坚持学习，根本无法取得良好的学习效果。

（二）呈现极度厌学状态

学生呈现极度厌学的原因，实际上还是出于对考试过程及结果的恐慌。与疯狂学习的同学不同，这些学生表现出来的是对学习的极度抗拒和厌恶，大有自暴自弃的趋势。

（三）呈现情绪失控状态

有部分高三的学生考试焦虑的表现是日常学习看似没有受到影响，但是个人情绪变得喜怒无常。烦躁、易怒、沮丧、忧伤，是这些学生常有的情绪状态，且很难得到调节与缓解。而这些负面情绪，最终必然对学生的学习和考试造成不良影响。

三、高三学生考试焦虑的调节策略

在分析完高三学生考试焦虑的成因及表现之后，笔者认为可以从以下几个方面努力，加强对他们的情绪调节与心理疏导，帮助他们克服焦虑心理，形成健康心态。

（一）外部调节策略

1. 营造宽容的心理环境

对于高三的学生来说，教师和家长对他们考试成绩的过度关注，无疑会给他们造成巨大的心理压力。针对这种情况，教师和家长应该首先放松心态，不要让分数成为亲子之间和师生之间的唯一话题，而是应该增强亲子之间和师生之间的情感沟通与思想交流，使学生认识到，父母和老师关心他们的身体健康和心理健康多于考试成绩，从而营造宽容的心理环境，使学生在繁重的学习之余，拥有自由呼吸的空间。

例如，家长可以培养跟孩子共同的爱好，通过一起晨跑、打球、听歌、聊天等方式，加强跟孩子之间的亲子互动，让亲情成为支持孩子奋斗的动力，而不是压垮孩子的巨石。而老师可以转换跟学生沟通的方式和内容，不是单纯关注学生的学习成绩，而是更关心学生的学习困难和学习需求，由学生学习的“监督者” 变成学生学习的“引导者”，与学生站在同一立场，共同面对高考。

2. 营造放松的班级氛围

对于高三的学生来说，关注学习固然无可厚非，但是教师应该让学生明白， 高考并不是他们人生中的全部内容，奔向目的地的同时，还能欣赏沿途的风景， 才是完美的旅程。作为高三的学生，他们也不应该完全地抛弃亲情、友情、兴趣和娱乐，而是应该劳逸结合，抱着轻松、乐观、和谐的心态，才能更好地备战高考。

例如，教师可以定期组织高三学生开展文艺会演、体育竞赛、知识竞答、演讲比赛等文体活动，在活跃学生课余生活的同时，构建轻松愉悦的班级氛围，从而帮助学生减缓考试压力，克服考试焦虑。

（二）内部调节策略

1. 提高自我调节能力

作为高中毕业班的教师，应该重视学生自我调节能力的培养，使学生能够做自己心理的“按摩师”和情绪的“调解员”，当出现异常心理或者负面情绪的时候，学生能够做到及时发现并妥善调节。对于高中生来说，教师可以指导学生通过以下方式实现自我调节。①运动调节法。通过慢跑、打篮球、踢足球等高中生喜欢且擅长的运动，释放压力，缓解焦虑。②音乐调节法。通过倾听舒缓或热烈的音乐，愉悦身心、调节情绪。③倾诉调节法。找到自己信任的师长或朋友，倾诉自己的烦恼和压力，并得到对方的指导或劝慰，能够帮助学生缓解压力。④痛哭调节法。当压力值到达一定程度的时候，可以选择大哭一场的方式扫除内心阴霾，获取内心宁静。

例如：当学生出现考前紧张和焦虑的情绪的时候，可以暂时放下手中的书本，听一首优美的歌曲，使自己的精神放松和平复下来之后，再投入学习，从而成功缓解考试焦虑；学生在考试失败的时候，能够约上三五好友到操场上进行一场“斗牛”比赛，在大汗淋漓中释放压力，并在体育精神的感召下激发“不服输”的斗志，以积极的心态投入接下来的学习中，则能够成功摆脱考试失利带来的阴霾，再次拥有阳光心态。

2. 提高自我认知能力

不切实际的学习目标容易给学生的学习带来强烈的挫败感，增加他们的考试焦虑。因此，教师应该指导学生从以下几个方面进行自我评估，并设定科学合理的学习目标：①学习基础；②学习方法；③接受能力；④专注力和意志力；⑤体力。在综合考虑上述因素之后，学生能够对于自我学习情况有全面而准确的认识，在此基础上对学习目标进行调整，并制订科学可行的学习计划，能够减少预期目标与实际结果的落差，帮助学生达成学习愿望，建立学习自信。

例如，一个英语基础极差的学生，如果初次设定目标就要求自己考试打100分以上，那么显然他难以达成目标，很容易就让自己陷入考试焦虑当中。相反地，他在进行科学的自我评估之后，为自己设定的英语学习目标为及格。那么只要稍加努力就能达成学习目标，并取得学习进步，这样一来，就大大缓解了他的考试焦虑，也有助于他建立学习英语的自信、培养学习英语的兴趣。

3. 提高自我完善能力

作为一名高三的学生，终究绕不过考试这道“关卡”，因此，培养学生跨越“关卡”的能力，就成为帮助他们缓解考试焦虑的关键。因此，教师应该从以下几个方面，加强对学生的学习指导，提高他们在学习和考试中的自我完善与自我提升能力：①养成良好的学习习惯；②掌握正确的学习方法；③养成积极的学习态度；④掌握娴熟的应试技巧。通过上述努力，教师使学生具备了良好的学习能力和应试能力，提高了他们在考试中的“战斗力”，使他们在考试中做到“艺高人胆大”，自然减少了考试焦虑。

学生在良好的学习习惯、正确的学习方法、积极的学习态度、娴熟的考试技巧的“全副武装”下，能够很好地攻克“学不会”和“考不好”两座“碉堡”，在考试中体会到成就感和满足感，从而远离考试焦虑，形成健康心态。

四、结束语

综上所述，本文从成因、表现及调节策略三个方面，对高三学生的考试焦虑问题展开研究与探索。希望通过本文的论述，能够帮助高三学子摆脱考试焦虑的困扰，以积极、乐观、平和的心态应对高考的挑战，迎接璀璨的明天。

参考文献

[1] 孙凤文. 高中生考试焦虑及其影响因素分析——以丹东市两所高中的调查问卷为例 [J]. 基础教育论坛，2018（23）：46-50.

[2] 凌强. 基于健康促进的适时心理干预——高三学生考前情绪辅导设计 [J]. 中小学心理健康教育，2019（14）：28-30.

[3] 袁景颖. 走出焦虑 笑迎高考——高三学生考前焦虑心理辅导案例研究 [J]. 辽宁教育，2018（10）：33-35.